날마다 자신에게 복음을 전하라

거룩함을 추구하는 삶에서 하나님의 역할과 우리의 역할

제리 브릿지즈
"거룩한 삶의 추구"의 저자

네비게이토 출판사
TO KNOW CHRIST AND TO MAKE HIM KNOWN

네비게이토 선교회는
국제적이며 복음적인 기독교 기관이다.
예수 그리스도께서는 자기를 따르는 자들에게
"너희는 가서 모든 족속으로 제자를 삼으라"
(마태복음 28:19)는 지상사명을 주셨다.
네비게이토 선교회는 세계 모든 국가에서
예수 그리스도의 일꾼들을 배가시켜
이 지상사명의 성취를 돕는 것을
근본 목표로 하고 있다.

네비게이토 출판사는
네비게이토 선교회의 문서 선교를 담당하고 있다.
본 출판사에서는 그리스도인의 영적 성장을 돕는
서적과 자료들을 출판하여,
그리스도인의 삶의 기초가 견고한
헌신된 제자로 성장하게 하고,
나아가 성숙한 인격과 지도력을 갖춘
일꾼이 되도록 돕고 있다.

THE DISCIPLINE OF GRACE

God's Role and Our Role
in the Pursuit of Holiness

by Jerry Bridges

Translated by permission
Title originally published in English as
THE DISCIPLINE OF GRACE
by NavPress, a ministry of The Navigators.
ⓒ1994 by Jerry Bridges
Korean Copyright ⓒ1997
by Korea NavPress

차 례

저자 소개　7
머리말　9
1장 : 좋은 날과 나쁜 날　13
2장 : 바리새인과 세리　37
3장 : 당신 자신에게 복음을 전하라　57
4장 : 죄에 대해 죽었음　77
5장 : 은혜로 하는 훈련　99
6장 : 예수님의 형상을 닮아 감　119
7장 : 가장 큰 계명에 순종함　141
8장 : 의지하면서 하는 훈련　161
9장 : 헌신하는 훈련　183
10장 : 확신을 계발하는 훈련　203
11장 : 선택하는 훈련　227
12장 : 깨어 있는 훈련　253
13장 : 역경이라는 훈련　275

우리를 사랑하사
그의 피로 우리 죄에서 우리를 해방하시고
그 아버지 하나님을 위하여
우리를 나라와 제사장으로 삼으신 그에게
영광과 능력이 세세토록 있기를 원하노라. 아멘.
요한계시록 1:6-7

저자 소개

제리 브릿지즈(1929-2016)는 네비게이토 선교회의 부회장을 역임하였습니다. 그는 해군 장교로 한국전에도 참전하였으며, 복무 중에 네비게이토 선교회를 알게 된 후 이 사역에 헌신하여 1955년 이래 네비게이토 선교회 간사로 주님을 섬겼으며, 2016년에 사랑하는 주님 품에 안겼습니다.

저자는 이 책 외에도 거룩한 삶의 추구, 경건에 이르는 연습, 하나님을 의뢰함, 넘치는 은혜 변화되는 삶, 진정한 교제, 겸손의 축복, 영적인 의지력 등 여러 책을 저술했습니다.

머리말

내가 쓴 "거룩한 삶의 추구"라는 책이 1978년에 출판된 직후, 내가 살고 있는 도시의 한 교회로부터 초청을 받아 이 주제에 대해 10회에 걸쳐 강의를 하게 되었습니다. 어느 날 저녁 나는 강의 제목을 "그 책에 썼더라면 하는 장"으로 했습니다. 그날 강의의 내용은, 우리가 하나님의 은혜에 대한 이해가 점점 더 깊어져 감으로 동기 부여를 받아 계속 거룩한 삶을 추구해야지, 그렇지 않으면 거룩함을 추구하는 것이 강압적이고 아무 즐거움도 없는 것이 되고 만다는 것이었습니다.

그 강의를 위해 연구하고 묵상했던 것을 시발점으로 하여 나는 하나님의 은혜에 대한 공부를 계속하게 되었고, 그것은 마침내 "넘치는 은혜, 변화되는 삶"(1995, 네비게이토 출판사 간)이라는 제목의 책으로 만들어졌습니다. 은혜로 살아가야 한다는 원리와 개인적으로 훈련을 해야 한다는 원리는 둘 다 성경적입니다. 이 두 원리 사이의 관계를 연구하면서, 나는 이 두 가지를 한 권에서 합쳐 같이 다루는 것이 도움이 될 것이라고 생각하게 되었습니다. 그래서 이 책을 쓰게 되었습니다.

  출판사에서 정해 준 마감 시간은 종을 부리는 주인과 같기도 하고, 친구와 같기도 합니다. 그것은 나의 관심을 요구하는, 심지어 절규하는 수많은 것들(예를 들면, 내 차고는 나의 손길을 간절히 기다리고 있습니다)이 있을 때도 이 일에만 매달리도록 계속 혹사시킨다는 점에서는 종을 부리는 주인입니다. 그러나, 마감 시간은 위로해 주는 친구이기도 합니다. 그것은 "최선을 다했으면 된 거야"라고 말할 수 있게 해주기 때문입니다. 내가 더 소개하고 싶은 것들에 대해 끊임없이 생각하나, 때가 되면 완성된 원고를 편집자에게 넘겨주고, 책에 소개해야 할 내용은 성령께서 이미 다 깨닫게 해주셨을 것으로 믿어야 합니다.

  은혜와 거룩함에 대한 책을 쓸 때 더욱 나를 어렵게 하는 것은 계속 나 자신을 살펴보아야 한다는 점입니다. 이는 내가 예수님께서 책망하셨던 그 율법사들과 바리새인들처럼 되지 않기 위함입니다. 그들은 말만 하고 행치는 않았기 때문입니다(마태복음 23:3 참조). 자신을 돌아보는 것은 때로 고통스럽습니다. 그리고 나도 이 책에 쓴 내용들을 실천하기 위해 씨름하고 있다는 점을 고백할 수밖에 없습니다. 당신은 본서에서 예수 그리스도 안에 있는 하나님의 은혜의 복음을 끊임없이 강조하고 하고 있다는 것을 알게 될 것입니다. 계속 거룩한 삶을 추구할 수 있게 해준 것은 오직 복음이었으며, 내가 배웠거나 지금도 배우고 있는 것을 다른 사람에게 전할 수 있는 용기를 가질 수 있는 것도 오로지 그리스도 안에 있는 은혜를 확신하기 때문입니다.

  내가 즐겨 묵상하는 구절 가운데 하나가 에베소서 3:8인데, 내게 삶의 지침과 동기를 줍니다: "모든 성도 중에 지극히 작은 자보다 더 작은 나에게 이 은혜를 주신 것은 측량할 수 없는 그리스도의 풍성을 이방인에게 전하게 하시고." 이러한 태도로 나는 이 책을 썼습니다.

　머리말을 쓸 때의 즐거움 가운데 하나는 책을 쓸 때 이런저런 모양으로 도움을 준 분들에게 감사를 표현하는 것입니다. 나보다 먼저 주님께로 갔지만 저술을 통해 나에게 많은 유익을 준 영적 거인들에게 감사를 표해야겠습니다. 특히 청교도 신학자인 존 오웬은 글을 통해, 거룩한 삶을 추구하는 데 대해 많은 것을 가르쳐 주었습니다. 또한 19세기의 스코틀랜드의 신학자 조지 스미턴을 꼽을 수 있습니다. 그를 통해 복음에 대한 이해의 깊이를 더할 수 있었습니다.

　또한 나의 친구 잭 밀러 박사에게 감사를 느낍니다. 그를 통해 나는 "매일 당신 자신에게 복음을 전하라"라는 표현을 배웠습니다. 나는 필요에 의해 몇 년 동안 그렇게 해왔기는 했지만, 밀러 박사는 그러한 개념을 더 예리하게 이해하도록 도와주었으며, 보다 더 의식적으로 내 삶에 적용하도록 도와주었습니다.

　친구인 단 심프슨은 원고를 읽고 값진 조언과 제안을 해주었습니다. 단이 내 원고를 읽고 도와준 것이 이번이 벌써 세 번째이며, 그는 신실한 친구입니다. 내 원고를 편집해 준 NavPress의 편집자 스티브 웹은 귀중한 제안들을 해주었으며 격려를 아끼지 않았습니다. 너무나 힘이 들어 도중에 그만두고 싶을 때 나의 긴급한 기도 요청에 응해 준 미국 각지의 친구들에게 감사를 드립니다. 그러한 도움에 대해 그들에게 매우 감사를 느낍니다.

　나의 보좌역 수우 쥬그는 원고를 타자해 주었으며, 수차례에 걸쳐 교정을 보아 주었습니다. 나는 아직도 컴퓨터 세대에 끼려고 애쓰고 있는 사람 중에 하나일 뿐이기 때문입니다. 아내 제인은 나의 모든 관심과 정열을 이 책에 쏟고 있을 동안 기도하고 인내해 줌으로 나를 격려해 주었습니다.

　그 누구보다도 하나님께 감사드립니다. 하나님께서는 인쇄된 지면을 통해 다른 사람들을 섬기는 특권을 허락하여 주셨습니다. 나는 분명 무가치한 종이나, 오직 그분의 은혜로 이러한 사역을 할 수 있었습니다.

1

좋은 날과 나쁜 날

예수께서 이르시되,
"네가 어찌하여 나를 선하다 일컫느냐?
하나님 한 분 외에는 선한 이가 없느니라."
마가복음 10:18

병원의 대기실에 앉아 있을 때, 나의 시선은 조각되고 있는 사람을 그린 진기한 그림에 머물었습니다. 그 조각은 허벅지 중간쯤까지는 완성되어 있었고, 완성된 부분은 남자라면 누구나 갖고 싶어할 정도로 우람하고 억센 체격을 하고 있었습니다. 그러나, 그 그림에서 더욱 특이한 점은 화가는 조각되고 있는 사람의 손에 망치와 정을 들려 놓았다는 것이었습니다.

나는 그 그림에 매혹되어 화가가 전하고자 하는 메시지가 무엇일까 생각해 보았습니다. 아마도 그는 소위 자수성가한 사람의 그림을 그리고자 한 것 같았습니다. 그러나 그 그림에 대해 생각하면서, 그것이 많은 그리스도인들이 영적 삶을 영위하기 위해 애쓰는 방법을 너무나 잘 묘사하고 있는 것 같아 놀라웠습니다. 우리는 영적 변화를 위한 도구로 생각되는 것들을 손에 들고, 자신을 영적으로 건장하고 그리스도를 닮은 사람으로 조각해 가려고 합니다. 그러나 영적인 변화는 기본적으로 성령의 일입니다. 성령이야말로 최고의 조각가이십니다.

그러나, 그 조각되고 있는 사람과 우리의 유사성에는 한계가 있습니다. 그 그림은 사람으로 조각되고 있는 대리석 덩어리를 그린 것입니다. 원래의 대리석 덩어리나 완성된 작품이나 스스로는 움직일 수 없는 생명이 없는 물체일 뿐입니다. 우리는 그렇지 않습니다. 우리는 지성과 감정과 의지를 가지고 있으며, 이 모든 것은 우리가 예수님을 믿어 구원받을 때 새로워졌습니다. 그리고 성령께서는 우리를 변화시킬 때 새롭게 된 지성, 감정, 의지를 통해 역사하십니다.

우리로 점점 더 그리스도를 닮아 가게 하는 성령의 역사를 성화(聖化, sanctification)라고 부릅니다. 그 성령의 역사에 우리가 함께하고 협력하는 것을 거룩한 삶을 추구한다고 합니다. 이러한 표현을 내가 처음으로 사용한 것은 아닙니다. 그것은 히브리서 12:14에서 취한 것입니다: "모든 사람으로 더불어 화평함과 거룩함을 좇으라(추구하라). 이것이 없이는 아무도 주를 보지 못하리라."

거룩한 삶을 추구하려면 꾸준히 열정적으로 노력하는 것이 필요합니다. 어떠한 게으름도, 무감각도, 반 마음으로 하는 헌신도, 사소한 죄들에 대한 방임적인 태도도 허락되지 않습니다. 간단히 말해, 그것은 그리스도인의 삶에서 최고의 우선 순위를 요구합니다. 이는 거룩하게 되는 것은 그리스도를 닮는 것이요, 모든 그리스도인들을 향한 하나님의 목적이기 때문입니다.

여기서 사용되는 "좇다(추구하다)"라는 말은 얻거나 이룩하기 위해 애쓰는 것을 의미합니다. 애쓴다는 것은 강한 의미를 갖습니다. 히브리서 12:14에 나오는, 헬라어로 "좇다"라는 말은 "모든 노력을 다하다"로 번역될 수 있습니다. 빌립보서 3:12-14에서는 같은 말이 "좇아가다"로 번역되어 있습니다.

그러나 동시에, 거룩한 삶을 추구하는 것은 마땅히 하나님의 은혜에 닻을 내려야 합니다. 그렇지 않으면 필연적으로 실패할 수밖에 없습니다. 이 말은 많은 그리스도인들에게 이상하게 들릴 것입니다. 그들은 하나님의 은혜와 거룩한 삶을 추구하는 것은 서로 대비되는 것으로 생각하는 것 같습니다. 즉 서로 정반대라는 것입니다.

거룩함을 추구한다는 것을 율법주의나 인간이 만든 규칙을 따르는 것으로 여기는 사람들도 있습니다. 또 어떤 사람들에게는, 하나님의 무조건적인 사랑이란 우리 마음대로 죄를 지어도 된다는 것을 의미하고, 그래서 은혜를 강조하는 것은 무책임하고 죄된 행동으로 들어가는 문을 활짝 열어 놓는 것처럼 보입니다.

오래 전 내가 "거룩한 삶의 추구"라는 책을 썼는데, 거기서는 거룩한 삶을 위한 우리의 책임을 무척 강조했습니다. 이는 모든 것을 하나님께 맡겨 버리는 것과 반대가 되는 것입니다. 13년 후 나는 "넘치는 은혜, 변화되는 삶"이라는 책을 썼는데, 거기서는 그리스도인들에게 행위가 아니라 은혜에 의해 사는 법을 배우라고 촉구했습니다. "넘치는 은혜, 변화되는 삶"이 출판된 후, 많은 사람들이 이 책의 내용과 "거룩한 삶의 추구"의 내용이 어떤 관계가 있는지 물어 왔습니다. 그들의 질문은 거의 언제나 은혜에 의해 사는 것과 거룩한 삶을 추구하는 것은 서로 양립할 수 없다는 생각을 밑바탕에 깔고 있었습니다. 심지어 어떤 부인은 거룩한 삶에 대한 책을 쓴 사람이 어떻게 은혜에 관한 책을 쓸 수가 있는지 믿기지 않는다고 하기도 했습니다.

그러나 은혜와, 거룩함을 추구하는 데 필요한 개인적인 훈련은 서로 반대되는 것이 아닙니다. 사실, 이 두 가지는 긴밀한 동반자입니다. 은혜와, 개인적이고 열정적인 노력이 함께 일한다는 것을 이해하는 것이 일생 동안 거룩한 삶을 추구하는 데 필수적입니다. 그럼에도 많은 그리스도인들이 은혜로 산다는 말의 의미를 제대로 이해하지 못하고 있으며, 은혜와 개인적인 훈련의 관계도 이해하지 못하고 있습니다.

당신의 삶에는 판이하게 다른 두 종류의 날이 있을 수 있습니다. 하나는 영적으로 무척 형통한 날입니다. 당신은 아침에 자명종 소리를 듣자마자 벌떡 일어났으며, 성경을 읽고 기도하면서 매우 신선하고 유익한 경건의 시간을 가졌습니다. 그날 하루를 위한 계획들은 척척 진행되었으며, 하나님께서 당신과 함께하고 계심을 느꼈습니다. 거기다가, 예기치 않게 어떤 사람과 복음에 대해 이야기를 나눌 기회도 가졌는데, 그 사람은 진지하게 영적 관심을 나타냈습니다. 그 사람과 대화를 나누면서 당신은 성령께서 당신을 도와주시고 그 사람의 마음속에 역사해 주십사고 조용히 기도하기도 했습니다.

또 다른 날은 완전히 정반대입니다. 당신은 자명종이 울릴 때 일어나지 않았습니다. 그것을 끄고는 다시 잠자리로 들어간 것입니다. 마침내 겨우 정신이 들었을 때는 경건의 시간을 갖기에는 너무 늦은 시간이었습니다. 당신은 서둘러 아침 식사를 하는 둥 마는 둥 하고는 하루 일과 속으로 뛰어들었습니다. 당신은 늦잠을 잔 것과 경건의 시간을 빼먹은 것에 대해 계속 죄책감을 느낍니다. 그리고 하루 종일 여러 일들이 잘못되어 갔습니다. 당신은 하루가 흘러가는 동안 점점 더 신경이 예민해져 갔고, 삶에서 하나님의 임재를 전혀 느끼지 못합니다. 그런데, 그날 저녁에 정말 뜻밖에 당신은 예수님을 믿는 데 진정으로 관심을 가지고 있는 사람에게 복음을 전할 기회를 갖게 되었습니다.

당신은 이 두 번의 전도 기회에서 자신감이 서로 다르겠습니까? 형통하던 그날보다 일이 꼬이던 그날은 자신감이 덜하겠습니까? 영적으로 형편없었던 그날은 하나님께서 당신을 축복하시거나 사용해

주실 것으로 믿기가 어렵겠습니까?

  이러한 질문들에 "예"라고 답변한다면, 당신은 수많은 동지들 속에 있습니다. 나는 여러 기회에 청중들에게 이 두 가지 경우를 소개하고는 "두 경우에 자신감의 정도가 서로 다르겠습니까?"라고 물어 보았는데, 언제나 대략 80%의 사람들은 "예"라고 답변했습니다. 그들은 영적으로 성적이 좋지 않았던 날에는, 예수님을 전할 때 하나님의 축복에 대한 확신이 더 떨어지는 것을 경험하곤 했습니다. 이러한 생각은 정당합니까? 하나님께서는 그런 식으로 역사하십니까? 물론 그렇지 않습니다. 하나님의 축복은 우리의 행위에 따라 좌우되는 것이 아니기 때문입니다.

  그러면 우리는 왜 그렇게 생각합니까? 이는 우리 삶에 대한 하나님의 축복은 어떤 식으로든 우리의 영적 성취를 전제 조건으로 한다고 굳게 믿고 있기 때문입니다. 만약 영적으로 잘 살아서 "좋은" 날을 보냈다면, 우리는 하나님의 축복을 받을 만한 상황이라고 생각합니다. 하나님의 축복들이 그리스도를 통해 온다는 것은 알고 있으나, 또한 그 축복들이 우리의 행동에 의해 좌우된다는 막연한 생각을 가지고 있는 것입니다. 한 친구는 '내가 어떤 것들을 행함으로 하나님께서 나를 위해 일하시게 할 수 있다'고 생각하곤 했습니다.

  그러한 생각들은 "좋지 않은" 날을 보냈을 때 한결 더 강합니다. 우리는 자신이 어느 정도의 기간 동안은 하나님의 은총을 상실했을 것이며, 거의 틀림없이 그 다음날까지는 그럴 것이라고 생각합니다. 그 "좋지 않은" 날에는 왜 하나님께서 다른 사람에게 복음을 전하는 데 자신을 사용하지 않으실 것이라고 생각하는지 물어 보았더니, 전형적인 답변은 "난 그럴 만한 자격이 없어서요" 혹은 "나는 그런 일을 할 만큼 선하지 못하기 때문이지요" 등이었습니다.

  그러한 답변은 그리스도인의 삶에 대해 너무나 흔한 그러나 그릇된 개념을 가지고 있음을 드러냅니다. 우리는 은혜로 구원받으나, 매일의 삶에서 하나님의 축복은 우리의 성취에 따라 좌우된다고 생각하는 것입니다.

좋지 않은 날

우리가 하는 일마다 그릇되게 행한 것 같고 무척 죄책감을 느끼는, 영적으로 "좋지 않은" 날을 보냈을 때는 어떻게 해야 할까요? 우리는 십자가로 다시 나아가 그 몸으로 우리 죄를 담당하신 예수님을 바라보아야 합니다(베드로전서 2:24). 믿음으로 우리는 죄된 양심을 깨끗하게 씻겨 주는 그리스도의 피로 나아가야 하는 것입니다(히브리서 9:14 참조).

예를 들면, 앞에서 소개한 바와 같은 "좋지 않은" 날에는 다음과 같이 하나님께 기도할 수 있을 것입니다:

> 아버지 하나님, 저는 하나님께 잘못을 범했습니다. 저는 저의 영적 성장에 꼭 필요하고 그리고 도움이 되는 영적 훈련들을 행하는 데 게으름을 피웠습니다. 그리고 제 주위에 있는 사람들에게 짜증을 부리기도 했으며, 원망하는 마음과 온유하지 못한 마음을 품어 왔습니다. 저는 이 모든 죄를 회개하오며 하나님의 용서하심을 믿습니다.
>
> 하나님께서는 경건치 않은 자를 의롭다고 하신다고 하셨습니다(로마서 4:5). 아버지 하나님, 오늘의 죄를 보건대 저는 경건치 않다는 것을 시인할 수밖에 없습니다. 사실, 저의 문제는 단지 제가 알고 있는 그 죄들만이 아닙니다. 제가 인식하지 못한 죄들도 있을 것입니다. 문제는 저의 마음이 죄

악 되다는 사실입니다. 지금 제가 가슴아프게 생각하고 있는 이 죄들은 단지 저의 죄된 마음이 밖으로 드러난 것일 뿐입니다.

그러나 저의 죄들과 제 마음의 죄악 됨에도 불구하고, 하나님께서는 "그리스도 예수 안에 있는 자에게는 결코 정죄함이 없다"(로마서 8:1)고 말씀하셨습니다. 지금 제가 뼈저리게 느끼고 있는 죄에 비추어 볼 때, 이 말씀은 정말 믿기지가 않는 말씀입니다. 제가 오늘 그토록 명백하게 그리고 의도적으로 하나님께 죄를 범했는데 어떻게 정죄함이 없을 수 있겠습니까?

오 하나님, 저는 그것이 예수님께서 제가 오늘 범한 죄들을 십자가에서 그 몸에 담당하셨기 때문임을 압니다. 예수님께서 제가 받아야 할 형벌을 대신 당하셨습니다. 이는 그분이 받아 마땅한 축복들을 제가 받을 수 있도록 하기 위함입니다. 그러므로, 하나님 아버지, 저는 하나님께 나아왔으며, 오늘 이 친구에게 복음을 효과적으로 나눌 수 있도록 저를 도와주시기를 예수님의 이름으로 간구합니다.

당신은 이 기도에서 표현된 나의 겸손한 태도를 통해, 내가 죄를 지은 데 대해 뻔뻔스럽거나 거만한 태도를 지니고 있지 않다는 것을 쉽게 알 수 있을 것입니다. 오히려, 나는 가장 형편없는 날이라도 그리스도로 말미암은 하나님의 은혜가 우리 죄를 능가한다는 것을 아뢰고 있습니다. 그러나 그러한 은혜를 경험하고자 하면, 그리스도께서 우리를 위해 죽으신 것을 믿음으로써, 그 은혜를 꽉 붙잡아야 합니다. 당신의 기도는 내가 기록한 것과 같이 길지는 않을 수도 있습니다. 중요한 것은 당신의 기도가 얼마나 긴가가 아니고, 당신의 마음의 태도입니다. 그 기도는 당신의 마음의 태도를 잘 반영하고 있습니까? 19세기의 유명한 설교자 찰스 스펄전은 강단으로 나아갈 때마다 "하나님이여, 불쌍히 여기옵소서. 나는 죄인이로소이다"(누가복음 18:13)라고 조용히 기도했다고 합니다. 스펄전의 짤막한 기도가 네 문단으로 된 나의 기도에서 표현된 모든 것을 포괄합니다.

하나님의 은혜를 간절히 필요로 하나 그러한 은혜를 누릴 만한 자격이 전혀 없다는 것을 뼈저리게 느낄 때마다 이와 같이 기도할 수 있습니다. 사실, 우리는 하나님의 축복이 필요할 때까지 기다려서는 안 됩니다. 우리는 양심을 모든 죄로부터 깨끗하게 하고 하나님과의 교제 가운데 동행하기 위하여 그러한 회개와 믿음의 기도를 해야 합니다.

좋은 날

이제, 앞에서 설명한 "좋은" 날로 돌아가 봅시다. 그날은 영적 훈련이 잘 이루어졌고, 당신의 행동에 대해 상당히 만족스럽게 생각합니다. 이로 인해 당신은 그날 하나님의 축복을 얻었습니까? 당신이 선했기 때문에 하나님께서는 당신을 축복하기를 즐거워하시겠습니까? 당신은 아마도 "글쎄, 당신이 그런 식으로 묻는다면, 물론 그 대답은 '아니오'이겠지요. 하지만, 하나님께서는 깨끗한 그릇을 통해서만 역사하시지 않습니까?"라고 생각할 것입니다. 이에 대해 나는 이렇게 말하겠습니다: "그 말이 사실이라고 칩시다. 당신이 깨끗한 그릇이 되기 위해서는 얼마나 선해야 합니까? 얼마나 선해야 충분히 선하다고 할 수 있겠습니까?"

바리새인 가운데 하나가 예수님께 "선생님이여, 율법 중에 어느 계명이 크니이까?"라고 물었습니다. 이에 예수님께서는 "'네 마음을 다하고, 목숨을 다하고, 뜻을 다하여 주 너의 하나님을 사랑하라' 하셨으니, 이것이 크고 첫째 되는 계명이요, 둘째는 그와 같으니, '네 이웃을 네 몸과 같이 사랑하라' 하셨으니, 이 두 계명이 온 율법과 선지자의 강령이니라"라고 대답하셨습니다(마태복음 22:37-40).

그 바리새인에게 하신 예수님의 답변을 기준으로 할 때, 선했다는 당신의 하루는 실제로는 얼마나 선했습니까? 당신은 이 두 계명을 얼마나 완벽하게 지켰습니까? 그렇지 않다면, 하나님께서는 상대 평가를 하십니까? 90%가 합격 점수입니까? 우리는 이러한 질문들에 대한 답을 알고 있습니다. 그렇지 않습니까? 예수님께서 "그러므로 하늘에 계신 너희 아버지의 온전하심과 같이 너희도 온전하라"(마태복음 5:48)고 말씀하셨다는 것을 알고 있습니다. 그리고 또한 야고보서에 "누구든지 온 율법을 지키다가 그 하나에 거치면 모두 범한 자가 되나니"(야고보서 2:10)라고 기록되어 있다는 것도 잘 알고 있습니다.

우리의 성취에 상관없이, 우리는 언제나 하나님의 은혜, 즉 진노받기에 합당한 사람들을 향한 하나님의 과분한 은총을 의지하고 있습니다. 우리의 죄악 됨을 더 깊이 느끼며 그래서 하나님의 은혜의 필요성을 더 절실히 느끼게 되는 날은 있을지라도, 보잘것없는 우리의 성취를 토대로 하여 하나님 앞에 당당히 나아갈 수 있거나, 그런 것을 토대로 하나님의 축복을 받기에 합당하게 될 날은 결코 없을 것입니다.

동시에, 복음의 좋은 소식은, 우리 생각에 가장 형편없는 날에도 하나님의 은혜가 우리를 위해 예비되어 있다는 것입니다. 이것이 사실일 수밖에 없는 것은, 그리스도 예수께서 의에 대한 하나님의 요구를 온전히 충족시키셨으며, 십자가에서 우리 죄로 말미암은 형벌을 우리 대신 다 담당하셨기 때문입니다. 그래서 사도 바울은 "우리에게 모든 죄를 사하셨다"(골로새서 2:13)라고 한 것입니다.

　하나님께서 우리의 모든 죄를 사하셨습니다. 그렇다면 이는 하나님께서 더 이상 우리가 순종하든 않든 개의치 않으신다는 의미입니까? 천만의 말씀입니다. 성경에 의하면, 우리는 죄를 지음으로 성령을 근심케 합니다(에베소서 4:30). 그리고 바울은 우리가 하나님을 "범사에 기쁘시게 하기를" 기도했습니다(골로새서 1:10). 우리는 하나님을 근심하시게도 하고 기쁘시게도 합니다. 분명, 하나님께서는 우리의 행위에 관심을 가지고 계시며, 의도적인 죄를 회개하기를 거부할 때 징계하기도 하십니다. 그러나 하나님께서는 더 이상 우리의 심판자는 아닙니다. 그리스도로 말미암아 하나님께서는 이제 우리의 아버지가 되셨으며, 사랑으로 말미암아 우리의 유익을 위해서만 우리를 징계하십니다.

　만약 하나님의 축복이 우리의 성취나 성과에 달려 있다면, 그 축복은 실로 변변치 않은 것일 것입니다. 우리의 최선의 행위도 죄로 오염되어 있습니다. 정도 차이는 있을지언정 동기가 불순하고 실행이 완전치 못하기 때문입니다. 우리는 언제나 자신을 위해 몸을 사리며, 자아를 보호하려 합니다. 순종을 통하여 하나님의 축복을 얻어낼 수 있다고 생각하는 것은, 우리 속에 있는 죄의 법의 타락성을 알지 못하기 때문입니다. 그것은 우리의 모든 행동을 오염시킵니다. 그리고 하나님을 기쁘시게 하는 삶을 살기를 원하나 그렇게 살지 못했다고 하나님의 축복을 단념하는 것은, 예수님께서 우리 모든 죄의 대가를 다 치르셨다는 사실을 온전히 파악하고 있지 못하기 때문입니다.

　지금까지 이야기한 것을 요약하는 중요한 영적 원리는 다음과 같습니다:

당신의 가장 나쁜 날도 결코 하나님의 은혜를 누리지 못할
만큼 나쁘지는 않다. 그리고 당신의 가장 좋은 날도 결코 하
나님의 은혜를 필요로 하지 않을 만큼 좋지는 않다.

그리스도인의 매일의 삶은 오로지 하나님의 은혜를 기초로 하나님
께 나아가는 삶이 되어야 합니다. 우리는 은혜로 구원받았을 뿐만 아
니라 매일의 삶도 은혜로 살아갑니다. 이러한 은혜는 그리스도로 말
미암습니다. "또한 그로 말미암아 우리가 믿음으로 서 있는 이 은혜
에 들어감을 얻었으며…"(로마서 5:2).

모세의 율법은 순종에 대한 축복과 불순종에 대한 저주를 약속하
고 있습니다(신명기 28장, 특히 1-2절과 15절). 이 원리가 오늘날 자
기에게도 적용되는 것처럼 생각하는 그리스도인들이 있습니다. 그러
나 바울은 "이같이 율법이 우리를 그리스도에게로 인도하는 몽학선
생이 되어, 우리로 하여금 믿음으로 말미암아 의롭다 함을 얻게 하려
함이니라"(갈라디아서 3:24)라고 했습니다. 그리스도께서 이미 우리
의 불순종으로 말미암은 저주를 담당하셨으며, 순종으로 말미암은
축복을 우리를 위해 얻어 내셨습니다. 그 결과, 이제 우리는 하나님의
축복을 얻기 위해서 그리스도만을 바라보아야 합니다. 결코 그리스
도의 공로에다 우리의 성과를 더해야 하는 게 아닙니다. 우리는 은혜
에 의해 구원받았고, 은혜만으로 살아가야 합니다.

하나님의 축복을 위해 기도하면, 하나님께서는 우리가 그 축복을
받을 만한지 우리 성적표를 살펴보시지 않습니다. 오히려, 하나님께
서는 우리가 하나님의 축복을 보장받기 위한 토대로 하나님의 아들
의 공로를 의지하는지 보십니다. 다시 한번 강조하고 싶습니다. 우리
는 은혜로 구원받았으며, 매일의 삶도 은혜로 살아야 합니다.

하나님과의 관계가 우리의 성과가 아니라 하나님의 은혜에 기초하

고 있다는 게 사실이라면, 왜 우리는 그렇게도 '좋은 날 나쁜 날' 식의 사고 방식에 빠져드는 경향이 있습니까? 이는 우리가 복음을 불신자들만을 위한 것으로 전락시켰기 때문입니다.

일생을 위한 메시지

다음에 나오는 그림과 같이 당신의 일생을 간단한 직선으로 나타내 봅시다. 거기에는 오직 세 개의 점이 있습니다. 당신의 출생과 사망과 구원입니다. 당신이 그리스도를 믿을 때의 나이가 어떠했든, 예수님의 십자가는 당신의 일생을 두 기간으로 나눕니다. 바로 불신자였던 기간과 그리스도를 믿은 후의 기간입니다.

이 직선을 염두에 두고, 불신자였던 당신에게 가장 필요했던 성경의 메시지를 한 단어로 나타내면 무엇입니까? 나는 그것이 복음이라고 생각합니다. 구원을 주시는 하나님의 능력이 되는 것은 바로 복음입니다(로마서 1:16). 우리는, 그리스도께서 우리 죄를 위해 죽으셨으며, 그분을 믿기만 하면 죄사함을 받고 영생을 선물로 받는다는 소식을 들을 필요가 있습니다. 이 메시지는 여러 가지 방법으로 표현될 수 있지만, 언제나 복음임에는 틀림없습니다. 이 복음을 불신자였던 우리가 듣고 응답해야 할 필요가 있었습니다. 이제 당신의 삶을 나타내는 직선은 다음과 같이 될 것입니다:

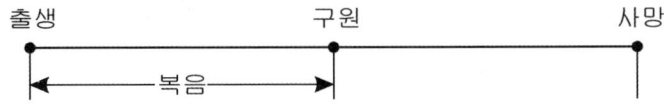

그리스도인이 된 우리에게 가장 필요한 메시지를 한 단어로 나타내면 무엇입니까? 여러 가지 대답이 있을 수 있지만, 대부분은 제자도라고 답할 것입니다. 예수님께서 "너희는 가서 모든 족속으로 제자를 삼으라"(마태복음 28:19)라고 말씀하셨기 때문입니다. 그리스도인으로서 우리는 끊임없이 제자의 삶을 위한 필요 사항과 의무에 대해 도전을 받습니다. 이 필요 사항과 의무에는 영적 훈련(경건의 시간, 성경공부, 기도, 전도, 예배 등), 성경에 나와 있는 하나님의 윤리적인 명령들에 대한 순종 즉 거룩한 삶을 추구하는 것, 하나님의 나라를 위한 봉사와 사역 등이 포함됩니다. 그리스도인으로서 우리가 해야 할 거의 모든 것이 아마도 훈련, 거룩한 삶, 그리고 봉사 이 세 단어에 포함될 것입니다.

그러므로 우리의 일생을 나타내는 직선은 다음과 같이 될 것입니다:

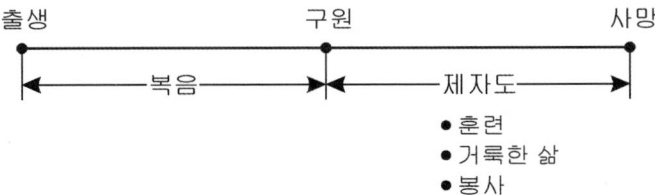

이 그림은 그리스도인의 삶에 대한 우리의 관점을 잘 보여 줍니다. 즉, 불신자들을 위해서는 복음, 신자들을 위해서는 제자도의 의무들이 필요하다고 생각하는 것입니다. 나는 우리가 제자의 삶에 강조점을 두어야 한다는 데 의문을 제기하지는 않습니다. 앞에서 살펴본 대로, 예수님께서 친히 "가서 제자를 삼으라"고 말씀하셨기 때문입니다. 어쨌든, 우리는 이 세 가지의 강조점, 즉 훈련, 거룩한 삶, 그리고 봉사에 대해서는 더 많은 도전과 가르침을 받을 필요가 있습니다. 그러나 제자도보다 더 기본적인 것, 제자도를 실행할 수 있는 여건을 실제로 마련해 주는 것이 있습니다. 그것은 바로 복음을 계속해서 듣는 것입니다.

우리는 날마다 계속해서 복음을 들을 필요가 있습니다. 그리스도로 말미암아 하나님의 은혜를 누린다는 복음을 지속적으로 상기하는 것만이, 하나님과의 관계가 우리가 얼마나 잘해 왔는지에 달려 있다고 생각하는, '좋은 날 나쁜 날' 식의 사고 방식에 빠져들지 않게 해줄 것입니다.

복음을 듣고 우리 죄가 그리스도 안에서 사함받았다는 것을 상기하는 즐거움이야말로 제자도를 위해 필요한 것들을 행하는 것이 고역이 되지 않게 해줍니다. 제자로 따르는 데 필요한 것들을 행하도록 올바른 동기를 제공해 주는 것은 오직 한 가지입니다. 그것은 바로 하나님께서 더 이상 우리 죄를 인정치 않으신다는 것(로마서 4:8)을 앎으로 말미암은, 하나님께 대한 사랑과 감사의 마음입니다.

자기의(自己義)와 죄책감

그러나 우리는 복음은 죄인들을 위한 것이라는 것을 기억해야 합니다. 예수님께서는, "내가 의인을 부르러 온 것이 아니요, 죄인을 불러 회개시키러 왔다"(누가복음 5:32)고 말씀하셨습니다. 복음은 우리 자신이 여전히 죄악 되다는 것을 깨닫고 인정하는 정도에 비례하여 우리에게 의미를 가질 것입니다. 비록 우리가 그리스도 안에서 새로운 피조물이 되었긴 해도, 우리는 여전히 날마다 생각, 말, 그리고 행동에서, 그리고 아마도 더 중요하게는 동기에 있어서 죄를 짓습니다. 날마다 복음으로부터 유익을 얻으려면, 우리는 여전히 죄인이라는 것을 인정해야 합니다.

복음이라는 좋은 소식을 지속적으로 상기하지 않으면, 우리는 쉽사리 두 가지 오류 가운데 하나에 빠져듭니다. 첫째는 바리새인들처럼 우리의 외적 성취에 초점을 맞추며 교만해지는 것입니다. 그리하여 훈련, 순종, 헌신 등에서 우리보다 못해 보이는 사람들을 깔보며, 은근히 그들보다 영적으로 더 우월하다고 느끼기 시작합니다.

두 번째 오류는 첫 번째와 정반대입니다. 그것은 죄책감입니다. 우리는 영적 훈련, 순종, 그리고 봉사 등을 하도록 도전을 받아 왔으며, 진심으로 이러한 도전에 응하여 이에 자신을 드려 왔습니다. 그러나, 외견상 우리 주위에 있는 다른 사람들보다 성공적이지 않을 수도 있습니다. 혹은, 우리는 분노, 원망, 탐심, 그리고 판단하는 태도 등과 같은 마음의 죄와 싸우고 있을 수도 있습니다. 또는 부정한 생각, 조급함, 혹은 하나님께 대한 믿음과 신뢰심의 부족 등으로 인해 갈등할 수도 있습니다. 우리 삶에 관한 한 복음을 선반 위에 올려 놓았기 때문에 우리는 실패감이나 죄책감과 씨름합니다. 우리는 하나님께서는 우리를 기뻐하시지 않을 것이라고 믿으며, 우리 삶에 복 주실 것이라고는 기대치 않을 것입니다. 어쨌든, 우리는 하나님의 은총을 받을 만하지 못하다고 생각되기 때문입니다.

우리는 자신의 성취에 초점을 맞추고 있기 때문에, 은혜의 의미를 잊어버립니다. 은혜란 진노를 받아 마땅한 사람들을 향한 하나님의 과분한 은총입니다. 바리새인과 같은 그리스도인들은 무의식적으로 자신의 행위를 통해 하나님의 축복을 획득했다고 생각합니다. 죄책감에 찌들린 그리스도인들은 자신은 훈련이 부족하고 순종하는 삶에서 실패해 왔기 때문에 틀림없이 하나님의 축복을 상실했다고 믿습니다. 두 부류의 사람은 모두 은혜의 의미를 망각했습니다. 그들은 복음으로부터 멀어졌고, 하나님과의 관계의 토대를 자신의 성취에 두고 있습니다.

대부분의 그리스도인들은 이 두 가지 태도 가운데 하나를 취하고 있을 것입니다. 좋은 날은, 자기 의에 사로잡힌 바리새인처럼 됩니다. 그리 좋지 않은 날은 실패감과 죄책감의 노예가 되어 버둥거리게 됩니다. 사실, 그것은 며칠 정도로 끝나지 않을 것입니다. 몇 주일 수도 있고 몇 개월일 수도 있습니다. 그러나 며칠이든 몇 주이든, 문제는 동일합니다. 우리는 하나님의 은혜의 복음에서 멀어져 그리스도를 통해서가 아니라 우리의 성취를 토대로 하나님과 관계를 맺고자 합니다.

하나님께서는 결코 우리의 행위를 토대로 하나님께 나아오도록 하지 않으셨습니다. 우리 자신의 성취는 결코 우리가 하나님의 용납을 받을 수 있게 할 만큼 좋지는 못합니다. 우리는 오직 예수 그리스도의 보혈과 의를 통해서만 하나님께 나아갈 수 있습니다. 예수님의 보혈만이 우리를 죄악 된 양심으로부터 정결하게 씻겨 주며 하나님의 존전에 담대히 나아갈 수 있게 해줍니다(히브리서 10:19-21).

복음은 우리가 자신과 하나님께 완전히 정직해질 수 있게 해줍니다. 하나님께서 그리스도의 피를 통해 우리의 죄를 완전히 용서해 주셨다는 이 확신이 있으면 더 이상 자신을 방어하기 위한 게임을 할 필요가 없습니다. 우리는 자신의 죄를 합리화하거나 변명할 필요가 없습니다. 우리는 약간 과장했다고 말하지 않고 그 대신 거짓말을 했다고 말할 수 있습니다. 우리는 자신에게 있는 감정적인 고통에 대해 부모님을 계속 탓하는 대신, 용서하지 못하는 태도를 가지고 있음을 솔직히 시인할 수 있습니다. 우리는 아무리 수치스럽고 추악한 죄일지라도, 있는 그대로 죄라고 부를 수 있습니다. 예수님께서 그 죄를 십자가에서 다 담당하셨다는 것을 알기 때문입니다. 예수 그리스도를 통한 완전한 용서를 확신하게 되면, 우리는 더 이상 자신의 죄를 숨길 필요가 없습니다.

당신은 이렇게 말할지도 모르겠습니다. "하지만, 거듭 거듭 죄를 범하면서도 그것을 바로잡지 못하는 것 같은 그리스도인들에게 그러한 복음을 계속 상기시키는 것이 좋은 일일까요? 이로 말미암아 그들은 고치려는 노력도 그만두지 않을까요? 그들은 '나의 죄나 훈련의 부족 때문에 고민할 필요가 어디 있습니까? 어쨌든 나는 용서받았지 않습니까?'라고 하지 않겠습니까? 그리스도인의 삶에서 정신을 차리고 살기 위해서는 어느 정도의 성취 지향적인 사고는 필요하지 않습니까? 뿐만 아니라, 자신들의 죄나 그리스도께 대한 헌신의 부족에 대해 갈등하지 않는 무관심한 그리스도인들은 어떻게 됩니까? 이런 식으로 복음을 강조하다 보면 그들은 하나님의 은혜를 남용하게 되며, '하나님께서 날 무조건적으로 사랑하시니 내가 어떻게 사느냐는 중요하지 않아' 식의 태도를 갖게 되지는 않겠습니까?"

두 번째 그룹에 속한 사람들을 먼저 생각해 봅시다. 하나님의 은혜가 남용될 가능성이 있다는 것은 사실입니다. 바울은 그러한 가능성을 예견했으며(로마서 6:1, 갈라디아서 5:13), 유다는 1세기의 교회에 이미 그런 일이 있었다는 것을 보여 줍니다(유다서 4). 그러나 그 진리를 남용하는 사람이 있다고 해서 그 진리의 가치를 박탈할 수는 없습니다. 우리 그리스도인의 삶에 아주 중요한 진리일 때는 특히 그렇습니다.

첫 번째 그룹의 사람들, 즉 자신의 죄와 실패로 인해 갈등하고 있는 사람들에 대해서 생각해 봅시다. 그들이 가장 해서는 안 될 것은 죄책감을 더 강화시키는 일입니다. 죄책감만큼 변화를 위한 열망과 노력을 앗아가는 것은 없습니다. 이와 대조적으로, 그리스도로 인한 죄사함을 깨달음으로 죄책감으로부터 자유롭게 되면, 대개 훈련되고 거룩한 삶을 살고자 하는 열망이 더 강해집니다. 그리고 이렇게 강화된 열망으로 말미암아 기도로 성령의 도움을 간절히 구하게 되며, 훈련과 거룩한 삶을 추구하기 위해 더 부지런히 노력하게 됩니다.

오래 전, 나는 한 경건한 목사님이 "열망이 없는 훈련만큼 힘든 것은 없다"라고 하는 것을 들었습니다. 그러면 우리 마음속에 훈련되고 경건한 삶을 살고자 하는 열망의 불길을 타오르게 하는 것은 무엇입니까? 그것은 우리의 죄를 용서받았으며, 로마서 4:8에서 보여 주고 있는 바와 같이 오늘 우리가 아무리 많이 넘어지고 자빠졌어도 하나님께서는 우리의 죄를 들추어 우리를 거부하지 않으신다는 것을 앎으로 말미암은 기쁨입니다.

사랑에 의해 동기를 부여받음

사도 바울은 주님께서 우리를 대신하여 죽으신 것은 우리가 더 이상 우리 자신을 위해 살지 않고 주님을 위해 살도록 하기 위해서라고 했습니다(고린도후서 5:15). 더 이상 우리를 위해 살지 않고 주님을 위해 사는 것이 제자도의 핵심입니다. 이 말은 우리가 훈련, 거룩한 삶, 그리고 봉사라는 제목 하에 포함시킬 수 있는 모든 것을 요약합니다. 그러나 우리로 하여금 자신이 아니라 주님을 위해 살도록 동기를 부여해 주는 것이 무엇입니까? 바울은 그것이 바로 그리스도의 사랑이라고 했습니다: "그리스도의 사랑이 우리를 강권하시는도다"(고린도후서 5:14).

강권이라는 말이 내포하고 있는 의미는 도덕적인 압력을 행사하여 앞으로 나아가게 재촉한다는 것입니다. 케네스 웨스트는 신약성경을 풀어 번역하면서 바울이 여기서 쓴 강권이라는 단어의 묘미를 잘 파악했습니다. 그는 다음과 같이 번역했습니다: "그리스도께서 나를 향해 가지신 사랑이 사방에서 내게 압력을 가하여, 나를 꼭 붙들어 한 가지 목표를 향하여 나아가며 다른 것은 생각지 못하게 하고, 부드럽게 나를 감싸며, 나에게 앞으로 나아갈 수 있는 동기력을 줍니다."

하지만 무엇이 바울에게 그토록 강권하며 동기를 주었는지를 주목해 보십시오. 좀더 훈련이 되고, 좀더 헌신이 되고, 좀더 거룩해지라고 계속 도전하는 것이 아니었습니다. 오히려 그것은 자신을 향한 그리스도의 사랑을 가슴 깊은 곳에서 끊임없이 느끼는 것이었습니다. 바울에게 동기를 준 것은 "나는 이것 혹은 저것을 해야만 된다"라는 생각이나, 어떤 것을 행하지 않는 데 대한 죄책감이 아니었습니다. 오히려 그에게 박차를 가해 준 것은, 자신을 향한 감당할 수 없는 그리스도의 사랑에 대한 깨달음이었습니다.

우리 그리스도인들은 헌신된 제자의 삶을 위한 도전을 받을 필요가 있습니다. 그러나 그러한 도전은 의무감이나 죄책감이 아니라 복음에 토대를 두어야 합니다. 의무감이나 죄책감은 잠시 동안은 동기를 부여해 줄 수 있을지 모르나, 우리를 향한 그리스도의 사랑에 대한 깨달음은 일생 동안 동기를 부여해 줄 것입니다.

만약 우리를 향한 그리스도의 사랑이 일생 동안 제자의 삶을 사는 동기력이 되어야 한다면, 어떻게 그분의 사랑을 가슴 깊이 깨달을 수 있겠습니까? 복음을 통해서입니다. 물론 그분의 사랑을 우리 마음에 쏟아 부어 주시는 분은 성령이십니다(로마서 5:5). 그러나 성령께서는 복음의 메시지를 통해서 그렇게 하십니다. 복음의 기쁜 소식은 예수님께서 십자가에서 우리의 모든 죄 값을 치르셨으며, 이로 인해 우리의 모든 죄를 용서받았다는 것입니다. 이 복음을 깊이 그리고 계속적으로 묵상함에 따라, 성령께서는 그리스도 안에 있는 하나님의 사랑에 대한 깨달음으로 우리 마음을 가득 채워 주십니다. 그리고 그리스도의 사랑에 대한 그러한 깨달음은 그분을 위해 살지 않을 수 없도록 동기를 부여해 주는 것입니다.

많은 헌신된 그리스도인들이 빌립보서 3:10에 나타나 있는 바울의 간절한 소원에 의해 도전을 받았습니다. 그의 소원은 "그리스도를 아는 것"이었습니다. 우리는 "보다 더 개인적으로 그리고 더 친밀하게 그리스도를 아는 것, 그것은 나의 소원이기도 하다"라고 말할 수 있을 때 바울과 동일한 마음을 갖고 있습니다. 그러면 바울은 어떤 맥락 가운데서 그런 말을 했습니까? 그러한 강렬한 소원을 갖게 한 것은 무엇이었습니까?

문맥을 살펴보면, 바울은 예수님을 믿음으로 말미암아 하나님께로부터 오는 의를 얻기 위해 어떻게 자기 의를 거부하게 되었는지에 대해 간증을 하고 있습니다(빌립보서 3:1-9). 자신을 위한 복음을 자세히 설명해 나가는 도중에 그는 그리스도를 친밀하게 알고자 하는 열망이 자기 안에서 용솟음치는 것을 느꼈습니다.

의무감은 결코 우리 안에 그러한 열망을 일으키지 못합니다. 오직 사랑만이 그렇게 할 수 있습니다. 만약 일생 동안 줄곧 예수 그리스도의 헌신된 제자로서 살고자 한다면, 그리스도를 통한 죄사함이라는 복음을 늘 우리 앞에 간직해야 합니다. 내 친구 잭 밀러의 말을 빌자면, 우리는 자신에게 날마다 복음을 전해야 합니다.

날마다 자신에게 복음을 전하는 것은 우리 마음속에 자리잡고 있는, 자기 의에 사로잡힌 바리새인과 죄책감에 짓눌린 죄인 모두에게 필요합니다. 복음은 오직 죄인들을 위한 것이기 때문에, 날마다 우리 자신에게 복음을 전하는 것은 우리가 진정으로 하나님의 은혜를 필요로 하는 죄인이라는 것을 상기시켜 줍니다. 이로 말미암아 우리는 찬송가 가사에 있듯이 하나님께 "빈손 들고 앞에 가 십자가를 붙듭니다"라고 고백하게 됩니다. 이는 또한 우리 삶을 위한 하나님의 축복을 얻어 내기 위해 우리 자신의 선함을 의지하려는 경향을 의식적으로 거부하게 도와줍니다.

그러나, 아마도 보다 더 중요한 것은, 매일 우리 자신에게 복음을 전하는 것이 소망과 즐거움과 용기를 불어넣어 준다는 점입니다. 그리스도의 죽으심으로 말미암아 우리 죄가 용서되었다는 좋은 소식은 우리 마음속에 기쁨이 넘치게 해주며, 하루를 맞이할 수 있는 용기를 주며, 하나님의 은총이 우리 위에 계속 머무를 것이라는 소망을 줍니다. 우리가 선해서가 아니라, 그리스도 안에 있기 때문입니다.

이 장을 쓰기 몇 달 전 나는 아프리카 케냐의 네비게이토 선교회 대표인 무투아 마히아이니가 자기 나라에 있는 네비게이토 후원자들에게 보낸 편지 한 통을 받았는데, 이 편지에서 그는 하나님의 은혜와 성취 사이의 문제에 대하여 마음에 와 닿게 잘 설명하고 있었습니다. 그래서 나는 그의 허락을 받아 그 내용의 대부분을 다음에 소개합니다.

> 물론, 우리는 우리 죄의 용서가 구원에 있어서 얼마나 중요한 위치를 차지하는지 알고 있습니다. 우리는 그것을 전파하며, 그것을 믿기도 합니다. 우리는 처음으로 회개를 하고 그리스도께 굴복한 순간을 영광스럽게 여깁니다. 우리는 또한 그리스도께 나아왔다면 마땅히 계속 우리 삶을 정결케 해야 한다는 사실을 인정합니다. "만일 우리가 우리 죄를 자백하면 저는 미쁘시고 의로우사 우리 죄를 사하시며 모든 불의에서 우리를 깨끗케 하실 것이요"(요한일서 1:9). 그러나 나는 많은 그리스도인들과 대화를 하는 가운데, 대부분의 사람들은 구원받은 사람이 계속 회개를 하는 것을 그리

영광스러운 경험으로 여기지 않는다는 인상을 받았습니다. 그것을 서글픈 일이나 어쩔 수 없는 일의 하나로 여길 뿐입니다.

죄는 하나님을 슬프게 합니다. 우리는 그리스도인의 삶 속에 있는 죄의 심각성을 얕보아서는 안 됩니다. 그러나 우리는 마땅히 하나님의 은혜는 우리의 모든 죄보다 더 크다는 사실을 인정해야 합니다. 회개는 우리 그리스도인들의 가장 놀라운 특권 가운데 하나입니다. 회개하는 그리스도인은 하나님의 자비와 은혜에 초점을 맞춥니다. 우리 삶에서 하나님의 자비와 은혜를 흠뻑 누리는 순간은 언제든 최고의 순간입니다. 우리의 훌륭한 성취에 대해 만족을 느끼며 자백해야 할 것을 하나도 생각해 내지 못할 때보다 더 좋은 것입니다.

실패할 때마다 - 그리고 우리는 실패할 것입니다 - 하나님의 영은 우리의 실패를 담당하신 그리스도의 십자가 아래로 우리가 나아가게 역사할 것입니다. 이것은 영광스러운 순간이 될 수 있습니다. 왜냐하면, 바로 그 순간에 하나님의 풍부한 자비와 은혜를 받아들일 수 있고, 그리스도의 십자가 외에는 자랑하지 않게 되기 때문입니다. 그렇지 않으면, 우리는 자신의 수치심과 씨름하며, 우리의 성적뿐만 아니라 그 수치에 초점을 맞추게 됩니다. 우리가 실패하는 것은 우리 관심의 초점을 은혜와 자비로부터 옮겨 왔기 때문입니다. 하나님의 자비와 은혜를 힘입는 자는 회개하는 데는 빠르고 죄를 짓는 데는 더딥니다.

우리 삶에서 하나님의 자비와 은혜를 흠뻑 누리는 순간은 언제든 최고의 순간이며, 그때가 우리의 훌륭한 성취에 대해 만족을 느끼며 자백해야 할 것을 하나도 생각해 내지 못할 때보다 더 좋다는 말에 주목해 보십시오. "내게는 우리 주 예수 그리스도의 십자가 외에 결코 자랑할 것이 없다"(갈라디아서 6:14)라는 바울의 말이 생각나지 않습니까?

당신은 기꺼이 사도 바울과 무투아처럼 살겠습니까? 당신은 기꺼이 자신의 성취가 아니라 하나님의 은혜와 자비만을 의지하며, 십자가만을 자랑하겠습니까? 그렇다면, 우리는 '좋은 날 나쁜 날' 식의 사고 속에서 살아가는 것을 탈피할 수 있으며, 매일 하나님의 자비를 흠뻑 누릴 수 있습니다. 그리고 그러한 은혜로 말미암은 기쁨과 확신 가운데 힘있게 거룩한 삶을 추구할 수 있습니다.

36 날마다 자신에게 복음을 전하라

2
바리새인과 세리

> "바리새인은 서서 따로 기도하여 가로되,
> '하나님이여, 나는 다른 사람들
> 곧 토색, 불의, 간음을 하는 자들과 같지 아니하고,
> 이 세리와도 같지 아니함을 감사하나이다.
> 나는 이레에 두 번씩 금식하고
> 또 소득의 십일조를 드리나이다' 하고."
> 누가복음 18:11-12

70회 생일날, 개척 선교사 윌리엄 케리는 아들에게 다음과 같은 편지를 보냈습니다:

> 나는 오늘로 일흔 살이 되었구나. 하나님의 자비와 선하심의 기념비로 여겨진다. 나의 일생을 돌아보면, 많은, 아주 많은 것들로 인해 겸손해져야 함을 알게 된다. 직접 그리고 의도적으로 지은 죄가 이루 헤아릴 수 없을 정도로 많다. 주님의 일에 아주 나태했으며, 주님의 뜻을 성취하는 일에 힘쓰지 않았고, 주님의 영광과 명예를 제대로 추구하지도 않은 것이다. 이 모든 것에도 불구하고 나는 지금까지 보호받았으며, 여전히 주님의 일에 사용되고 있다. 나는 내가 주님으로 말미암아 거룩한 은총 가운데 있음을 믿는다.

1793년에 인도로 간 케리는 흔히 근대 선교의 아버지라고 부릅니다. 그는 그리스도를 위해 많은 수고를 했는데, 그 가운데는 성경의 전부 혹은 일부를 40개 이상의 언어와 방언으로 번역한 것도 포함됩니다. 그는 "하나님으로부터 위대한 것을 기대하라. 하나님을 위해 위대한 것을 시도하라"라는, 선교사를 위한 유명한 슬로건을 남긴 사람이기도 합니다.

하나님께 대해 그토록 대단한 믿음을 가진 자요 하나님을 위해 그렇게 많은 일을 이룬 그가 어떻게 말년에 자신의 죄악 됨과 부족함에 대해 그렇게 한탄할 수가 있습니까? 왜 케리는 하나님께서 자신을 통해 이루신 일들을 오직 감사와 찬양 가운데 돌아보지 않았을까요? 케리의 태도는 건전치 않은 낮은 자부심으로 말미암은 것입니까? 아니면, 경건하고 성숙한 그리스도인의 특징인 건전한 현실 인식을 반영하고 있는 것입니까? 케리의 태도는 우리가 따라야 할 하나의 본입니까? 아니면, 나이가 들어 감에 따라 나타나는 그릇된 자기 분석으로 여겨야 합니까?

이것은 따지기 위한 질문이 아닙니다. 케리의 태도는 헌신된 그리스도인들에게 꼭 필요한 것 두 가지를 보여 주기 때문입니다. 즉 우리는 자신의 죄악 됨을 겸손히 인정해야 하며, 또한 하나님의 은혜를 감사하게 받아들여야 하는 것입니다. 그리스도인들은 이 두 가지의 서로 반대되는 태도 가운데 하나로 치우치는 경향이 있습니다. 첫 번째 것은 그리스도인의 삶을 사는 데 있어서 스스로의 기대에 부응하지 못함으로 말미암은 죄책감입니다. 이러한 생각을 주로 하는 사람들은, 끊임없이 따라다니는 죄나 이웃 사람들에게 전도하지 못한 것, 혹은 그리스도인이라면 마땅히 해야 하는 여러 가지 것들을 실행하는 데 실패한 것 등에 대한 생각에 종종 잠깁니다.

기독교적인 바리새주의

또 하나는 자신의 그리스도인의 삶에 대해, 정도 차이는 있지만, 자기 만족적인 태도를 지니는 것입니다. 이런 태도에 빠져들게 되는 것은, 자신이 올바른 교리를 믿고 있고, 올바른 기독교 서적을 읽으며, 헌신된 그리스도인의 삶을 위한 올바른 훈련들을 행하고 있다고 확신하고 있거나, 혹은 어떤 기독교 사역에 적극적으로 참여하고 있고, 교회의 자리만 채우는 사람이 아니라고 믿기 때문입니다.

아마도 우리는 자신의 신앙 생활로 인해 자기의(自己義)를 느껴 왔을 것입니다. 이는 주위에서 부도덕, 부정직, 탐욕, 폭력 등을 너무나 많이 접하기 때문일 것입니다. 우리는 사람들이 점점 낙태를 하나의 "권리"로, 동성애를 용납될 만한 하나의 생활 양식으로 받아들이는 것을 봅니다. 우리는 이러한 보다 추악한 형태의 죄를 범하지는 않으므로, 자신의 신앙 생활에 대해 꽤 잘한다고 느낄 수 있습니다.

이런 식으로 느끼게 되면, 누가복음 18:9-14에서 예수님께서 말씀하신 유명한 예화에 나오는 그 바리새인처럼 될 위험성이 있습니다. "바리새인은 서서 따로 기도하여 가로되, '하나님이여, 나는 다른 사람들 곧 토색, 불의, 간음을 하는 자들과 같지 아니하고, 이 세리와도 같지 아니함을 감사하나이다. 나는 이레에 두 번씩 금식하고 또 소득의 십일조를 드리나이다' 하고"(11-12절).

그 바리새인은 당시의 정통적인 신앙을 소유하고 있었고, 종교적인 관행을 행하는 데 헌신적이었습니다. 그는 앞서 소개한 제자도의 3요소를 다 충족시켜 왔을 것입니다. 그는 이레에 두 번씩 금식했으며(영적 훈련), 토색, 불의, 그리고 간음을 행치 않았고(거룩한 삶), 모든 수입의 십일조를 드렸습니다(봉사). 앞서 소개한 '좋은 날 나쁜 날' 식 분류에 따르면, 그는 지속적으로 좋은 날의 시나리오를 따라 살고 있었고, 혹은 그렇게 생각했습니다. 하지만, 그는 하나의 치명적인 결점을 가지고 있었습니다. 그는 자기 의를 의지하고 있었으며, 종교적 교만과 자기 만족에 빠진 사람의 전형적인 예였습니다.

그 바리새인과는 달리, 세리는 자신의 죄악 됨을 알고 있었고 이에 대해 가슴아파 했습니다. 그는 단지 어떤 특정한 죄를 용서해 주시도록 요청한 것이 아닙니다. 죄인으로서 자비를 간구했습니다. 원문을 보면 이 구절의 의미는 "하나님이여, 두말할 나위 없는 죄인인 나를 불쌍히 여겨 주옵소서"입니다. 그는 바리새인처럼 자기에게 유리하게 다른 사람과 비교하지 않았을 뿐만 아니라, 도무지 자신과 누구를 비교하지 않았습니다. 그 세리는 자신이 다른 사람과 비교하여 어느 정도 수준인지에 관심을 갖지 않았습니다. 오직 거룩하고 의로우신 하나님 앞에서 자신이 어느 정도인지에 관심을 가지고 있었을 뿐입니다. 그는 자신의 죄를 지고 오직 하나님 앞에 서 있다는 것을 알았으며, 그래서 자비를 구했던 것입니다.

예수님께서는 그 세리가 의롭다 하심을 얻고, 즉 하나님 앞에서 의롭다는 선언을 받고, 집으로 갔다고 말씀하셨습니다. 그는 자신의 의가 조금도 없다는 것을 털어놓고 그리고 절망적인 마음으로 그 사실을 인정했습니다. 그 결과, 하나님의 은혜로 의롭다 함을 얻었습니다.

우리는 대개 이 이야기를 우리 자신이 아니라 다른 사람에 대한 이야기로 여깁니다. 우리는 그 바리새인이 종교적 교만에 푹 빠져 있다는 데 대해 동의하나, 그 비유가 우리에게는 적용되지 않는다고 생각합니다. 우리는 그리스도를 믿고 있고 이미 의롭다 하심을 받았기 때문입니다. 하지만, 이 비유를 자기 의에 빠져 있는 사람들과 불신자들 가운데 있는 명백한 "죄인들"에 대한 것으로만 여겨서는 안 됩니다. 이 비유는 우리에게도 말해 주는 바가 있습니다.

예수님께서는 이 비유를 자기 자신의 의에 대해 자신하고 있는 사람들, 즉 자신의 성취에 대해 만족을 느끼는 사람들에게 말씀해 주셨습니다. 주위의 세상이나 우리보다 덜 헌신된 다른 그리스도인들과 비교하는 한 우리는 자신의 의에 대해 자신감을 가지기가 쉽습니다. 물론 구원받기 위한 의는 아니나, 적어도 우리의 행위나 성취로 하나님을 기쁘시게 할 정도의 의는 된다고 생각하는 것입니다. 그러면, 그 바리새인의 죄는 가장 정통적이고 헌신된 그리스도인의 죄가 될 수 있습니다.

복음주의적인 그리스도인으로서 우리가 가진 큰 문제는 명백히 죄로 드러나는 것만 죄로 여겨 왔다는 것입니다. 즉 우리가 잘 범하지 않는 형태의 죄만 죄라고 생각해 온 것입니다. 우리는 성적인 부정(不貞), 술취함, 거짓말, 사기, 도둑질, 그리고 살인 따위만 죄라고 여깁니다. 최근에는 낙태나 동성애와 같은 죄들에 대해서도 초점을 맞추는 경향이 있습니다. 이러한 명백한 죄들이 점차 만연되고 있습니다. 그리고 사회 일반의 그러한 분위기에 비하면 우리 자신은 상당히 선해 보입니다.

분명 우리 사회에 퍼져 있는 보다 명백한 이러한 죄들은 심각하게 주의를 기울여야 할 것들이며, 우리 사회의 이러한 도덕적인 암들을 드러내기 위해 하나님께서 그리스도인들을 통해 예언자적 음성들을 들려주시고 계신 데 대해 감사를 드립니다. 그러나 요즘 문화 속에 침투해 들어와 있는 죄들에만 신경을 쓰다가 우리 삶에 있는 필요를 보지 못하면 안 됩니다.

세련된 죄

대부분의 경우 우리가 범하는 죄는 내가 "세련된" 죄라고 부르는 것들입니다. 이러한 죄들은 점잖은 사람들이 범하는 죄요, 상습적으로 범하면서도 여전히 장로, 집사, 주일학교 교사, 성경공부 인도자, 그리고 심지어 전임사역자로 있을 수도 있는 죄들입니다.

이러한 "세련된" 죄에는 어떤 것이 있습니까? 나 자신의 삶을 돌아보았을 때 제일 먼저 떠오른 것은 다른 사람을 판단하며 다른 사람들 앞에서 그에 대해 비판적으로 말하는 것이었습니다. 이 죄가 그렇게 빨리 생각난 것이 놀랍기도 했습니다. 나는 자신이 비판적이거나 판단을 잘 하는 사람이라고 생각지는 않았기 때문입니다. 아마도 이것이 그 문제의 한 부분일 것입니다. 다른 사람을 은근히 비판하는 것은 그리스도인들 사이에서 쉽게 용납될 만한 죄인지라 우리는 그것이 뚜렷이 드러나는 경우 - 그것도 언제나, 내게 있는 것이 아니라 다른 누구에게 있는 것 - 가 아니라면 알아차리지도 못합니다.

우리는 마태복음 7:3에서 예수님께서 비판하는 태도에 대해 경고하신 것을 심각하게 받아들여야 합니다: "어찌하여 형제의 눈 속에 있는 티는 보고 네 눈 속에 있는 들보는 깨닫지 못하느냐?" 우리는 다른 사람들을 판단하지 말고, 하나님께 맡기는 법을 배워야 합니다: "남의 하인을 판단하는 너는 누구뇨? 그 섰는 것이나 넘어지는 것이 제 주인에게 있으매 저가 세움을 받으리니, 이는 저를 세우시는 권능이 주께 있음이니라"(로마서 14:4). 판단하는 태도는 헌신된 그리스도인들에게 흔히 나타나는 죄입니다. 우리는 그것을 있는 그대로 죄로 인정할 필요가 있습니다.

판단하는 태도는 대개 다른 사람을 비판하는 말로 나타납니다. 몇 개월 전에 나는 자신이 다윗처럼 다음과 같이 기도할 필요가 있음을 깨닫고 놀란 적이 있습니다:

> 여호와여, 내 입 앞에 파수꾼을 세우시고,
> 내 입술의 문을 지키소서.(시편 141:3)

이 영역에서 성령께서 내 안에서 역사하심에 따라, 나는 자신이 다른 형제 자매들에 대해 얼마나 자주 비판적으로 말하는지를 깨닫고 깜짝 놀랐습니다.

판단하는 말과 유사한 것으로는 한담(閑談)이 있습니다. 이것은 다른 사람의 죄나 불행에 대한 얘기를 계속 다른 사람에게 전파하는 것입니다. 우리는 심술궂게도 다른 사람에 대한 나쁜 소식을 전파함으로 즐거움을 누리는 것 같습니다. 솔로몬은 이러한 한담에 대해 경고했습니다:

> 허물을 덮어 주는 자는 사랑을 구하는 자요,
> 그것을 거듭 말하는 자는 친한 벗을 이간하는 자니라.
> (잠언 17:9)

> 두루 다니며 한담하는 자는 남의 비밀을 누설하나니,
> 입술을 벌린 자를 사귀지 말지니라.(잠언 20:19)

솔로몬의 경고를 심각하게 받아들입니까? 아니, 보다 정확하게 말해서, 우리는 성령의 음성에 진지하게 귀를 기울이고 있습니까? 솔로몬은 성령께서 영감을 주시고 인도해 주심을 따라 이 말씀들을 기록했기 때문입니다.

사도 바울은 "무릇 더러운 말은 너희 입 밖에도 내지 말고, 오직 덕을 세우는 데 소용되는 대로 선한 말을 하여, 듣는 자들에게 은혜를 끼치게 하라"(에베소서 4:29)고 했습니다. 더러운 말이란 어떤 사람에게 직접 하는 것이든 혹은 그 사람에 대하여 남에게 하는 것이든, 그 사람을 해치는 모든 말을 말합니다. 이러한 종류의 부정적인 말에 대한 바울의 경고는 단호합니다. "더러운 말은 입 밖에도 내지 말라.

다른 사람을 세워 주는 데 도움이 되는 말만 하라."

누군가가 "글쎄, 나는 정말로 전문적인 도둑은 아닙니다. 하지만 가끔 훔치기는 합니다"라고 말하거나, "나는 간음을 즐겨 하는 사람은 아닙니다. 그러나 간혹 사고를 치긴 합니다"라고 말한다면 우리는 어떤 반응을 나타낼까요? 우리는 그런 태도가 우스꽝스러울 뿐 아니라 그리스도인들에게는 용납될 수 없다는 것을 압니다. 우리는 하나님께서 도둑질이나 간음을 금하신 것은 절대적인 명령임을 알고 있습니다. 말을 조심하라는 명령도 동일하게 절대적인 명령입니다. 그러나 이 명령에 대해서는 앞서 말한 바와 같은 태도를 취합니다. 우리는 때로 한담을 하고 비판도 합니다. 그러면서도 자신이 한담을 하는 사람이나 비판적인 사람이라고는 생각하지 않으려 합니다.

성경은 어떠한 한담이나 비판도, 혹은 어떠한 형태의 더러운 말도 허락하지 않습니다. 비록 우리가 하는 말이 사실일지라도 그렇습니다. 우리는 그 사람의 귀에 들어가기를 원치 않는 말은 어떤 것이라도 하지 말아야 합니다.

당사자 앞에서 하는 비판이라도 그 사람의 유익을 위해서만 해야 합니다. 결코 조급함이나 짜증에서 나온 것이거나, 혹은 그 사람을 내리깎기 위한 것이어서는 안 됩니다. 오직 사랑의 마음과 겸손한 태도로 하는 정직한 비판만이 당사자를 세워 줄 수 있습니다.

그러면, 혀로 종종 죄를 범하지 않는 사람이 있겠습니까? 진정한 문제는 우리의 혀가 아니라 마음입니다. 예수님께서는 "이는 마음에 가득한 것을 입으로 말함이라"(마태복음 12:34)라고 하셨습니다. 그러므로 혹시 가능하다 해도, 우리의 혀를 제어하는 것만으로는 불충분합니다. 우리 마음속에 있는 죄를 인정해야 합니다.

우리가 범하고도 여전히 그리스도인들 사이에서 존경을 받으며 살 수 있는 "세련된" 죄로는 또 어떤 것이 있습니까? 보다 흔한 것으로는 대인 관계에서 범하는 죄가 있습니다. 여기에는 원망, 쓴 뿌리, 용서하지 않는 태도, 짜증, 조급함 등이 포함됩니다. 대인 관계 상의 죄를 다루는 가운데 바울이 "하나님의 성령을 근심하게 하지 말라" (에베소서 4:30)라는 경고를 했다는 사실은 교훈하는 바가 큽니다. 모든 죄가 하나님을 근심하게 합니다. 그러므로 바울은 이러한 경고를 성적인 부정을 다루면서(에베소서 5:3-5), 혹은 거짓말이나 도둑질에 대해 다루면서(에베소서 4:25,28) 할 수도 있었을 것입니다. 그러나 그는 우리가 별로 수치심이나 죄의식을 느끼지 않고 범하는 죄를 다루면서 그러한 경고를 했습니다. 메시지는 분명합니다. 하나님께서는 성적인 부정이나 부정직에 대해 근심하시는 것과 마찬가지로 우리의 "세련된" 죄에 대해서도 근심하신다는 것입니다. 배우자에게 짜증을 부리는 것이 간음죄를 범하는 것만큼 심각하다는 말은 아닙니다. 나는 단지 배우자에게 짜증을 내는 것이 죄이며, 모든 죄는 하나님을 근심하시게 하며, 또한 우리가 이에 대해 근심해야 한다는 점을 강조하고 있는 것입니다.

이러한 소위 세련된 죄와 관련한 문제는, 우리가 죄의 전체 개념에 대해 너무 편한 태도를 취하게 되었다는 것입니다. 죄를 너무 자주 범하다 보니 우리는 그 죄가 아주 통제할 수 없는 정도에 이르거나 창피스러운 것이 아니라면 그 죄와 함께 사는 법을 배웁니다. 우리는 하나님께서 얼마나 죄를 심각하게 다루시는지를 잊어버리거나, 아니면 아직 깨닫지도 못하고 있습니다.

죄의 심각성

죄의 심각성을 깨닫는 데 도움을 준 성경 구절 세 개가 있는데, 곧 레위기 16:21, 사무엘하 12:9-12, 그리고 열왕기상 13:21입니다. 레위기

16:21에서, 하나님께서는 이스라엘 백성들의 죄를 묘사하기 위해 "반역"이라는 말을 사용하셨습니다(NIV). 보통 "죄"로 번역되는 히브리어는 권위에 대한 반역을 의미합니다. 그러므로, 하나님께서는 우리의 죄를, 그것이 세련된 것이든 조잡하고 창피스러운 것이든, 피조물들에 대한 그분의 절대주권적인 통치에 반역한 것으로 여기십니다.

사무엘하 12:9-10은 나단 선지자가 다윗이 밧세바와 간음을 행하고 이를 감추기 위해 그 남편을 죽인 것을 책망하는 내용입니다. 그 구절에서 하나님께서는 다윗이 그분의 말씀과(9절) 심지어 그분 자신(10절)을 업신여겼다고 하셨습니다. 업신여긴다는 것은 경멸하는 것을 의미합니다. 그러므로, 우리가 죄를 범하는 것은 결국 하나님과 그분의 말씀을 경멸하는 것이며, 하나님을 업신여기는 것입니다.

우리는 그 말은 창피스러운 다윗의 죄에나 어울리는 말이지 우리에게는 해당되지 않는다고 생각함으로 '업신여기다'라는 말이 내포하는 심각성에서 벗어날 수는 없습니다. "살인하지 말지니라" 혹은 "간음하지 말지니라"라고 말씀하신 바로 그 하나님께서 "탐내지 말지니라"라고 말씀하셨습니다(출애굽기 20:13-14,17). 우리의 죄는 하나님과 그분의 말씀을 업신여기는 것입니다. 이는 우리가 생각하는 그 죄의 심각성 때문이 아니라, 계명들을 주신 하나님의 무한한 위엄과 절대주권 때문입니다. 이 말을 쓰면서, 하나님께서 반역이요 그분을 업신여기는 것이라고 생각하시는 어떤 죄에 대해 내가 너무나 가볍게 여겨 왔다는 것이 생각나 부끄러워 고개가 숙여집니다.

세 번째 단어는 열왕기상 13:21에 나오는 것으로서, '공공연히 반대하다'입니다: "네가 여호와의 말씀을 공공연히 반대하며"(NIV). 대부분의 번역에서는 '불순종하다,' '어기다' 등으로 되어 있는데, 이 단어의 강한 의미를 전달해 주지 못하고 있습니다. 이는 아마 우리가 불순종이라는 개념에 너무나 익숙해져 있기 때문일 것입니다. 그러나

'반대하다'라는 말은 불순종의 심각성을 잘 나타낸다고 생각합니다. 그것은 권위에 대한 정면 도전입니다.

이 구절에서 하나님께서 그런 단어를 사용하신 것은 특히 충격적입니다. 왜냐하면, 하나님을 반대했다는 그 선지자가 그리 창피스러운 죄를 범하지는 않았기 때문입니다. 그는 단지 하나님께서 하지 말라고 하신 것을 다른 사람의 꾐을 받아 했을 뿐이었습니다. 즉 사마리아 땅에서나 돌아오는 길에 아무것도 먹거나 마시지 말라는 것이었습니다. 그럼에도 하나님께서는 그의 죄를 단순한 불순종이 아니라 하나님께 대한 반대로 여기셨습니다. 우리는 단순한 불순종이라고 생각합니다. 다시 한번 강조하거니와, 죄의 심각성은 그 결과에 의해 결정되지 않고, 그 명령을 주신 분의 권위에 의해 결정됩니다.

그러므로 이 세 단어, 즉 반역, 업신여김, 그리고 반대는 죄의 동의어이며, 우리 죄의, 심지어 소위 세련된 죄의 심각성을 파악하는 데 도움이 됩니다. 그리고 우리 죄의 심각성에 대한 설명은 아직도 끝나지 않았습니다.

우리 마음의 죄악성을 계속 살펴보면, 우리에게는 자기 중심적인 생각, 이기적 야망, 지위나 권력이나 명예에 대한 사랑, 독립적인 기질, 우리의 목적을 위해 사건이나 사람들을 교묘히 속이는 경향이 있음을 보게 됩니다. 그리고 주위 사람들의 영원한 혹은 일시적인 행복에 대한 무관심, 그리고 마지막으로 물질주의라는 암적인 죄도 있습니다.

미국의 그리스도인들은 물질주의에 대해 죄책감을 많이 느껴 왔다는 것을 알고 있습니다. 나는 단지 어떤 사람이 저개발 국가에 사는 사람들보다 더 나은 집에서 살며 더 좋은 음식을 먹는다고 해서 그에게 죄책감을 지우고 싶지는 않습니다. 그러나 최근에 알게 된 한 통계 자료는 나에게 경종을 울려 주고 한편으로는 슬프게 했습니다. 미국의 복음적 그리스도인의 단지 4%만이 자기 소득의 십일조(10%)를 하나님의 일에 드린다는 것이었습니다.

물론 십일조라는 개념이 신약 시대에도 적용되느냐에 대해 의문을 제기하는 그리스도인들이 있기는 하지만, 어쨌든 이는 부끄러운 일입니다. 이는 역사상 가장 부유한 나라에 살고 있는, 그리스도인이라 자처하는 대다수의 사람들이 수입의 대부분을 자기 자신을 위해 쓰고 있다는 것을 의미합니다.

한편, 수입의 10%나 그 이상을 하나님의 일에 드리는 사람들은 자신보다 더 적게 드리는 사람들을 보고는 교만해지거나 자기 의에 빠질 수가 있습니다. 그렇게 되면, 죄와 죄를 교환하는 것에 지나지 않습니다. 말하자면, 물질주의와 이기주의라는 죄를 버리고 자기 의에 근거한 교만이라는 죄를 취하는 것입니다.

하나님 외에는 아무도 모르는 마음속의 죄들도 많이 있습니다. 또한 우리는 사랑, 온유함, 친절, 오래 참음, 겸손 등과 같은 그리스도인다운 성품을 종종 나타내지 못하고 있습니다. 이러한 죄에 대해서는 아직 언급조차 하지 않았습니다. 우리는 옛 사람을 벗어 버릴 뿐 아니라, 새 사람을 입어야 합니다(에베소서 4:22-24).

긍정적인 성품

이 장을 쓰기 몇 달 전, 나는 신약성경을 훑어보면서 예수님과 사도들이 직접적인 가르침이나 본을 통해 가르쳐 주신 긍정적인 성품들의 일람표를 만들어 보았습니다. 27가지의 성품을 찾아내었습니다. 나는 사랑이 가장 자주 언급되고 있고, 의심할 여지 없이 사랑이 그리스도인의 가장 기본적인 성품이라는 결론을 얻었는데, 이는 그리 놀랄 만한 일은 아니었습니다. 예수님께서도 하나님께 대한 사랑과 이웃에 대한 사랑이 각각 첫째가는 계명과 둘째가는 계명이라고 말씀하셨기 때문입니다(마태복음 22:37-39).

　사랑이 기본이라는 것과 이를 행하는 것이 어렵다는 데 대해서는 누구나 쉬 동의합니다. 몇 년 전, 나는 사랑이라는 개념을 구체화하기 위해 사랑의 장인 고린도전서 13장의 몇 구절을 다음과 같이 표현했습니다. 4절과 5절을 토대로 한 이것들을 읽으면서, 당신은 날마다 삶에서 어떻게 사랑을 실행하고 있는지 스스로에게 물어 보기 바랍니다. 사랑에 대한 이 기준에 비추어 볼 때 자기 의에 빠질 여지가 있기나 합니까?

* 나는 당신을 사랑하며 용서하기 원하기 때문에 당신에게 오래 참습니다.
* 나는 당신을 사랑하며 돕기 원하기 때문에 당신에게 온유합니다.
* 나는 당신을 사랑하며 당신이 가장 좋은 것을 가지기 원하기 때문에 당신의 소유나 은사를 시기하지 않습니다.
* 나는 당신을 사랑하며 당신의 좋은 것들에 대해 듣기 원하기 때문에 내가 이룬 것들을 자랑하지 않습니다.
* 나는 당신을 사랑하며 내 앞에서 당신을 높이기 원하기 때문에 교만하지 않습니다.
* 나는 당신을 사랑하며 당신의 감정을 배려하기 때문에 무례하지 않습니다.
* 나는 당신을 사랑하며 당신의 필요를 채워 주기 원하기 때문에 나 자신의 유익을 구하지 않습니다.
* 나는 당신을 사랑하며 당신의 잘못들을 덮어 주기 원하기 때문에 쉽게 화를 내지 않습니다.
* 나는 당신을 사랑하며 "사랑은 허다한 죄를 덮기 때문에"

당신의 잘못들을 기억하지 않습니다.

신약성경의 가르침에서 사랑이 기본이라는 것은 그리 놀랄 일이 아니었지만, 겸손에 대해 단어 자체로나 개념으로 마흔 번 가까이 언급되어 있는 것에 대해서는 참으로 놀랐습니다. 예수님과 사도들이 이 덕목에 중요성을 부여했다는 것을 분명히 알 수 있습니다. 그럼에도 우리는 대부분 겸손에서 자라 가는 데 별로 관심을 기울이지 않고 있습니다. 물론 겸손의 반대되는 특성은 교만이며, 자신의 종교적인 업적에 대해 으스대며 다른 사람들을 멸시하는 자기 의만큼 큰 교만은 없습니다.

예수님께서는 바리새인과 세리의 비유뿐 아니라, 탕자의 비유도 들려주셨습니다(누가복음 15:11-32). 물론 이 이야기에서 강조하고 있는 것은 탕자의 아버지의 사랑과 긍휼과 은혜입니다. 그러나, 예수님께서는 아버지가 탕자를 용서하고 아들이 돌아온 데 대해 기뻐하여 잔치를 벌인 데서 이야기를 끝내실 수도 있었습니다. 그 아버지의 사랑과 긍휼에 관한 한, 예수님께서는 이미 충분히 말씀하셨기 때문입니다. 그러나 예수님께서는 거기서 이야기를 마무리하지 않으셨습니다. 예수님께서는 계속해서 자기 의에 빠진 형의 시기와 원망에 대해서 말씀해 주셨습니다.

형에 대한 예수님의 비판은 말로 나타나 있다기보다는 암시되어 있습니다. 그러나 예수님께서 그 형을 자기 의에 빠진 바리새인과 같은 사람으로 여기셨다는 것은 분명합니다. 그럼에도 그 형이 오늘날의 교회에 다녔다면 장로나 집사로 임명되었을 것이며, 높은 평가를 받았을 것입니다. 예수님께서 가르치고 계셨던 교훈을 배울 필요가 있습니다. 그리고 자기 의라는 죄의 심각성을 직시해야 합니다.

자기 의라는 죄와 관련한 하나의 문제는, 그 죄가 우리 속에 있어도 알아차리기가 힘들다는 것입니다. 우리는 다른 죄는 거의 다 인정하겠지만, 자기 의라는 죄에 대해서는 그렇지 않습니다. 그러나, 이런 태도를 가지고 있으면, 하나님의 은혜 안에서 사는 즐거움을 잃어버리게 됩니다. 이미 살펴보았듯이, 은혜는 오직 죄인들을 위한 것이기 때문입니다.

사랑과 겸손 외에도 우리가 입어야 할 성품이 적어도 25가지는 더 있었는데, 이것들에서도 우리 모두는 자라 가야 합니다. 이러한 긍정적인 그리스도인의 성품이라는 과녁에서 빗나간 정도만큼, 우리는 하나님의 은혜를 필요로 하는 죄인들입니다.

거룩한 자인가, 죄인인가?

"그리스도인으로서, 우리는 자신을 죄인으로 여겨야 합니까, 아니면 거룩한 자로 여겨야 합니까?"라는 질문을 종종 받습니다. 나는 둘 다라고 대답합니다. 우리는 거룩한 존재이자 동시에 죄인입니다. 사도 바울은 종종 신자들을 성도라 불렀고(에베소서 1:1, 빌립보서 1:1 등), 실제로 우리는 그러합니다. 우리는 하나님 앞의 신분만 거룩해진 것이 아니라, 우리 속사람 자체도 거룩해졌습니다.

참으로 우리는 그리스도 안에서 새롭게 지음받았습니다. 우리의 존재 깊은 곳에서 근본적이고 진정한 변화가 일어났습니다. 성령께서 우리 안에 사시기 위하여 들어오셨고, 죄의 지배로부터 자유로워졌습니다. 그러함에도, 우리는 이전과 다름없이 날마다 죄를 지으며, 이러한 의미에서는 죄인입니다.

우리는 언제나 자신을 그리스도 안에서의 신분의 관점에서 거룩한 성도로 보며, 또한 우리 자신의 상태의 관점에서 죄인으로 보아야 합니다. 우리에 대한 이 두 가지 면을 이해하는 데 도움이 되도록, 예수님을 생각해 봅시다. 예수님께서는 죄가 없었으나, 우리 대신 죄를 지셨습니다. 그러나, 한번도 죄와 관련된 느낌을 가져 보신 적이 없습니다. 예수님께서는 우리 죄를 담당하시며 우리 대신 죄의 저주를 받으실 때마저 스스로에게 죄가 없다는 것을 밝히 알고 계셨습니다. 마찬가지로, 우리는 그리스도 안에서 우리가 가지고 있는 의를 언제나 즐거워해야 하나, 우리 자신의 죄악 됨과 이로 말미암은 무가치함을 늘 깊이 인식하고 있어야 합니다.

다른 말로 하면, 그리스도께서 그분께 죄가 없다는 것과 우리 죄를 대신 지고 있다는 것을 함께 인식할 수 있었던 것처럼, 우리도 그분 안에서 가지고 있는 의와 우리 안에서 보고 있는 죄악 됨을 구분할 수 있어야 합니다.

만약 우리 자신을 죄인으로 인정하기를 거부하면, 우리 죄에 대해 자신을 속이는 위험에 빠지며, 자기 의에 빠진 바리새인들처럼 될 수 있습니다. 우리 마음은 부패하고(예레미야 17:9), 그리고 우리 모두는 도덕적인 "맹점"을 가지고 있습니다. 더 이상 우리 자신을 죄인으로 여기지 말아야 한다고 주장하는 사람들이 많이 있어 우리 죄를 인정하는 것에 대해 혼란에 빠지게 하고 있습니다.

자기 분석인가, 솔직함인가?

윌리엄 케리가 아들에게 썼다는 그 편지로 돌아가 봅시다. 자신의 셀 수 없을 정도로 많은 고의적인 죄들에 대해 쓸 때 그는 과연 객관적이요, 현실적이었습니까? 아니면, 단지 지나치게 자기 분석적이었습니까? 만약 그가 지나치게 자기 분석적이 아니었다면, 그는 성숙한 그리스도인의 본이었습니까, 아니면 실제로 오늘날의 대부분의 그리스도인들보다 더 죄악 되었습니까? 지금쯤은 이러한 질문들에 대한 답변을 명확하게 알 수 있을 것입니다. 그러나 우리는 케리처럼 스스로의 죄악 됨을 겸손하게 그리고 기꺼이 인정합니까? 나는 하루를 살아가는 가운데 짓는 이런저런 죄들을 자백하는 것을 두고 말하는 것이 아닙니다. 우리 자신의 죄악 됨과 우리 마음의 부패함을 인정해야 한다는 것을 말합니다.

이 장을 쓰고 있을 때, 나는 윌리엄 케리가 아들에게 편지를 쓰고 난 거의 200년 후인, 오늘날에 쓴 다음과 같은 글을 우연히 읽게 되었습니다.

> 나는 이 글을 55세에 쓰고 있다. 지난 10년에서 12년간은 종종 - 이전보다 더 심각하게 - 내 인생 길을 돌아보곤 했다. 생각, 태도, 그리고 행동에서 어떤 경향이 드러났고, 그것들 가운데는 큰 우려를 불러일으키는 것도 있었다. 나는 자신의 내적 갈등과 두려움을 극복하려는 노력, 미성숙과 자기중심적인 태도와 싸우려는 노력, 다른 사람과 진실하고 풍성한 관계를 맺기 위한 노력, 끊임없이 따라다니는 죄를 정복하기 위한 노력, 그리고 거룩한 삶, 하나님과 갖는 친교에서 성장하려는 노력들에서 거듭된 실패를 본다. 이제 나는 내 평생의 기간 기간들이 투쟁과 갈등으로 점철된 것을 깨닫는다. 그러나 과거에 대한 이해가 깊어짐에 따라, 수없이 거듭된 실패는 최근 몇 년의 갈등을 훨씬 더 진하고 고통스럽게 해왔다.

이 글은 소위 패배한 어떤 그리스도인이 쓴 것이 아니고, 하나님과 겸손하게 그리고 헌신적으로 동행함으로 말미암아 동료들과 학생들에게 존경을 받아 왔던 한 신학교 교수가 쓴 것입니다. 이 얼마나 겸손과 정직함의 보기 드문 표현입니까. 우리는 자신의 삶에 대한 이러한 고백을 인쇄물을 통해 하는 것은 고사하고, 다른 사람들 앞에서 하지도 않을 것입니다. 그러나 이 고백은 자신의 업적이나 성취에 의해서가 아니라 하나님의 은혜로 사는 것이 무엇인지를 아는 사람의 고백입니다.

사도 바울의 예를 살펴보십시오. 그는 자신을 사도들 가운데 가장 작은 자요 사도라 칭함을 받기를 감당할 수 없는 자로 여겼을 뿐만 아니라, 모든 성도 중에서 지극히 작은 자보다 더 작은 자로 여겼습니다(고린도전서 15:9, 에베소서 3:8). 그리고 그의 일생이 끝나 갈 무렵에는 자신을 죄인의 괴수요, 예수 그리스도의 측량할 수 없는 인내를 보여 주는 기념비적인 존재로 여겼습니다(디모데전서 1:15-16). 만약 그리스도인의 삶의 훈련에서, 거룩한 삶을 위한 순종에서, 그리고 희생적인 섬김에서 뛰어난 사람이 있었다면 바로 바울이었습니다. 그럼에도 그는 윌리엄 케리와 그 신학교의 교수와 비슷한 눈으로 스스로를 보았습니다.

이 모든 것의 요점은 무엇입니까? 우리는 바리새인과 세리, 탕자와 그의 형 중 누구와 동일시합니까? 분명 탕자의 형이나 바리새인과 동일시하기를 원하는 사람은 하나도 없을 것입니다. 그러나 기꺼이 세리나 그 탕자처럼, 우리 스스로를 하나님의 은혜와 자비를 절실히 필요로 하는 죄인으로 여기겠습니까? 우리는 기꺼이 "하나님, 죄인인 제게 자비를 베푸소서" 혹은 "저는 하나님의 자녀라 일컬음을 감당치 못할 자입니다"라고 기도하겠습니까? 우리는 기꺼이 우리의 의로운 행위라도 하나님 보시기에는 더러운 옷 같다는 것을 인정하겠습니까?(이사야 64:6)

유명한 청교도 신학자인 존 오웬은 1657년에 바로 그러한 고백을 했습니다:

믿는 자들은 우리의 순종이 하나님께 받아들여지도록 해주시는 분인 그리스도께 순종한다. 믿는 자들은 자신이 행하는 모든 의무들이 서투르고, 온전치 못하고, 하나님 존전에 내어놓을 수 없는 것임을 알고 있다. 그러므로 그들은 자신의 거룩한 삶에 스며들어 있는 악을 담당하시며, 자신의 기도에 향을 첨가하시며, 자신이 행하는 영적 의무들로부터 가라지를 뽑아 내시며, 자신을 하나님께 받아들임직하게 만들어 주는 분으로서 그리스도를 바라본다.

오웬은 우리의 거룩한 삶에 스며들어 있는 악 – 즉 우리의 선행에서의 죄악 됨 – 을 담당하시는 그리스도에 대해 말하고 있는 것을 눈여겨 보십시오. 또 한 사람의 청교도 설교자는 "우리의 회개하는 눈물마저도 어린양의 피로 씻어야 한다"라는 유명한 말을 남겼습니다. 이처럼, 우리의 최선의 행위도 한 터럭만큼의 하나님의 은총을 얻어 내지 못합니다. 그러니 우리는 자신의 성과가 좋아 보이든 나빠 보이든 거기서 눈을 돌려, 그리스도의 복음만을 의지하도록 합시다. 복음은 구원을 위해 그리스도를 의지하던 그날뿐 아니라 매일의 그리스도인의 삶에서도, 우리 죄를 위한 하나님의 해결책입니다.

56 날마다 자신에게 복음을 전하라

3
당신 자신에게 복음을 전하라

그러므로 이제 그리스도 예수 안에 있는 자에게는
결코 정죄함이 없나니.
로마서 8:1

1993년, 수천 명이 참석한 대규모 기독교 집회에서 참석자들을 대상으로 설문 조사를 했습니다. 설문 가운데 하나는 "무엇이 복음입니까?"였습니다. 조사에 응한 수많은 사람들 가운데 오직 한 사람만이 올바른 답변을 했습니다.

같은 기간에 나는 미국의 서로 떨어져 있는 두 지방에서 온 두 사람과 대화를 나누고 있었습니다. 그들은 각각 내가 말씀을 전하기로 되어 있는 수양회를 위해 나를 방문 중이었습니다. 내가 전할 메시지에 대해 의논하고 있을 때, 두 사람 모두 "우리 수양회에 참석할 사람들은 복음이 무엇인지를 모르고 있습니다"라고 이구동성으로 말했습니다. 그럼에도, 그 두 수양회에는 모두 복음주의적인 교회에 속한 사람들이 참석할 예정이었습니다.

그렇다면 그 참석 예정자들이 그리스도인이 아니라는 것을 의미합니까? 아닙니다. 복음을 명쾌하게 설명하지 못한다고 해서 그리스도인이 아니라고 생각지는 않습니다. 나는 영적으로 장래가 촉망되는 교인들과 이야기를 나눈 적이 많습니다. 그럴 때 보면, 그리스도인이 분명한데도 복음에 대해서는 초보적인 지식밖에 없는 사람들이 많았습니다.

그러나 그것은 많은 복음주의적 교회의 신자 훈련 과정에 있는 심각한 문제를 드러내고 있습니다. 복음은 인류 역사상 가장 중요한 메시지일 뿐 아니라, 유일하게 필요 불가결한 메시지입니다. 그럼에도 우리는 그리스도인이라 자처하는 수많은 사람들이 복음에 대한 명확한 이해도 없이, 그리고 복음에 의해 살아가는 삶의 기쁨을 경험하지도 못한 채 살아가도록 내버려두고 있습니다.

우리는 불신자들에게 전도할 때, 그리스도를 영접하는 기도를 하게 할 정도의 복음만 소개하는 경향이 있는데, 이것이 그 문제의 한 부분을 형성한다고 생각합니다. 영접만 하게 해 놓고는 즉시 복음은 선반 위에 올려 놓고, 그들에게 소위 제자도를 위한 여러 의무들만을 계속 제시합니다. 그 결과, 그리스도인들은 복음에 대해 가르침을 받지 못합니다. 그리고 복음의 부요함과 영광을 충분히 이해하지 못한 그들은 그것을 자신의 것으로 삼지도, 날마다 복음에 따라 살지도 못하게 됩니다.

1장에서, 복음은 불신자들을 위한 것이고, 제자도의 의무들은 믿는 자들을 위한 것이라는 것이 그리스도인들 사이에 만연되어 있는 전형적인 생각이라고 했습니다. 하지만, 복음은 또한 믿는 자들을 위한 것이기도 합니다. 그리고 우리는 복음이라는 밑바탕 위에서 거룩한 삶을 추구하고, 제자도에 필요한 여러 가지 것들을 행해야 합니다. 그러나, 이를 위해서는 복음이 무엇인지를 확실히 파악해야 하며, 그것을 날마다 스스로에게 전한다는 것이 실제로 무엇을 의미하는지를 철저히 이해해야 합니다.

이러한 사실을 염두에 두고, 우리는 이 장에서 복음을 잘 살펴보며, 그 복음이 그리스도인들의 매일의 삶에 어떻게 적용되는지에 관심을 기울이도록 하겠습니다. 그러므로 당신은 복음 위에 굳게 서 있다고 생각하여 이 장을 뛰어 넘는 일이 없도록 하십시오. 오히려, 복음의 내용을 잘 알며 믿고 있을지라도, 이번 기회에 날마다 삶에 적용하기 위해 다시 한번 살펴보도록 하십시오.

복음

성경 전체에서 복음을 가장 명확하게 설명하고 있는 부분은 로마서 3:19-26입니다. 이 구절은 "복음의 핵심"이라고 부를 만합니다. 그러므로 복음을 날마다 자신에게 전하며 복음으로 말미암아 사는 것을 배우기 위해서는, 로마서 3:19-26을 이해할 필요가 있습니다. 이 말씀을 살펴보는 데 도움이 되도록 구절 전체를 소개합니다.

> 우리가 알거니와 무릇 율법이 말하는 바는 율법 아래 있는 자들에게 말하는 것이니, 이는 모든 입을 막고 온 세상으로 하나님의 심판 아래 있게 하려 함이니라. 그러므로 율법의 행위로 그의 앞에 의롭다 하심을 얻을 육체가 없나니, 율법으로는 죄를 깨달음이니라. 이제는 율법 외에 하나님의 한 의가 나타났으니, 율법과 선지자들에게 증거를 받은 것이라. 곧 예수 그리스도를 믿음으로 말미암아 모든 믿는 자에게 미치는 하나님의 의니 차별이 없느니라. 모든 사람이 죄를 범하였으매 하나님의 영광에 이르지 못하더니, 그리스도 예수 안에 구속으로 말미암아 하나님의 은혜로 값없이 의롭다 하심을 얻은 자 되었느니라. 이 예수를 하나님이 그의 피

로 인하여 믿음으로 말미암는 화목 제물로 세우셨으니, 이는 하나님께서 길이 참으시는 중에 전에 지은 죄를 간과하심으로 자기의 의로우심을 나타내려 하심이니, 곧 이때에 자기의 의로우심을 나타내사 자기도 의로우시며, 또한 예수 믿는 자를 의롭다 하려 하심이니라.

복음에 대한 이 설명을 살펴보면, 우리가 명확히 이해할 필요가 있는 일곱 가지 진리가 있다는 것을 알 수 있습니다. 이는 다음과 같습니다.

율법을 지킴으로 하나님 앞에서 의롭다 하심을 받을 사람은 없다 (19-21절)

의롭다라는 단어는 하나님의 법을 정확히 그리고 완전하게 지킨 것을 의미합니다. 여기서 하나님의 법이란 모세를 통해 이스라엘 백성들에게 주어진 법만을 지칭하는 것은 아닙니다. 나는 이 용어를 '하나님의 성품과 동일한 것'과 '하나님께서 모든 인간들에게 순종을 요구하시는 모든 규칙'이라는 보다 일반적인 의미로 사용하고 있습니다. 그것은 성경 전체에 흩어져 있는 모든 윤리적인 명령들을 포함합니다.

그 법이 요구하는 순종의 수준은 절대적이고 완전한 순종입니다. 야고보서 2:10에서는 "누구든지 온 율법을 지키다가 그 하나에 거치면 모두 범한 자가 되나니"라고 되어 있기 때문입니다. 사도 바울도 기본적으로 같은 것을 기록했습니다: "무릇 율법 행위에 속한 자들은 저주 아래 있나니, 기록된바 '누구든지 율법 책에 기록된 대로 온갖 일을 항상 행하지 아니하는 자는 저주 아래 있는 자' 하였음이라"(갈라디아서 3:10).

완벽한 순종만이 하나님께서 받아들일 만합니다. 오래 전 미국 아이보리 비누 회사에서는 "99.99% 순수하게"라는 슬로건을 내세운 적이 있습니다. 그것이 비누에 관해서는 대단한 수준이겠지만, 하나님께는 충분치 못합니다. 오직 100%만이 받아들여집니다. 그럼에도 대부분의 사람들은 자신이 대체로 품위 있는 사람 축에 든다는 이유로 하나님께서 자신을 받아 주실 것으로 굳게 믿고 있습니다.

그리스도인인 우리는 잘 알고 있습니다. 자신의 순종을 통해서는 구원을 받기에 충분할 정도의 의에 도달할 수 없다는 것을 쉽게 인정하는 것입니다. 그러나 믿고 나면 우리는 마치 하나님께 받아들여질 만한 삶을 살 수 있는 것처럼 행동합니다. 1장에서 소개한 '좋은 날 나쁜 날'의 경우를 생각해 보십시오. 어떤 그룹에서 질문했더니, 80%가 넘는 사람들이 자신이 "좋은" 날을 보낸 날은 하나님의 축복에 대해 더 자신을 가질 것 같다고 대답했습니다. 그러나, 그들 가운데 그 누구도 100% 순종을 했다고 주장하지는 못할 것입니다. 그 중 한 사람도 그날의 성취에 구원의 토대를 두려고는 하지 않을 것입니다. 그럼에도 매일 하나님과의 관계에서는 대부분 자신이 충분히 선한 삶을 살았기 때문에 하나님의 존전에 나아갈 수 있을 것이라고 생각합니다. 은혜로 살려면, 그러한 생각을 버려야 합니다.

율법 외에 하나님의 한 의가 나타났다(21절)
우리 자신의 힘으로는 충분한 의를 얻을 수 없으므로, 하나님께서 우리를 위해 의를 제공해 주셨습니다. 하나님으로부터 온 이 의는 바로 예수 그리스도의 완벽한 의입니다. 이 의를 이루기 위해 예수님께서는 죄 없는 삶을 사시고 하나님의 뜻에 순종하여 죽으심으로 하나님의 법을 완벽하게 이행하셨습니다. 하나님의 선물로 우리에게 주어지는 예수님의 의는 진정한 의요, 실제 세상에서 실제 인물인 주 예수 그리스도에 의해 성취된 의입니다. 바로 그것은 사람이 되사 온전한 순종의 삶을 사신 하나님의 아들이 33년 동안 하나님의 법을 완벽하게 순종하심으로 말미암은 의입니다.

예수 그리스도의 의는 죄와 똑같이 하나의 실체입니다. 로마서에서는 이 두 가지를 서로 대비되는 것으로 설명하고 있습니다. 즉 아담의 죄와 그리스도의 의는 서로 대비되는 것입니다(로마서 5:12-19 참조). 19세기 스코틀랜드 신학자 조지 스미턴은 다음과 같이 썼습니다: "(사도 바울은) 죄 및 의와 서로 짝을 이루는 두 가지를 동일한 실체로서 보여 준다 – 하나는 세상의 파멸이요, 다른 하나는 세상의 회복이다. 전자가 완성된 사실인 것만큼 후자도 완성된 사실이다. 세계 역사에 있어서 오직 두 가지의 거대한 사건 내지 사실이 있을 뿐이며, 이 두 가지는 서로 대비된다."

우리 주 예수 그리스도께서 하나님의 법을 완벽하게 이행하시되, 그 법의 요구 사항을 실행하는 면과 그 법으로 인한 형벌을 치르는 면, 이 두 가지 면에서 이행하셨다는 것을 깨닫는 것이 중요합니다. 예수님께서는 아담이 실패했던 것을 완벽하게 행하셨습니다 – 하나님의 법에 완벽하게 순종하신 것입니다. 그리고 십자가에서 죽으심으로 법을 어김으로 말미암은 우리의 형벌을 다 받으셨습니다. 그러므로, 법에 순종하는 면과 법을 어김으로 말미암는 벌을 받는 면에서, 그분은 하나님의 법을 완벽하게 이행하셨습니다.

그러므로 우리를 의롭다고 하실 때, 하나님께서는 무슨 법률적인 조작을 하시거나, 의롭지 않은 것을 의롭다고 하시는 것이 아닙니다. 하나님께서는 예수 그리스도께서 실제적으로 이룩하신 의를 토대로 우리를 의롭다고 하시는 것입니다. 그 예수님의 의는 믿음을 통해 우리 것이 되었습니다.

스코틀랜드의 신학자이자 훌륭한 로마서 주석을 쓴 사람인 로버트 홀데인(1764-1842)은 예수 그리스도의 의에 대해 다음과 같이 썼습니다: "그리스도인의 눈은 언제나 그 의로 향해야 한다. 그는 그 의를 의지해야 한다. 그는 그 의로서 살아야 한다. 그는 그 의를 입고 죽어야 한다. 그는 그 의를 의지하여 심판대 앞에 서야 한다. 그는 그 의를 입고 의로우신 하나님 존전에서 영원히 살아야 한다."

예수 그리스도의 의는 영원히 우리 것이 되었습니다. 그리스도를 우리의 구세주로 믿은 그날부터 영원히 우리는 예수님의 의를 옷입고 하나님 앞에 있습니다. 이사야 선지자는 이 의에 대해 다음과 같이 말했습니다:

> 내가 여호와로 인하여 크게 기뻐하며, 내 영혼이 나의 하나님으로 인하여 즐거워하리니, 이는 그가 구원의 옷으로 내게 입히시며, 의의 겉옷으로 내게 더하심이, 신랑이 사모를 쓰며 신부가 자기 보물로 단장함 같게 하셨음이라.(이사야 61:10)

그리스도의 의로 말미암은 이러한 우리 의는 '좋은 날 나쁜 날' 식 사고 방식을 가진 우리의 성취에 조금도 영향을 받지 않습니다. 그러나, 그분의 의에 대한 믿음으로 사는 것을 배우지 않는다면, 하나님 앞에서 우리 신분에 대한 인식은 자신의 성취에 따라 변하게 될 것입니다.

하나님으로부터 오는 의는 예수 그리스도께 대한 믿음을 통해 얻는다(22절)

믿음은 그리스도의 의를 우리 것으로 하기 위해 내미는 손입니다. 믿음 그 자체가 무슨 가치를 지니는 것은 아닙니다. 사실, 특성상 그것은 자신을 비우는 것입니다. 그것은 우리 자신의 의를 신뢰하기를 완전히 거부 또는 포기하고, 예수 그리스도의 완전한 의와 죽으심만을 전적으로 의지하는 것을 포함합니다.

믿음의 이 두 가지 측면, 즉 포기와 의지는 어떤 전도 훈련 프로그램에서 생생하게 보여 줍니다. 복음을 전하는 사람은 자기가 앉아 있는 의자를 자기의 선함이라고 치고, 거기에 앉는 것을 구원을 위해 자기의 선함을 의지하는 것을 나타낸다고 설명합니다. 그리고 그 옆에는 빈 의자가 하나 있는데, 거기에 앉는 것은 예수 그리스도를 의지하는 것을 나타냅니다. 복음을 전하는 사람은 자신의 선함을 나타내는 의자에서 일어나 예수 그리스도께 대한 믿음을 나타내는 의자로 옮겨 앉습니다. 그렇게 하면서, 동시에 두 의자에 앉는 것은 불가능하다는 점을 주지시킵니다. 요점은, 우리의 구원을 위해 그리스도께 의지하려면, 마땅히 자신의 선함이나 공적을 의지하려는 마음을 완전히 포기해야만 한다는 것입니다. 그리스도께 대한 믿음과, 아무리 조금이라도 우리 자신을 의지하는 것은 양립할 수가 없습니다.

사도행전 16:31에는 "주 예수를 믿으라. 그리하면 너와 네 집이 구원을 얻으리라"라고 되어 있습니다. 예수님을 믿는다는 것은 무엇을 의미합니까? 무엇을 믿어야 합니까? 우리는 예수님께서 하나님의 아들로서 인간의 몸을 입고 오셔서 완벽한 삶을 사시고 우리 죄를 위해 십자가 위에서 죽으신 것을 믿어야 합니다. 이것이 바로 복음, 즉 예수 그리스도에 대한 좋은 소식인 것입니다.

예수님만이 언제나 우리 믿음의 대상이 되어야 합니다. 우리는 행위가 아니라 오직 믿음에 의해 구원을 받았다고 말하곤 합니다. 그런데, 그러한 표현은 자칫 믿음 그 자체가 무슨 가치가 있는 것으로 오해하게 할 수 있습니다. 우리는 믿음을 통해 하나님의 은혜로 구원받았다고 하는 것이 보다 정확합니다. 다시 한번 말하거니와, 단지 믿음은 하나님의 선물을 받는 손이며, 하나님께서는 그 선물을 받도록 성령을 통해 우리 손을 펴주시기까지 합니다.

구원을 위해 오직 그리스도만을 의지하는 것이 복음의 핵심입니다. 그 사실을 받아들이지 않고는 구원을 받을 수가 없습니다. 참된 신자라면 모두 그 사실을 받아들입니다. 그러나 우리는 과거 어느 시점에 믿음으로 구원을 받았을 뿐만 아니라, 이제 매일 매일의 삶을 그리스도께 대한 믿음으로 살아야 한다는 것을 깨닫는 것이 중요합니다. 이것은, 앞서 소개한 전도 훈련의 두 의자 예화가 보여 주는 것처럼 영원한 구원을 받기 위해서만 아니라, 거룩한 하나님 앞에서 매일 용납되기 위해서도 스스로의 선함이 아니라 오직 그리스도만을 의지하는 것을 뜻합니다.

사도 바울은 "오직 내가 육체 가운데 사는 것은 나를 사랑하사 나를 위하여 자기 몸을 버리신 하나님의 아들을 믿는 믿음 안에서 사는 것이라"(갈라디아서 2:20)라고 했습니다. 갈라디아서 2:20은 그리스도의 의를 토대로 의롭다 하심을 받는다는 것을 설명하는 가운데 나옵니다. 그러므로 바울이 하나님의 아들을 믿는 믿음 안에서 산다고 한 것은, 영적인 힘을 얻기 위해 그리스도를 의지하는 것을 말하는 것이 아니라(빌립보서 4:13은 그런 경우임), 날마다 하나님 앞에서 의로운 신분을 위해 주님을 의지하는 것을 말하고 있습니다.

모든 사람이 죄를 범하여 하나님의 영광에 이르지 못하기 때문에, 이 의는 모든 사람에게 필요하다(22-23절)

구원을 위한 하나님의 계획은 모든 사람을 동일선상에 두고 있습니다. 모든 사람이 죄인이기 때문입니다. 이 말은 하나님께서는 죄의 심각성에 차이를 두지 않으신다는 말이 아닙니다. 그러나, 앞 장에서 살펴보았듯이, 우리가 보기에 아무리 사소하고 작은 죄일지라도 하나님의 거룩한 법을 어긴 것이며, 우리로 하여금 사망의 형벌을 받게 합니다.

　어떤 사람은 비교적 점잖은 죄인이고, 어떤 사람은 더 악랄한 죄인일 수는 있지만, 둘 다 죄인이며, 하나님의 법을 어기는 것은 조금도 허용되지 않습니다. 만약 어떤 시험에서 90점이 합격 점수라면, 당신은 무려 85점을 따고 나는 겨우 20점을 땄다 해도 이 둘은 아무 차이가 없습니다. 둘 다 불합격한 것입니다. 당신이 불합격은 했어도 점수가 나보다는 낫다고 자랑해 보았자 별 의미가 없습니다. 오직 중요한 것은 우리 둘 다 불합격했다는 사실입니다.

　그리스도의 죽음을 통하여 구원을 주시는 하나님의 방법의 첫째 목적은 우리를 죄로부터 해방하는 것입니다. 비록 모든 사람이 같은 정도로 죄를 짓는 것은 아니지만, 모든 사람은 죄가 있습니다. 그러므로, 바울이 말했듯이 "차별이 없습니다." 이를 "십자가 아래의 땅은 평평하다"라고 표현한 사람도 있습니다.

　이것은 우리보다 더 죄악 된 것 같은 사람 - 혹은 덜 거룩해 보이는 사람 - 과 우리 자신을 비교할 여지를 남기지 않습니다. 그러므로 만약 우리가 날마다 복음으로 살아야 한다면, 우리 자신을, 불신자들과는 말할 것도 없고 다른 신자들과 비교하려는 경향을 떨쳐 버려야 합니다. 그 대신, 우리는 하나님의 완벽한 수준에 비추어 자신을 평가하며, 자신이 죄를 범하였으며, 하나님의 영광에 이르지 못했다는 사실을 날마다 고백해야 합니다.

예수 그리스도를 믿는 사람은 모두 하나님의 은혜로 값없이 의롭다 하심을 받는다(24절)

의롭다 하심을 받는다는 것은 죄로 인한 어떠한 고소도 면제되고 완전히 의롭다고 선언받는 것입니다. 우리는 우리 죄로 말미암은 하나님의 진노에서 벗어났을 뿐만 아니라, 그리스도로 말미암아 개인적으로 하나님께 용납되었습니다. 의롭다 하심은 동전의 양면과 같습니다. 한쪽 면은 하나님 앞에서 "죄 없다"고 선언된 것이며, 또 한쪽 면은 그리스도를 통해 "의롭다"고 선언된 것입니다. 다시 말하자면, 우리는 하나님 보시기에는 흠없이 하나님의 법에 순종한 사람인 것입니다.

하나님께서 우리를 의롭다 하시는 것은 오로지 그리스도께서 하신 일과, 우리와 그분의 연합에 기초를 두고 있습니다. 즉, 하나님께서는 법적으로, 우리가 너무나 그리스도와 긴밀히 연합되어 있어 그리스도께서 하신 것을 우리가 한 것으로 보십니다. 그리스도께서 흠없이 순종의 삶을 사셨을 때, 그것은 마치 우리가 흠없이 순종의 삶을 산 것처럼 되었습니다. 그리스도께서 하나님의 법의 요구를 충족시키기 위해 십자가에서 죽으신 것을 우리가 그 십자가에서 죽은 것처럼 여기십니다. 그리스도께서는 우리의 대표로서 우리를 대신하셨으며, 죄 없는 삶을 사신 것뿐 아니라 죄를 지고 죽으신 것에서도 그러합니다. 이것이 바로 바울이 "내가 그리스도와 함께 십자가에 못박혔나니"(갈라디아서 2:20)라고 할 때 말하고자 한 바입니다.

그러한 복음에 의해 산다는 것은 그리스도와 연합함으로 그분의 삶과 죽음이 우리 것이라는 사실을 굳게 붙잡는 것을 의미합니다. 그분이 하신 것은 우리가 한 것입니다. 이것을 알 때라야 바울이 로마서 8장에서 다음과 같이 담대하게 한 말들을 이해할 수 있습니다: "그러므로 이제 그리스도 예수 안에 있는 자에게는 결코 정죄함이 없나니"(1절), "만일 하나님이 우리를 위하시면 누가 우리를 대적하리요?"(31절), "누가 능히 하나님의 택하신 자들을 송사하리요? 의롭다 하신 이는 하나님이시니"(33절).

바울의 이러한 말들은 객관적인 진리를 나타냅니다. 즉 그것은 우리가 제대로 이해를 했든 그렇지 않든 진실이라는 말입니다. 그러나 너무나 자주, 우리는 그러한 진리들을 믿는 데 어려움을 느낍니다. 자주 하나님 앞에서 실패를 거듭했기 때문에 우리는 정죄 하에 있는 것 같이 느끼며, 하나님이 우리를 위하시는 것이 아니라 우리를 대적하시는 것으로 느끼며, 하나님께서 우리를 송사하시는 것으로 생각합니다. 그럴 때가 바로 우리가 스스로에게 복음을 전해야 할 때입니다. 우리는 마땅히 우리가 의롭다 하심을 얻는 것과 관련하여 하나님께서 진실이라고 선언하신 것들을 다시 살펴보아야 합니다.

우리를 의롭다 하시는 것은 하나님에 관한 한 완성된 일입니다. 형벌은 치러졌고, 하나님의 공의는 만족되었습니다. 그러나 우리는 그것을 믿음으로 받아들여야 하고, 믿음으로 마음속에 지속적으로 되새겨야 하고, 우리 양심에 적용해야 합니다. 우리가 다루어야 할 두 개의 "법정"이 있습니다. 하나는 하늘나라에 있는 하나님의 법정이고, 다른 하나는 우리 속의 양심의 법정입니다. 우리가 구원을 위해 그리스도를 의지할 때, 하늘나라 법정에서의 문제는 영원히 다 해결되었습니다. 하늘나라에서 우리 죄에 대해 송사를 받을 일은 결코 없습니다. 그러나 우리의 양심은 끊임없이 우리가 죄가 있다고 주장합니다. 이것이 양심의 기능입니다. 그러므로, 우리는 믿음에 의해, 양심의 평결을 하늘나라의 평결에 일치시켜야 합니다. 이를 위해서는, 우리의 죄에 대해 양심에게 동의하나, 우리 죄를 이미 그리스도께서 담당하셨다는 것을 상기하면 됩니다.

이렇게 의롭다 하심을 받는 것은 하나님의 은혜로 우리에게 값없이 주어집니다. '값없다'라는 말은 어떤 종류의 지불도 없다는 것을 나타냅니다. 의롭다 하심은 선행이라는 값을 지불함으로 살 수 있는 것이 아닙니다. 죄인과 하나님 사이에 무슨 거래가 성립될 수가 없습니다. 그것은 전적으로 하나님 편에서 거저 주시는 것입니다. 이처럼

값없이 의롭다 하심을 얻을 것에 대해 이사야 선지자는 다음과 같이 예언하였습니다:

"너희 목마른 자들아,
물로 나아오라.
돈 없는 자도 오라.
너희는 와서 사 먹되,
돈 없이, 값없이 와서
포도주와 젖을 사라."
(이사야 55:1)

우리가 이미 살펴보았듯이, 은혜란 하나님의 진노를 받기에 마땅한 이들에게 하나님께서 보여 주시는 과분한 은총입니다. 은혜는 우리 쪽에 죄가 있다는 것을 전제로 합니다. 그것은 하나님의 절대주권적인 은혜입니다. 즉, 하나님께서는 우리 중 누구에게 그러한 과분한 은총을 베풀어야 할 의무가 있는 것이 아닙니다. (사실, 하나님께서는 죄를 지은 천사들에게는 그러한 은총을 베풀지 않으셨습니다. 베드로후서 2:4). 그러한 은총을 우리에게 베풀기로 하신 결정은 오로지 하나님의 선하심으로 말미암은 것이었습니다.

의롭다 하심을 받는 것은 "그리스도 예수 안에 있는 구속으로 말미암은 것이다"(24절)

19세기, 프린스턴 신학교의 유명한 교수였던 찰스 하지는 24절에서 사용된 구속(救贖)이라는 말에 대해 다음과 같이 설명했습니다: "그것은 속전을 지불함으로 말미암은 석방을 의미한다.… 우리는 하나님의 진노로부터 구속된다. 구속을 위한 속전은 그리스도의 피이다."

몇 단락 앞에 보면, 의롭다 하심은 우리편에서 보기에는 하나님께서 거저 주시는 것입니다. 그러나 우리가 그것을 전적으로 값없이 받기는 하지만, 그것은 사실 그리스도께서 자기 피로 "사신" 것입니다. 그리스도께서 하나님의 공의롭고 거룩한 진노로부터 우리를 구속하기 위해 속전을 지불하셨습니다.

여기서, 의롭다 하시는 것과 단순한 사면을 구분하는 것이 도움이 될 것입니다. 사면이란 형벌을 받으라고 요구하는 대신 어떤 잘못을 용서해 주는 것입니다. 그것은 대통령이나 통치자에 의해 거저 행해지는데, 반드시 무슨 정당한 이유가 있는 것은 아닙니다. 그래서 때로 정의(공의)를 희생시켜 가며 행해집니다. 예를 들면, 닉슨 대통령이 사면되었을 때 격렬한 항의가 있었습니다. 이는 많은 사람들은 그를 사면함으로써 정의가 손상되었다고 느꼈기 때문이었습니다.

그러나 의롭다 하심을 위한 하나님의 계획에서는, 범죄한 죄인을 거저 사면해 줌으로 공의에 위배되는 그런 일이 없습니다. 오히려, 공의는 만족되고, 죄에 대한 형벌은 주 예수 그리스도께서 완전히 치르셨습니다. 어떤 의미에서, 의롭다 하시는 것은 공의가 요구하는 바가 완전히 충족되었다는 것을 선언하는 것입니다.

하나님께서 그분의 법의 요구를 만족시킨 것에 대해 좀더 자세히 살펴볼 필요가 있습니다. 나는 "만족시키는 그리스도"라는 책을 입수한 적이 있습니다. 그 책을 열면서 그 책이 아마도 날마다 그리스도와의 관계에서 만족을 누리는 법에 관한 책일 것으로 짐작했습니다. 그러나, 실은 그리스도의 죽으심에 대한 것이었고, 어떻게 그의 죽으심이 하나님의 공의를 완전히 만족시켰는지에 관한 것이었습니다. 그때가 그리스도인이 된 지 12년이 넘었을 때였는데도, 나는 "만족시키는 그리스도"의 의미를 이해하는 것은 고사하고 그러한 표현을 들어본 적도 없었습니다.

그것은 단순한 하나의 신학적인 표현 그 이상입니다. 그것은 우리가 정통해야 할 필요가 있는 개념입니다. 우리 죄로 인해 양심이 우리를 괴롭힐 때, 비록 우리 죄가 실재하고 변명할 수 없는 것이긴 해도, 하나님의 공의는 "그리스도의 만족시킴"으로 말미암아 이미 만족되었고 형벌은 그분에 의해 온전히 치러졌다는 것을 상기하는 것이 중요합니다.

"이 예수를 하나님이 그의 피로 인하여 믿음으로 말미암는 화목제물로 세우셨다"(25절)

"화목 제물"의 의미를 이해하는 데는 NIV의 각주가 도움이 됩니다. 거기에 보면, "화목 제물"은 "하나님의 진노를 가라앉히고, 죄를 없애는 이"로 읽을 수도 있다고 되어 있습니다. 그러면, 화목이란 죄에 대한 하나님의 진노와, 그리고 우리가 필연적으로 그분의 거룩하고 공의로운 진노를 받을 수밖에 없다는 사실을 가정하고 있습니다. 바울은 로마서 1:18에서 이 사실을 아주 분명히 하고 있습니다: "하나님의 진노가 불의로 진리를 막는 사람들의 모든 경건치 않음과 불의에 대하여 하늘로 좇아 나타나나니." 그리고 에베소서 2:3에서는 이렇게 말하고 있습니다: "전에는 우리도 다 그 가운데서 우리 육체의 욕심을 따라 지내며, 육체와 마음의 원하는 것을 하여 다른 이들과 같이 본질상 진노의 자녀이었더니." 하나님의 진노를 통제되지 않은 분노와 증오로 이해해서는 안 됩니다. 작고한 영국의 목사 D. 마틴 로이드 존스는 "하나님의 진노는 그분의 본성으로 말미암은, 사악한 모든 것들에 대한 그분의 변함없는 적대감을 의미하며… 그분의 본성이 그러하기 때문에 그분은 악을 혐오하며, 죄악을 미워하시고, 그분의 거룩함은 필연적으로 그렇게 하시게 한다"고 하였습니다.

어떤 성경에는 "화목 제물"이 "진정시키는 것"으로 번역되어 있습니다. 구원과 관련하여 진정시킨다는 것은, 죄에 대한 하나님의 진노를 진정시키는 것을 의미합니다. 그러므로 주 예수 그리스도께서는 십자가에서의 희생으로 말미암아, 우리가 받아 마땅했던 하나님의 거룩하고 공의로운 진노를 진정시키셨습니다.

하나님의 진노를 진정시키기 위한 그리스도의 이러한 행위와 관련하여 주목해야 할 두 가지 핵심이 있습니다. 첫째, 하나님께서는 그리스도를 화목 제물로 드리셨습니다. 구원에 관한 전체 계획을 짜시고 실행하신 분은 하나님 아버지이십니다. 자신의 공의를 만족시키고 자신의 진노를 진정시키기 위해 아들을 제물로 드린 분은 하나님 아버지이십니다. 우리 죄를 깨닫고는 틀림없이 하나님의 진노가 어떤 식으로든 우리에게 곧 임할 것이라고 생각될 때, 하나님의 무서운 진노를 우리가 경험하게 하지 않고도 그 진노를 다 쏟기 위한 방법을 고안해 내신 하나님을 기억할 필요가 있습니다.

두 번째 핵심은, 죄인인 우리는 그리스도의 피를 믿음으로 우리 죄로 인한 하나님의 진노를 진정시킬 수 있다는 것입니다. 그리스도의 죽으심을 의미하는 그리스도의 피가 우리 믿음의 대상이 되어야 하며, 이를 통해 우리 죄로 인한 하나님의 진노를 진정시킵니다. 우리의 구원과 관련한 "그리스도의 피"는 신약성경 기자들이 좋아하는 표현으로서, 대략 30회 가량 나옵니다. 죄의 오염으로부터 우리를 씻는 것은 그리스도의 피이며(히브리서 9:14), 우리를 모든 죄에서 깨끗케 하는 것도 그리스도의 피이며(요한일서 1:7), 무한히 거룩하신 하나님의 존전인 지성소에 담대히 들어갈 수 있게 해주는 것도 그리스도의 피입니다(히브리서 10:19). 우리가 지금까지 살펴본 로마서에 의하면, 하나님의 거룩하고 공의로운 진노를 우리로부터 제하여 주는 것도 그리스도의 피입니다.

그러므로 죄를 깨달음으로 말미암아 상심될 때, 그것도 동일한 죄를 또 지었을 때, 하나님의 기대를 또 저버렸다는 것을 깨달을 때, 우리 죄를 씻기는 그리스도의 피로 나아가야 합니다. 19세기의 유명한 찬송가는 이를 다음과 같이 표현하고 있습니다:

    나의 죄를 씻기는
    예수의 피밖에 없네.
    다시 성케 하기도
    예수의 피밖에 없네.

우리 죄를 씻기는 것은 우리 죄에 대해 뉘우치거나 슬퍼하는 것도, 후회하는 것도, 무슨 근신 기간을 갖는 것도 아닙니다. 우리의 양심을 깨끗케 하고 하나님과 화목케 해주는 것은, 2000년 전 갈보리에서 단번에 흘려졌고, 매일, 심지어 하루에 몇 번이고 우리 것으로 할 수 있는 그리스도의 피의 능력입니다.

스스로에게 복음을 전하라

우리를 하나님과 화목케 하고, 몇 번이고 우리 죄를 깨끗케 할 수 있는 그리스도의 피의 능력! 이것이 바로 우리가 익히 알아야 하고, 날마다 스스로에게 전할 필요가 있는 복음입니다. 예수님께서는 피흘리시고 죽으심으로 말미암아 하나님의 공의를 완전히 만족시키셨으며, 우리가 법을 어김으로 말미암은 대가를 우리 대신 다 치르셨습니다. 그분의 완벽한 순종으로 말미암아 그리스도께서는 법의 요구를 다 만족시키셨습니다. 그리하여, 실행과 그렇지 못했을 때의 형벌에 있어서, 하나님의 법의 모든 요구를 예수님께서 다 이행하셨습니다. 예수님께서는 우리 대표로서 우리를 대신하여 그렇게 하셨습니다.

그러므로, 당신 스스로에게 복음을 전한다는 것은 스스로의 죄악 됨을 계속 직시하고 예수님의 피와 의로운 삶을 믿음으로 그분께로 피하는 것을 뜻합니다. 그것은 믿음으로, 예수님께서는 하나님의 법을 온전히 만족시키셨으며, 당신을 위해 하나님의 진노를 진정시키는 분이시며, 하나님의 거룩한 진노는 더 이상 당신을 향하지 않는다는 사실을 당신의 것으로 하는 것을 의미합니다.

스스로에게 복음을 전하는 것은 로마서 4:7-8을 문자 그대로의 의미로 받아들이는 것입니다:

그 불법을 사하심을 받고
그 죄를 가리우심을 받는 자는
복이 있고,
주께서 그 죄를 인정치 아니하실 사람은
복이 있도다.

또한 스스로에게 복음을 전한다는 것은 "그러므로 이제 그리스도 예수 안에 있는 자에게는 결코 정죄함이 없나니"(로마서 8:1)라는 하나님의 말씀을 믿는 것을 의미합니다. "그리스도께서 우리를 위하여 저주를 받은 바 되사 율법의 저주에서 우리를 속량하셨으니, 기록된 바 '나무에 달린 자마다 저주 아래 있는 자라' 하였음이라"(갈라디아서 3:13)라는 말씀을 믿는 것을 의미하기도 합니다. 또한, 그것은 하나님께서 당신의 모든 죄를 사하여 주셨으며(골로새서 2:13), "이제는 그의 육체의 죽음으로 말미암아 화목케 하사 너희를 거룩하고, 흠 없고, 책망할 것이 없는 자로 그 앞에 세우고자 하셨으니"(골로새서 1:22)라는 말씀을 믿는 것을 의미합니다.

구약성경으로 돌아가면, 당신 자신에게 복음을 전하는 것은 믿음

으로 이사야 53:6을 자신의 것으로 받아들이는 것을 의미합니다:

> 우리는 다 양 같아서 그릇 행하여
> 각기 제 길로 갔거늘
> 여호와께서는 우리 무리의 죄악을
> 그에게 담당시키셨도다.

그것은 하나님께서 당신의 죄과를 동이 서에서 먼 것같이 멀리 옮기셨다는 약속을 믿는 것이며(시편 103:12), 당신의 죄를 도말하고 더 이상 기억치 않으신다는 약속(이사야 43:25)을 믿는 것을 의미합니다. (하나님의 용서를 확신하기 위해서는 이사야 38:17과 미가 7:19도 참조하십시오.) 그러나 그것은 또한 이 모든 놀라운 약속들이 예수 그리스도의 대속의 죽음에 기초를 두고 있다는 것을 깨닫는 것을 의미합니다.

죄 용서에 대한 하나님의 약속의 토대가 되는 것은, 하나님의 공의를 만족시키고 하나님의 진노로부터 우리를 벗어나게 해주는 그리스도의 죽으심입니다. 스스로에게 복음을 전할 때에는 십자가가 없는 복음을 전하지 않도록 주의해야 합니다. 하나님의 사랑은 그리스도의 대속의 죽음의 결과로서만 우리에게 흘러나온다는 것은 깨닫지 못한 채 소위 하나님의 무조건적인 사랑을 의지하지 않도록 주의해야 합니다.

이것이 바로 우리를 구원해 준 복음이요, 이로 말미암아 매일의 삶을 살아가야 할 복음입니다. 로마서 3:24에서, 바울이 우리가 은혜로 의롭다 하심을 받았다고 한 것은, 우리가 그리스도를 믿은 날 순간적으로 얻게 된 구원을 가리킵니다. 그러나 로마서 5:2에서, 바울은 "믿음으로 서 있는 이 은혜"에 대해 말했습니다. 여기서 그는 우리가 날마다 하나님 앞에 설 수 있는 것은 의롭다 하심을 얻는 것과 동일한 토대 위에서라고 말합니다. 즉 은혜의 토대 위에서입니다. 그러나 이 은혜, 즉 진노받기에 합당한 자에게 주어지는 과분한 은총은 주 예수 그리스도를 통해서 우리에게 주어집니다.

하나님은 "모든 은혜의 하나님"(베드로전서 5:10)이시며, 은혜로 우리를 대하기를 좋아하시나, 그분의 공의를 희생시켜 가면서 그렇게 하시는 것이 아닙니다. 그러나 공의가 만족되었기에 하나님께서는 이제 우리를 구원에서만 아니라 매일의 삶에서도 은혜로 대하실 수 있습니다.

본서는 하나님의 은혜와 거룩한 삶을 추구하는 데 관한 책입니다. 그러나 당신은 한 가지를 확신할 수 있습니다: 진지하게 거룩한 삶을 추구할수록, 당신이 얼마나 끔찍한 죄인인지를 깨닫기 시작할 것이라는 점입니다. 그리고 당신이 복음에 견고히 뿌리를 내리고 있지 않으면, 그리고 그 복음을 매일 스스로에게 전하는 것을 배우지 않으면, 당신은 얼마 있지 않아 낙심하게 될 것이요, 거룩한 삶을 추구하는 데서 맥이 빠지게 될 것입니다.

이 책의 나중에 나오는 장들에서는 거룩한 삶을 추구하는 데 영향을 미치는 여러 가지 요소들에 대해 살펴보겠습니다. 그러나 복음을 날마다 당신 자신에게 전하는 것을 배우는 것보다 더 중요한 것은 없습니다.

4

죄에 대해 죽었음

> 그런즉 우리가 무슨 말 하리요?
> 은혜를 더하게 하려고 죄에 거하겠느뇨?
> 그럴 수 없느니라. 죄에 대하여 죽은 우리가
> 어찌 그 가운데 더 살리요?
> 로마서 6:1-2

우리는 그리스도께서 우리 죄로 인한 형벌을 담당하시기 위해 우리 대신 죽으신 것이 복음이라는 것을 살펴보았습니다. 그 결과, 우리는 하늘나라의 법정에서 "죄 없다"라는 선언을 받게 됩니다. 뿐만 아니라, 그리스도를 의뢰하는 모든 자에게는 그분의 완전한 의가 전가되기 때문에 하나님 보시기에 "의롭다"라는 선언을 받습니다.

좋은 소식이 아직도 더 있습니다. 그리스도의 죽음은 죄의 형벌로부터의 해방을 보장했을 뿐만 아니라, 우리 삶에서 죄의 지배로부터의 해방도 보장했습니다. 아직도 죄된 습관과 씨름을 하고 있는 사람들에게는 이 말이 믿기지 않겠지만, 이는 사실입니다. 이 장에서는 어떻게 그것이 사실인지, 즉 어떻게 하나님께서 죄의 지배로부터, 다시 말해 죄가 왕노릇하는 데서 우리를 해방하셨으며, 어떻게 매일의 삶에서 이 진리를 우리 것으로 할 수 있는지를 살펴보겠습니다.

로마서 3:19-26이 죄의 형벌로부터 구원받는 데 대한 대표적인 구절이듯이, 로마서 6:1-14은 죄의 지배로부터 해방되는 데 대한 대표적인 구절입니다. 이 구절에서는 우리가 죄를(아주 끈질긴 죄까지) 다룰 수 있게 하시기 위해 하나님께서 그리스도를 통해 무엇을 하셨는지를 배웁니다. 로마서 6장에서는 복음이 지옥의 영원한 형벌로부터 벗어나게 해주는 "화재 보험" 그 이상인 것을 알게 될 것입니다. 예수 그리스도께서 십자가에서 죽으심으로 우리가 승리하는 삶을 살 수 있다는 것을 배우게 될 것입니다. 이러한 삶은 하나님을 기쁘시게 하고 자신에게 만족을 주는 삶입니다.

그러나 어떻게 하나님께서 우리를 죄의 지배로부터 해방하셨는지를 배우려면 사도 바울의 상당히 난해한 가르침들과 씨름하게 될 것입니다. 이 점을 미리 알려 드리고 싶습니다. 그러나 이 구절들을 단순한 "교리"나 무슨 이론 내지 지적 훈련으로 생각하지 마십시오. 로마서 6:1-14은 거룩한 삶을 추구하는 데 꼭 필요한 몇몇 실제적인 적용을 우리에게 보여 줍니다. 이 장을 읽어 나갈 때, 깊이 생각하면서 이 놀라운 진리들을 탐구해 나가도록 합시다. 포기하지 마십시오.

죄에 거하겠느뇨?

이 장의 서두인 로마서 6:1-2은 성화(聖化, Sanctification)라는 주제로 들어가는 말입니다. 바울은 로마서 5:20에서 "죄가 더한 곳에 은혜가 더욱 넘쳤다"고 단언했습니다. 하나님의 은혜에 대한 이러한 대단한 선언을 하면서, 바울은 사람들이 로마서 6:1과 같은 반론을 제기하리라는 것을 내다보았습니다: "그러면 은혜를 더하게 하려고 계속 죄에 거할까요?"

두 부류의 사람들이 그렇게 물을 수 있습니다. 한 부류의 사람은, 하나님의 은혜와 우리 죄에 대한 완전한 용서를 무책임하고 죄된 행동으로 들어가는 문을 활짝 열어 주는 것으로 여기는 사람들입니다. 그들은 "만약 하나님께서 나의 행동과 무관하게 무조건 나를 사랑하신다면, 나는 내 맘대로 살 자유가 있다"라고 생각합니다. 또 한 부류의 사람들은 주의 깊은 그리스도인들로서, 그들은 하나님의 은혜를 강조하는 것이 사람들로 그러한 무책임한 삶을 살게 하지나 않을까 염려합니다. 있는 그대로의 온전한 복음이 전파될 때는, 그리스도를 통한 값없고 완전한 용서라는 메시지가 그리스도인들로 하여금 죄를 가볍게 여기게 할 것이라는 반론이 제기될 수 있습니다.

바울은 이러한 문제를 다루고 그러한 반론에 대해 답변합니다. 그러나 그렇게 하는 가운데서 그는 죄의 지배로부터의 해방이라는 더 적극적인 가르침으로 나아갑니다. 그러한 반론에 대한 답변과 죄의 지배로부터의 해방은 믿는 자들과 그리스도의 연합이라는 신약성경의 위대한 진리 안에 하나로 묶여 있기 때문입니다. 우리는 이 장에서 이러한 개념을 좀더 깊이 탐구하겠지만, 우선 그리스도인이 죄 안에 계속 거하는 문제에 대한 바울의 의견을 살펴보도록 합시다.

이를 위해서 먼저 어떤 문맥 가운데서 그러한 질문이 제기되었는지를 알아봅시다. 더 큰 문맥은 복음에 대한 바울의 설명인데, 로마서 3:21에서 시작되어 "죄가 더한 곳에 은혜가 더욱 넘쳤다"라는 로마서 5:20에서 절정을 이룹니다. 앞서 지적한 바와 같이, 이 말씀은 "은혜를 더 누리기 위해 계속 죄 가운데 거해야 하는가?"라는 골치 아픈 질문을 야기합니다.

보다 좁은 문맥은 아담과 그리스도의 대표성과 그들 각각의 행동이 사람들에게 미친 결과에 대한 사도 바울의 설명입니다(로마서 5:12-21). 로마서 6장의 바울의 설명을 올바르게 이해하려면 5:12-21에 나오는 그의 가르침에 기초를 두어야 합니다. 우리는 잠시 후에 이 구절들로 되돌아갈 예정입니다. 그러나 지금은, 죄가 더한 곳에 은혜가 넘친다면 더 많은 죄를 짓게 된다는 반론을 바울이 어떻게 다루었는지를 살펴봅시다.

먼저, 바울이 뒤로 물러서지 않았다는 것을 주목해 보십시오. 그는 "아, 당신은 내 말을 오해했군요. 난 하나님의 은혜가 그렇게 무조건적이라고 말하려고 했던 것은 아닙니다"라고 말하지 않았습니다. 또한 그는 "도대체 당신이 어떻게 그런 것을 생각하거나 그런 식으로 행동할 수가 있습니까? 그런 것은 하나님의 은혜를 배신으로 갚는 것입니다"라고 말하지도 않았습니다.

바울은 "그럴 수 없느니라! 죄에 대하여 죽은 우리가 어찌 그 가운데 더 살리요?"(로마서 6:2)라고 반응했습니다. 그러한 반론에 대한 바울의 답변은 "어떻게 그런 생각을 할 수 있습니까?"가 아니었고, 문제의 본질상 그런 일은 일어날 수가 없다는 것이었습니다.

계속 죄 가운데 거하는 삶을 살 수 없게 하는 것이 무엇입니까? 그것은 바로, 우리가 죄에 대해 죽었다는 사실입니다. 이 표현은 어렵고 종종 오해를 낳기도 한 표현이었습니다. 그러나, 은혜를 강조하면 죄를 더 많이 짓게 된다는 반론에 대한 바울의 답변을 제대로 이해하려면, 죄에 대해 죽었다는 의미를 명확히 이해해야 합니다.

우리가 죄에 대해 죽었다는 바울의 말에서 주목해야 할 첫 번째 것은, 이 죽음이 이미 과거에 일어났다는 것입니다. 그것은 우리가 해야 할 어떤 것이 아니요, 이미 이루어진 어떤 것입니다. 그리스도를 진정으로 믿는 모든 사람은 죄에 대해 이미 죽었습니다. 우리는 "죄에 대해 더욱 더욱 죽어야" 하는 것이 아닙니다. 우리는 죄에 대해 더 이상 죽을 수가 없습니다. 11장에서는 죄를 죽이는 것(로마서 8:13)에 대해 토의하겠지만, 그것은 여기서 바울이 말하고 있는, 죄에 대해 죽는 것과는 전혀 다릅니다.

이 사실과 관련하여 알 수 있는 두 번째 것은, 죄에 대한 이 죽음은 우리가 인식하지 못한다 해도 이미 일어났다는 것입니다. 어떤 사실에 대한 우리의 이해나 깨달음이 그 사실 자체의 진실성에 영향을 주지는 않습니다. 그러나 그 사실에 대한 우리의 반응과 적용은 영향을 받습니다. 그래서 우리가 어떤 의미로 죄에 대해 죽었는지를 이해하는 것은 중요합니다. 11절의 서두에서 보게 되듯이, 바울은 그 진리를 우리 삶에 적용하도록 의도했기 때문입니다. 어쨌든, 죄에 대한 우리의 죽음은 하나의 객관적인 사실이요, 그 사실에 대한 우리의 인식이나 이해에 영향을 받지는 않습니다.

주목해야 할 세 번째 것은, 우리는 그리스도와의 연합을 통해 죄에 대해 죽었다는 것입니다. 바울이 이 사실을 다음의 구절들에게 어떻게 반복해서 설명하고 있는지 살펴보십시오: 우리는 그리스도의 죽으심과 합하여 세례를 받았다(3절), 우리는 그와 함께 장사되었다(4절), 우리는 그의 죽으심에서 그와 연합하였다(5절), 우리 옛 사람이 그와 함께 십자가에 못박혔다(6절), 우리는 그리스도와 함께 죽었다(8절). 바울이 10절에서는 그리스도께서 죄에 대해 죽었다고 하고, 8절에서는 우리가 그리스도와 함께 죽었다고 한 것을 주목하십시오. 이 때문에 바울은 2절에서 우리가 죄에 대하여 죽었다고 말할 수 있었던 것입니다. 그리스도께서 죄에 대하여 죽으실 때, 우리도 또한 죄에 대하여 죽었습니다.

우리는 아직도 "죄에 대해 죽는다는 것이 무엇을 의미합니까?"라는 질문에는 답하지 않았습니다. 이에 답하기 위해서는, "그리스도와 연합되었다"라는 표현이 의미하는 바를 알아야 합니다. 이 용어를 탐구해 보면, 그리스도와의 연합은 죄에 대해 죽는 것 그 이상을 수반하지만, 죄에 대해 죽는 것이 참으로 중요한 결과 중 하나라는 것을 알게 될 것입니다.

그리스도와의 연합

믿는 자와 그리스도의 연합은 성경에서 보여 주는 아주 중요한 진리입니다. 스코틀랜드의 신학자인 싱클레어 퍼거슨은 그것이 "그리스도인의 삶의 핵심을 차지하는 교리요, 신약성경은 끊임없이 이 진리를 되새기고 있다"라고 했습니다. 그 진리는 3장에서 지적했듯이, 우리가 의롭다 하심을 받는 토대요, 이 장에서 보게 되듯이, 우리의 성화의 토대입니다.

믿는 자와 그리스도의 연합이라는 개념은 특히 바울의 가르침에서 중요합니다. 그리스도와의 연합을 나타내는 그의 간단한 표현은 "그리스도 안에서," "그 안에서," "주 안에서" 등입니다. 영국의 존 스코트는 그러한 표현이 바울 서신에 무려 164회나 나온다고 했습니다. 그리스도와의 연합이라는 교리는 너무 하나님의 은혜를 강조하다 보면 무책임하고 죄된 행동을 조장할 것이라는 비난을 반박하기 위한 토대입니다.

역사적으로, 성경 주석가와 해설자들은 그리스도와 신자들의 연합은 두 가지 측면을 갖는 것으로 여겨 왔으며, 이는 두 가지의 결과를 가져옵니다. 첫 번째는 대리(대표)적 연합이라고 하는데, 계약적 연합 또는 법적 연합이라고도 부릅니다. 두 번째는 생명적 연합 혹은 영적 연합이라고 하는 것입니다.

대리(대표)적 연합

그리스도와 그의 백성들의 대리(대표)적 연합에 대해서는 로마서 5:12-21에 잘 나와 있습니다. 바울의 설명 가운데는 좀 난해한 부분도 있지만, 그것은 고린도전서 15:22의 말씀으로 요약될 수 있습니다:

"아담 안에서 모든 사람이 죽은 것같이 그리스도 안에서 모든 사람이 삶을 얻으리라." 이 구절에 나오는 두 번의 "모든 사람"이 동일한 의미를 갖는 게 아니라는 것을 알지 못하면 이 구절을 오해할 수도 있습니다. 복음적인 성경 주석가들은 여기에 나오는 "모든 사람"은 각각 아담 안에 있는 모든 사람과 그리스도 안에 있는 모든 사람을 가리킨다는 데 동의하는데, 두 경우 다 이 대리적 혹은 법적 연합에 의한 것입니다. 이러한 연합은 각각 아담과 그리스도를 나타내는 다음과 같은 두 개의 원으로 표현될 수 있습니다.

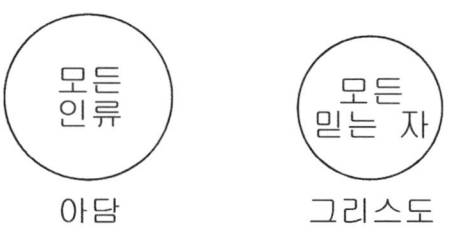

모든 인간(그리스도 제외)은 아담의 원 안으로 태어납니다. 예수 그리스도를 구세주로 믿는 모든 사람은 그리스도의 원 안으로 태어납니다. 그리스도를 나타내는 원이 아담을 나타내는 원보다 작다는 것을 주목하십시오. 이는 오직 그리스도를 믿는 자만이 그분 안에 있기 때문입니다.

바울이 로마서 5:12-21에서 가르쳐 주는 것은 첫째로, 모든 인간(그리스도 제외)은 자신들의 머리이자 대표인 아담 안에서 죄를 지었다는 것입니다. 그 결과, 우리 모두는 죄의 결과인 사망을 경험합니다 (12절). 아담의 머리 됨과 대표권 때문에, 그의 죄는 마치 우리 각 사람이 지은 것처럼 진정으로 우리의 죄입니다. 이런 식으로 우리 모두는 그 죄의 결과를 똑같이 감당하게 되었습니다.

이러한 머리 됨과 대표권은 대행권 또는 대리 위임권이라는 개념을 통해 어느 정도 설명될 수 있습니다. 내 친구 하나는 자기 집을 담보로 돈을 융자받기로 했습니다. 그러나 최종 계약을 위해 담당자와 만나는 날짜가 정해졌는데, 그때는 그들 부부가 국외에 머물고 있을 때라 만날 수가 없다는 것을 알았습니다. 그들은 내가 자신들을 대신해서 만날 수 있겠는지 물어 왔고, 나는 동의했습니다. 그래서 그 부부는 내가 그들을 대신해서 행할 수 있도록 대행 권한을 인정하는 위임장을 만들어 주었습니다.

나는 친구의 법적 대리인(대표)으로 담당자들을 만났고, 모든 서류에 서명했습니다. 내가 그 서류들에 서명한 것은 마치 그들이 서명한 것과 같았습니다. 매월 일정액을 지불하기로 한 약정서에 내가 서명함으로써, 그들이 그 서류에 서명한 것처럼 그들에게 법적 의무를 부과했습니다. 이는 내가 그들의 법적 대리인(대표)으로서 행동했기 때문이었습니다. 마찬가지로, 아담은 에덴 동산에서 우리의 법적 대리인(대표)이었으며, 그가 범죄했을 때, 그것은 마치 우리가 죄를 지은 것처럼 우리에게 구속력을 갖습니다.

우리는 아담을 그 동산에서 우리 대리인(대표)으로 임명한 적이 없다고 이의를 제기할지도 모릅니다. 하지만 이는 부질없는 일입니다. 그러한 이의를 제기하는 것은 실제로는 하나님께 불평하는 격이기 때문입니다. 우리로서는, 우주의 창조자요 절대주권자이시며, 우리의 모든 것을 주관하시는 하나님께서 아담을 대리인(대표)으로 임명하셨다는 것을 아는 것으로 충분합니다.

그러나 진정으로 좋은 소식이요 바울이 확실히 알리고자 했던 것은 아담이 범죄에서 우리의 대리인(대표)이 되었던 것과 똑같이 예수 그리스도께서는 죄 없는 삶과 속죄를 위한 죽음에서 우리의 대리인

(대표)이 되셨다는 것입니다. 그러므로 아담의 범죄가 그리스도를 제외한 모든 인류에게 정죄와 사망을 가져왔듯이, 우리 주님의 의의 행동은 주님을 믿는 모든 사람에게 의롭다 하심과 생명을 가져옵니다(18-19절).

그리스도와 우리의 이러한 대리(대표)적 연합으로 인해, 하나님 앞에서 져야 할 우리의 모든 책임들은 그분께 지워졌으며, 그분의 모든 공적은 우리에게로 돌려졌습니다. 예수님께서는 우리의 대리인(대표)으로서 아담이 행하는 데 실패했던 모든 의무들을 지셨으며, 우리를 위해 그것들을 다 이행하셨습니다. 그러므로, 아담의 죄가 마치 우리가 그것을 범한 것처럼 우리의 죄가 되었듯이, 그리스도께서 하나님의 법을 흠없이 순종하신 것과 죄로 인한 형벌을 다 치르시기 위해 죽으신 것은, 우리가 하나님의 법에 온전히 순종한 것과 십자가에서 죽은 것이 되었습니다.

조지 스미턴의 글이 도움이 됩니다: "우리에게는 오직 하나님의 아들이 행한 단 하나의 공적(公的)이고 대표적인 행위가 있을 뿐이다. 우리 스스로 그 속죄를 이룬 것처럼 그 행위는 우리 것이 되었다." 그러므로, 스미턴이 기록했듯이, "그리하여, 우리는 그리스도께서 우리를 위해 죽으셨다고, 혹은 우리가 그분 안에서 죽었다고 말할 수 있는 것입니다. 우리는 주님께서 우리를 위해 십자가에 못박혔다고, 혹은 우리는 주님과 함께 십자가에 못박혔다고 동일하게 주장할 수 있습니다." 후자의 표현이 사실상 바울이 "내가 그리스도와 함께 십자가에 못박혔다"(갈라디아서 2:20)고 했을 때 의미했던 바입니다.

그분의 백성들을 위한 그리스도의 법적 대표성에 대한 이 모든 논의는 어떤 사람들에게는 쓸모 없는 신학적 논의처럼 보일지 모릅니다. 그러나 사실은 성경의 가장 신나는 가르침들 가운데 하나입니다. 이 책의 서두부터 내가 강조해 온 바는, 우리의 영원한 운명뿐 아니라 매일 매일 하나님 앞에서의 신분도 우리의 성취가 아니라 예수님의 성취에 기초를 두고 있다는 것입니다. 이러한 주장을 뒷받침해 주는 유일한 진리는 예수님께서는 우리의 법적 대리인(대표)으로서 "성취하셨다"는 것입니다.

그러므로 양심이 우리 죄나, 혹은 그리스도인의 삶의 훈련들에서 실패한 것에 대해 우리를 정죄할 때, 그리스도께서 우리 대리인(대표)으로서 하나님 아버지의 뜻에 온전하게 순종하셨다는 사실을 상기해야 합니다. 그리스도께서는 당당하게 "내가 항상 그의 기뻐하시는 일을 행한다"(요한복음 8:29)라고 주장하실 수 있었으며, 그분이 아버지 하나님을 기쁘시게 한 것은 바로 우리가 그렇게 한 것입니다. 우리가 하나님 앞에서 용납된다는 확신은 오로지 예수님께서 그분의 죄없는 삶과 순종의 죽음에서 우리의 법적 대리인(대표)이라는 사실에 토대를 두고 있습니다.

이 진리와, 거룩하신 하나님과 우리의 관계에 대해 이 진리가 함축하는 바를 깊이 생각해 볼 때, 나는 흥분을 느낍니다. 바울은 무슨 심오한 진리를 소개할 때는 자연적으로 하나님을 찬양하곤 했습니다. 그의 가슴으로부터 다음과 같은 찬양이 흘러 나왔습니다:

> 깊도다, 하나님의 지혜와 지식의 부요함이여,
> 그의 판단은 측량치 못할 것이며,
> 그의 길은 찾지 못할 것이로다!
> (로마서 11:33)

> 만세의 왕, 곧 썩지 아니하고, 보이지 아니하고, 홀로 하나이신 하나님께 존귀와 영광이 세세토록 있어지이다. 아멘.
> (디모데전서 1:17)

예수님과의 연합을 통해 그분은 삶과 죽으심에서 하나님 앞에서 우리를 대신한다는 놀라운 진리에 대해 설명하고 있는 지금 내 마음 속에도 이러한 찬양이 흘러나옵니다.

죄의 지배권과 지배

우리와 그리스도의 연합에 대해 지금까지 내가 말한 모든 것이 주제를 벗어난 무슨 이야기로 보일지 모릅니다. 그러나 바울이 우리가 죄에 대해 죽었다고 했을 때 의미하고자 한 바를 이해하기 위해서는 꼭 필요합니다. 로마서 5:21에 있는 "죄가 사망 안에서 왕노릇한다"라는 말로 되돌아갈 필요가 있습니다. 바울은 죄를 의인화했으며, 사망의 나라에서 우리를 지배하고 있는 것으로, 즉 우리에게 왕노릇하고 있는 것으로 간주했습니다. 왜 죄는 지배할 수 있었습니까? 아담으로 말미암은 우리의 죄 때문이었습니다. 우리 범죄의 법적 결과로 죄의 법적 지배권 아래로 들어갔으며, 그 결과 죄의 지배하에 놓이게 되었습니다. 죄의 법적 지배권과 우리 삶을 타락시키는 실제적 지배는 불가분의 관계에 있으며, 그 정도에서 동일합니다.

다윗은 우리 삶에서 이러한 죄의 지배권과 그로 인한 지배에 대해 다음과 같이 말했습니다.

> 내가 죄악 중에 출생하였음이여,
> 모친이 죄 중에 나를 잉태하였나이다.
> (시편 51:5)

다윗이 자기가 출생할 때 즉 실제로 어떠한 죄를 짓기도 전에도 죄악 되었다고 말하게 된 것은, 자기가 아담의 죄 아래서 태어났고, 스스로 삶에서 죄의 지배를 너무나 경험해 왔기 때문이었습니다.

　죄에 대해 죽는다는 것은, 먼저, 죄의 법적 지배권에 대해 죽는다는 것이요, 둘째, 그 필연적인 결과로서, 죄의 실제적 지배에 대해 죽는다는 것입니다. 그리스도 바깥에 있는 사람의 삶은 본질적으로 완전히 타락되어 있습니다. 이 말은, 그가 더할 나위 없이 사악하다는 것이 아니라, 죄가 그 사람의 존재 전체를 타락시켰다는 의미입니다. 죄, 그리고 그것의 법적 결과는, 이러한 타락성의 원천이요 이유입니다. 그러므로, 죄와 그 결과로부터 해방은 죄의 지배로부터 해방을 가져옵니다. 구원에 대한 하나님의 계획에서, 이 두 가지의 해방은 필연적으로 묶여 있습니다. 죄의 형벌로부터는 구원을 받고, 죄의 지배로부터 해방은 받지 못하는 일은 없습니다. 이는 우리가 더 이상 죄를 짓지 않는다는 말이 아니라, 죄가 더 이상 우리 삶에서 지배권을 가지고 있지 않다는 것을 의미합니다.

　우리는 어떻게 죄에 대해 죽었습니까? 이미 그리스도와 연합함으로 우리가 죄에 대해 죽었다는 것을 살펴보았습니다. 바울은 로마서 6:10에서 그리스도께서 죄에 대해 죽으셨다고 말했으며, 8절에서는 우리가 그리스도와 함께 죽었다고 했습니다. 그리스도께서 죄에 대해 죽으셨다는 것은 놀라운 일입니다. 그리스도께서는 죄의 지배에 대해 죽으신 것은 아닙니다. 그분은 죄의 지배하에 있은 적이 없기 때문입니다. 그러나, 하나님께서 예수님으로 우리를 대신하여 죄를 삼으실 때(고린도후서 5:21), 즉 예수님께서 우리 죄를 지실 때, 그분은 죄의 법적 지배권 하에 들어가셨으며 그리고 그 형벌을 받게 되었습니다.

　예수님께서 죽으셨을 때, 그분은 죄의 법적 지배권에 대해 죽으셨습니다. 그분의 죽으심에 대해 그분과 연합함으로써, 우리 또한 죄의 법적 지배권에 대해 죽었습니다. 그러나 법적 지배권과, 우리 삶에서 죄의 실제적 지배는 서로 떼어놓을 수 없으므로, 우리는 죄의 법적 지배권에 대해서만 아니라 우리 삶에서 죄의 타락시키는 지배에 대해서도 죽었습니다. 하나님을 찬양합시다! 우리는 죄의 형벌로부터만이 아니라 죄의 지배로부터도 우리를 자유케 하실 수 있는 구세주를 모시고 있습니다.

그러나, "우리가 죄의 지배에 대해 죽었다면, 왜 우리는 아직도 날마다 삶에서 죄와 싸우고 있습니까?"라는 질문이 떠오릅니다. 바울이 "죄에 대하여 죽은 우리가 어찌 그 가운데 더 살리요?"라고 할 때, 그는 죄를 범하는 활동에 대해 말하고 있는 것이 아니라, 계속 죄의 지배 아래서 사는 것에 대해 말하고 있었습니다. "살다"라는 단어는 "… 안에 계속 머무르다" 혹은 " …을 지속하다"를 의미합니다. 그것은 고정된 삶의 방식을 암시합니다. 로마서 8:7에 의하면, "육신의 생각(죄의 지배하에 있는 생각)은 하나님과 원수가 되나니, 이는 하나님의 법에 굴복치 아니할 뿐 아니라, 할 수도 없습니다." 그러나 죄의 지배권과 지배에 대해 죽은 그리스도인들은 하나님의 법을 즐거워합니다. 그리스도인들은 비록 하나님의 법을 지키기 위해 고군분투하고 있을지라도 그 법이 거룩하고, 의롭고, 선하다는 것을 인정합니다(로마서 7:12).

우리는 죄의 활동과 죄의 지배를 구분해야 합니다. 죄의 활동은 모든 그리스도인들에게도 해당되는 것이요, 죄의 지배는 모든 불신자들에게만 해당됩니다. 싱클레어 퍼거슨은 이렇게 썼습니다: "죄는 근본적으로 그 사람의 의지에 따른 활동이라기보다는 오히려 그가 겪고 있는 하나의 속박이다. 어떤 외적 권세가 그의 영혼을 사로잡고 있기 때문이다. 존 오웬(그의 가르침을 퍼거슨이 요약하고 있었음)에게 있어서는, 이생에서 죄의 존재는 결코 폐하여지지 않으며, 죄의 영향력도 변하지 않지만(죄를 향하는 경향은 언제나 동일함), 죄의 지배는 어떤 사람이 그리스도인이 되려면 진실로 파괴되어야 한다는 것이 원리였다."

그러므로 그리스도인은 죄 안에 계속 거할 수가 없습니다. 우리는 더 이상, 죄의 지배권과 실제적 지배하에서, 즉 죄의 왕국에서 살지 않습니다. 바울의 말과 같이, 우리는 죄에 대해 죽었습니다. 우리는 진정 죄를 범하며, 우리의 최선의 행동도 죄로 오염되어 있습니다. 그러나 죄에 대한 우리의 태도는 근본적으로 불신자들과는 다릅니다. 우리는 자신의 죄악 된 욕심(야고보서 1:13), 세상, 혹은 마귀(에베소서 2:1-3)의 유혹에 때로 굴복하기도 하기도 하지만, 그러나 그것은 고정되거나 굳어진 성향과는 다릅니다. 더 나아가, 존 오웬의 생각에 대한 퍼거슨의 글에서 보듯이, 죄는 우리를 기쁘고 즐겁게 하는 것이 아니라 우리를 괴롭히는 짐입니다.

스코틀랜드의 신학자인 존 머리는 로마서 6:2에 대해 다음과 같이 썼습니다: "사도 바울이 바라본 것은 최종적이고 결정적인, 죄와의 단절이었는데, 이것이 믿는 자의 신원이다. 그러므로 믿는 자는 죄 안에 거할 수가 없으며, 만약 어떤 사람이 죄 안에 거한다면 그는 그리스도인이 아니다. 만약 우리가 죄를 어떤 영역이나 분야로 본다면, 믿는 자는 더 이상 그 영역이나 분야에 살지 않는다."

내가 알기로, 현대 그리스도인들은 대부분 존 머리 박사가 말한 "최종적이고 결정적인, 죄와의 단절"에 대한 이해가 부족합니다. 그러나 그리스도의 죽으심과 연합으로 말미암은, 죄의 지배로부터의 이 결정적인 해방이 진정한 그리스도인으로 하여금 "은혜를 더하게 하려고 죄에 거해야 하지 않겠습니까?" 식의 거만한 태도를 취하지 않게 해줍니다. 만약 누군가가 "은혜를 더하게 하려고 죄에 거해야 하지 않겠습니까?" 식의 태도를 취한다면, 그가 아무리 그리스도를 믿는다고 주장해도 진정으로 믿는 자가 아니라는 표시일 것입니다.

하나님을 대해서는 산 자

바울이 은혜의 복음을 전파해도 무책임한 삶으로 이끌지 않을 것이라고 믿을 수 있었던 또 하나의 이유가 있습니다. 우리는 죄에 대해 죽은 자일 뿐 아니라, 하나님을 대해서는 산 자입니다(로마서 6:11). 우리에게 대하여, 죄는 더 이상 사망 안에서 왕노릇하지 못할 뿐만 아니라, 이제 은혜가 의로 말미암아 왕노릇합니다(로마서 5:21). 우리는 흑암의 지배로부터 구출되었을 뿐 아니라, 하나님의 사랑의 아들의 나라로 옮기워졌습니다(골로새서 1:13).

하나님을 대하여 산다는 것은 무엇을 의미합니까? 이 장의 앞부분에서, 우리와 그리스도의 연합에는 두 가지 측면이 있다는 것을 언급했습니다: 대리(대표)적 혹은 법적 연합, 그리고 생명적 혹은 영적 연합. 지금까지 우리는 그리스도의 죽으심에 있어서 그분과 우리의 법적 연합에 대해서, 그리고 어떻게 그것이 죄의 법적 지배권과 그로 인한 타락시키는 지배로부터 우리를 해방하였는지를 살펴보았습니다. 그러나 하나님을 향하여 산다는 것이 무엇을 의미하는지 알아봄으로, 우리는 생명적 혹은 영적 연합의 영역으로 나아갑니다.

생명적 연합이란, 그리스도인과 예수 그리스도의 영적이고 유기적 연합입니다. 유기적 연합이라는 말은 살아 있는 연합이라는 말입니다. 예수님께서는 친히 이 유기적 연합에 대한 아주 좋은 예화를 들려 주셨습니다. 바로 요한복음 15:1-5에 나오는 포도나무와 가지의 예화입니다. 가지는 죽어 있는 상태에서 생명과 무관하게 단지 물리적으로 포도나무에 붙어 있는 것이 아니라 유기적 혹은 생명적 연합에 의해 포도나무에 붙어 있다는 것은 너무나 명백합니다. 마찬가지 방법으로, 믿는 자들은 그러한 방식으로 그리스도와 연합되어 있으며, 그래서 사도 베드로의 말을 빌면, 우리는 "신의 성품에 참예하게 되었습니다"(베드로후서 1:4). 즉, 가지들이 포도나무의 생명을 나누어 갖는 것과 동일하게 우리는 예수님의 생명을 나누어 갖습니다. 이 때문에 "그리스도 안에" 있는 것이 바울에게 있어서 그토록 중요했던 것입니다. 이것은 그에게 있어서, 무슨 신학적 개념이 아니었습니다. 그것은 그에게 있어서 그리스도인의 삶의 핵심이었습니다. 그것은 두 친구 사이의 긴밀한 관계 훨씬 그 이상입니다. 그것은 바로 그의 삶이었습니다. 바울은 가지가 포도나무의 생명에 참여하듯이 살았습니다. 그는 매일을 "그리스도 안에" 있는 자로서 살았습니다.

우리가 그리스도 안에 있을 뿐 아니라, 그분 또한 우리 안에 계십니다(갈라디아서 2:20, 에베소서 3:17). 그리스도께서는 우리를 새롭게 하고 더욱 그분 자신의 형상으로 변화시키기 위해 성령의 내주를 통해 우리 안으로 들어오십니다. 우리로 거룩한 삶을 살도록 하기 위해 그리스도께서 우리 안에 계십니다. 이 사실이 믿는 자들은 죄된 삶을 지속적으로 살거나 죄에 대해 지속적으로 뻔뻔스러운 태도를 취할 수 없다는 확신의 또 다른 근거가 됩니다. 우리가 그리스도를 의존하고 있다는 것에 대해서는 8장에서 공부하게 될 것입니다. 그러나, 이러한 의존은 자녀가 지원을 받기 위해 아버지를 의존하는 것과는 다릅니다. 자녀는 아버지 "안에" 있지 않습니다. 우리가 그리스도를 의존하는 것은 생명과 영양 공급을 위해 가지가 포도나무를 의존하는 것과 같습니다.

우리와 그리스도의 연합은 유기적이거나 생명적이기만 한 것이 아닙니다. 그것은 육체적 연합과 대비되는 영적 연합입니다. 그러나, 영적 차원은 육체적 차원만큼이나 실제적이요 현실적이라는 것을 명심해야 합니다. 우리 삶의 영적 차원을 눈으로 볼 수 없다는 것이 그것을 덜 실제적인 것으로 만드는 것이 아닙니다. 참으로 우리는 예수 그리스도의 생명에 참여하고 있습니다. 그분은 정말로 성령을 통해 우리 안에 내주하고 계십니다.

우리는 또한 앞부분에서 토의한 법적 연합이 이 생명적 연합을 보장해 준다는 것을 주목해야 합니다. 그리스도께서 죄에 대하여 죽으시고 하나님의 공의를 만족시키신 것이 우리 삶에서 은혜의 지배가 가능하도록 길을 열어 놓았습니다.

바울은 은혜는 무책임하고 죄악 된 행동을 조장한다는 생각에 대한 반박으로 로마서 6장을 시작했습니다. 그는 그렇게 되지 않을 뿐 아니라 그렇게 될 수도 없게 하는 것이 은혜의 특성이라는 것을 보여 주었습니다. 이 문제를 다루면서, 바울은 자연스럽게 의롭다 하심을 받는 것(칭의, 稱義)에서 성화(聖化) 즉 거룩한 삶의 추구로 주제를 바꿉니다. 다음 장에서 성화의 실제적 측면들을 다루기 시작하겠지만, 지금은 성화에 있어서 하나님의 은혜에 주의를 환기시키고 싶습니다.

모든 그리스도인은 은혜로 구원받는다는 것을 믿습니다(에베소서 2:8). 그러나 이 장에서 보았듯이 구원은 죄의 형벌로부터의 해방과 죄의 지배 즉 죄의 권세로부터의 해방, 이 두 가지를 포함합니다. 그리고 우리가 그리스도의 죽으심과 부활에서 그분과 법적 연합을 함으로 그분과의 생명적 연합이 보장되었고, 이를 통해 우리는 그분의 거룩한 성품에 참여할 수 있게 되었습니다. 우리가 그리스도인의 삶을 살기 위한 능력을 받는 것은 바로 이 생명적 연합을 통해서입니다.

이 모든 것이 하나님으로부터 온 것임을 주목하십시오. 죄의 형벌과 지배로부터 해방된 것은 그분의 은혜로 말미암은 것입니다. 만약에 하나님께서 그분의 은혜로 우리를 죄의 지배로부터는 해방하시고, 부활하신 아들과의 연합으로는 이끄시지 않으셨다면, 우리는 거룩한 삶의 추구에서 한 걸음도 앞으로 나아갈 수 없습니다. 구원은 은혜에 의한 것이며, 성화도 은혜에 의한 것입니다.

죄가 지배하지(왕노릇하지) 못하게 하라

바울은 동일한 표현을 서술문(사실의 진술)으로 나타내기도 하고 명령문(명령의 진술)으로 나타내기도 합니다. 예를 들면, 갈라디아서 3:27에서 그는 "누구든지 그리스도와 합하여 세례를 받은 자는 그리스도로 옷 입었느니라"고 했습니다(사실의 서술). 그러나 로마서 13:14에서는, "오직 주 예수 그리스도로 옷 입으라"고 권면합니다(명령). 이와 유사하게, 그는 많은 경우에 우리가 "그리스도 안에 있다"고 이야기합니다(예를 들면, 고린도전서 1:30, 고린도후서 5:17). 이 모든 것은 서술문으로 되어 있습니다. 그럼에도 골로새서 2:6에서는 그리스도 안에서 행하라고 권면합니다. 명령문입니다.

우리는 또 다른 예를 로마서 6:11-13에서 찾아 볼 수 있습니다. 바울은 믿는 자들은 죄의 지배권에 대해 죽었다는 것을 정성 들여 설명했습니다. 그러나 12절에서는 죄로 우리 죽을 몸에 왕노릇하지 못하게 하라고 권면했습니다. "우리가 죄의 지배권에 대해 죽었다면, 왜 죄로 우리 몸에서 왕노릇하지 못하게 하라는 권면을 들어야 할 필요가 있을까요?"라고 물을지 모릅니다. 어느 경우나, 바울은 기본적으로 "당신의 삶에서 복음에 합당하게 살아라. 하나님께서 그리스도 안에서 주신 모든 은혜의 자원들을 활용하고 이용하라"라고 말하고 있었습니다.

존 머리는 서술문과 명령문의 관계에 대한 좋은 예화를 들려줍니다. "만약 해방되지 않는 노예에게 '노예로서 행동하지 말라'고 하는 것은 그의 노예 상태에 대한 모욕이 될 것이다. 그러나 해방된 노예에게 동일한 말을 하는 것은 해방된 그의 특권과 권리를 활용하라는 필요한 권면이다."

우리는 로마서 6:12-13의 명령들을 다음 장들에서 살펴보게 될 것입니다. 그러나, 지금은, "이와 같이, 너희도 너희 자신을 죄에 대하여는 죽은 자요, 그리스도 예수 안에서 하나님을 대하여는 산 자로 여길지어다"라는 11절에 대해 살펴보도록 하겠습니다. 실제로 11절은 명령이며, 그러나 그것은 어떤 것을 하라는 것이 아니라 어떤 것을 믿으라는 권면입니다. 우리는 자신이 실제로 죄와 그로 말미암은 죄의 지배에 대해 죽었다는 사실을 믿어야 합니다. 존 머리 교수의 노예 예화를 빌자면, 우리는 자신이 진정으로 죄의 노예 상태에서 해방되었다는 것을 믿어야 합니다. 우리는 자신이 죄에 대하여 죽었다는 것을 믿어야 할 뿐 아니라, 또한 하나님을 대하여는 산 자요, 부활한 그리스도와 연합된 자요, 그분의 거룩한 성품에 참여하는 자임을 믿어야 합니다. 이 진리를 믿을 때라야 우리의 죽을 몸에서 죄가 왕노릇하지 못하게 하기 위한 용기를 가지게 됩니다. 그리고 이 진리를 의지할 때라야, 우리 안에 내주하사 죄에 대항할 수 있게 해주시는 성령의 능력을 경험할 수 있습니다. 그 결과, 우리는 죄로 우리 안에서 왕노릇하지 못하게 할 수 있는 것입니다.

미국과 구소련 사이에 오랫동안 냉전이 벌어지고 있을 때, 구소련의 한 공군 조종사가 자신의 비행기를 몰고 구소련의 기지를 떠나 일본에 있는 미국의 기지로 날아와서 보호를 요청했습니다. 그는 미국으로 와서 망명 동기 등에 관한 조사를 받고 새로운 신분을 얻었고, 미국의 정식 거주자가 되었습니다. 얼마 있지 않아 그는 미국 시민이 되었습니다.

이 조종사의 경험이 우리가 죄에 대하여 죽고 하나님을 향하여 살게 되었을 때 일어나는 일을 어느 정도 설명해 줍니다. 그는 소속 국가를 바꾸었습니다. 그는 새로운 신원을 갖게 되었고 새로운 신분을 얻었습니다. 그는 더 이상 소련 사람이 아니며, 이제는 미국 시민이 되었습니다. 그는 더 이상 당시의 강압적이고 전체주의적인 정부의 통치하에 있지 않습니다. 이제 그는 자유롭고 부유한 나라의 시민으로서의 모든 특권과 자원들을 마음대로 사용할 수 있게 되었습니다.

그러나, 이 조종사는 여전히 같은 사람입니다. 그는 구소련을 탈출하기 전과 같은 개성, 같은 습관, 그리고 동일한 문화적 양식을 가지고 있습니다. 그러나 그는 새로운 신분과 신원을 가지게 되었습니다. 자유 국가의 시민으로서의 새로운 신분과 신원으로 말미암아 그는 이제 자유인으로 살아가며, 속박 하에서 살던 사람의 사고 방식을 버리며, 전제 정권의 치하에서 살던 사람의 습관이나 버릇을 벗어버리기 위한 기회를 가지고 있습니다. 더 나아가, 미국 정부가 소련에 대한 정보를 수집하는 것을 도운 자로서, 그는 미국 시민으로의 성공적인 변화에 필요한 모든 자원들을 공급받았습니다.

사실, 이 소련의 조종사는 소련 시민으로서의 옛 신원에 대해서는 "죽었으며," 미국 시민으로서 새로운 신원으로 "살아났습니다." 미국인으로서, 그는 이미 얻은 미국 시민으로서의 신분적 권리를 실제로 누리며 살기 위해 미국 정부가 제공하는 모든 자원을 마음대로 활용할 수 있게 되었습니다. 그러나 이 모든 일은 먼저 그의 신분상의 변화가 없이는 일어날 수가 없습니다.

예수님을 믿음으로 죄에 대해 죽을 때, 우리는 죄라는 전제적인 정권의 속박 아래 있게 만드는 신분에 대해 죽었습니다. 동시에, 우리는 하나님의 나라의 시민권을 얻었으며, 예수 그리스도와의 생명적 연합을 통하여, 우리가 이미 얻은 천국 시민으로서의 신분과 권리를 실제 삶에서 누리며 살기 위한 모든 자원을 공급받습니다. 우리에게는 "너희는 죄로 너희 죽을 몸에 왕노릇하지 못하게 하라"는 명령문과 "우리는 죄에 대해 죽었다"라는 서술문을 일치시키기 위해 필요한 모든 것이 주어졌습니다. 그러나 이것은 우리 신분의 변화가 없이는 일어날 수가 없습니다. 그리고 우리의 신분은 그리스도의 죽으심과 부활하심에서 그분과 법적 연합을 함으로 영원히 변화됩니다.

이 사실을 믿고 의지해야 합니다. 죄의 지배권에 대해 죽었고 이제는 하나님을 향하여 살아났으며, 그분의 은혜의 지배를 받고 있다는 사실을 하나님의 말씀을 믿음으로 굳게 붙들어야 합니다. 그렇지 않으면, 하나님의 은혜가 아니라 스스로의 의지력으로 거룩한 삶을 추구하게 될 것입니다.

그러므로 거룩한 삶을 추구하라는, 즉 우리 죽을 몸에 죄가 왕노릇 하지 못하게 하라는 명령은 은혜로운 사실에 기초하고 있습니다. 즉, 그리스도께서 죄에 대하여 죽으시고 하나님을 향하여 살아나신 것에서 우리가 그분과 연합하는 것을 통해, 하나님께서는 우리에게 거룩한 삶을 추구하는 데 필요한 모든 자원들을 공급해 주셨습니다.

그러므로, 우리는 "죄가 더한 곳에 은혜가 더욱 넘쳤다"(로마서 5:20)라는 진리는 죄를 더 짓기 위한 기회를 제공하는 것이 아니라, 죄를 다루며 거룩한 삶을 추구하는 데서 진보를 나타낼 수 있도록 하나님께서 제공해 주신 유일한 것이라고 볼 수 있습니다. 그래서 나는 1장에서, 거룩한 삶을 추구하는 것은 우리 쪽에서 최선의 노력이 필요하긴 해도 하나님의 은혜에 굳게 닻을 내려야 한다고 말했던 것입니다.

5

은혜로 하는 훈련

모든 사람에게 구원을 주시는
하나님의 은혜가 나타나, 우리를 양육하시되,
경건치 않은 것과 이 세상 정욕을 다 버리고,
근신함과 의로움과 경건함으로 이 세상에 살고.
디도서 2:11-12

나는 모순 어법을 즐깁니다. 그것은 서로 모순 되는 낱말이 연결되는 표현법인데 흔히 익살스럽습니다. 예를 들면, 뜨거운 냉장고라든지, 공공연한 비밀, 애 늙은이 등등이 있습니다. 우리가 종종 부르는 보이스카웃의 캠프송 "오 수재너"에 나오는 가사 몇 줄이 대표적인 것입니다.

내가 떠나던 날은 밤새도록 비가 내리고
날씨는 건조했지.
태양은 너무나 뜨거워 나는 얼어죽을 지경.
수재너, 울지 말아요.

이 장의 제목이 어떤 사람이 보기에는 모순 어법처럼 느껴질 것입니다. 그들에게 있어서, 훈련이라는 것은 제한과 율법주의와 규칙과 규정과, 즐거워하는 사람을 보면 눈살을 찌푸리는 하나님을 암시합니다. 반면, 은혜는 모든 형태의 규칙으로부터의 자유, 자발적이고 틀에 짜맞추지 않는 삶, 그리고 우리의 죄악 된 행동과 무관하게 무조건적으로 우리를 사랑하시는 하나님을 마음속에 떠오르게 하는 것 같습니다.

그러한 생각은 은혜와 훈련 둘 다에 대한 오해를 반영합니다. 사실, 우리는 이 장의 서두에 나오는 성경 구절에서, 우리에게 구원을 주는 그 은혜가 또한 우리를 훈련한다는 것을 알 수 있습니다. 그 구절은 사실 "하나님의 은혜가… 우리를 양육한다"로 됩니다. 양육이라는 용어는 원래 자녀들을 양육하는 것을 나타내기 위해 사용되는 용어로서, 가르치는 것뿐만 아니라, 권면, 책망, 그리고 징벌, 기타 아이의 유익을 위해 사랑 가운데서 행하는 모든 것을 포함했습니다. 사도 바울은 동일한 단어를 에베소서 6:4에서 사용했는데, 거기서 그는 아비들에게 자녀들을 주의 교양과 훈계(즉 훈련)로 양육하라고 권면하였습니다.

영적인 의미로는, 훈련은 모든 가르침, 책망과 바로잡음, 그리고 섭리적으로 우리 삶에 주어진 고난 등, 우리의 영적 성장과 경건한 성품을 도모하기 위해 주어진 모든 것을 포함합니다. 그리고 비록 육체적인 영역에서는 아이들은 어른이 되고 나면 더 이상 부모의 훈련을 받지 않으나, 영적인 영역에서는 우리는 살아 있는 한 계속 아버지이신 하나님의 훈련 아래 있습니다.

그러므로 우리가 알 수 있듯이, 우리에게 구원을 가져온 동일한 은혜가 또한 우리로 하나님을 기쁘시게 하는 삶을 살도록 훈련합니다. 모든 하나님의 훈련 과정은 그분의 은혜 – 우리를 향한 그분의 과분하고 무조건적인 은총 – 에 토대를 두고 있습니다. 우리는 훈련을 우리가 지키거나 도달해야 할 규칙과 수준들과 동일한 것으로 여기는 경향이 있으나, 하나님께서는 우리 영혼을 위한 사랑의 보살핌과 동일한 것으로 취급하십니다.

처음으로 제자도에 대해 배울 때, 나는 7가지 영적 훈련들의 목록을 받았습니다. 이것들은 내가 매일 실행해야 하는 것으로서, 날마다 갖는 경건의 시간, 성경공부, 성경암송, 그리고 기도 등을 포함하고 있었습니다. 이 훈련들은 모두 나에게 아주 도움이 되었으며, 나는 그 하나 하나에 대해 고마움을 느낍니다. 그것들은 나의 영적 성장을 위한 토대를 형성했습니다.

그러나, 그러한 훈련들을 배워 가는 가운데 나는 하나님과의 매일의 관계가 내가 얼마나 그러한 훈련들을 성실하게 행했는지에 달려 있는 것으로 믿게 되었습니다. 하나님께서 나의 성취에 따라 나를 인정하고 있다고 말해 준 사람은 아무도 없었습니다. 그러나, 나는 내가 영적 훈련을 하는가에 따라 하나님께서 미소를 짓기도 하시고 얼굴을 찌푸리시기도 한다는 막연한 생각을 가지게 되었습니다. 경건의 시간 등에서 충실하라는 도전은 그 자체로선 선한 것이긴 해도, 이러한 생각을 갖는 데 기여했던 것입니다.

내 생각이 유별난 것은 아닙니다. 내 친구 하나는 대학 캠퍼스에서 선교 사역을 하고 있는데 날마다 경건의 시간을 갖는 데 특별히 부지런한 한 학생을 알고 있습니다. 한번은 그 학생에게 왜 그렇게 철저히 그 시간을 갖고 있는지 물어 보자, 그 학생은 "좋지 않은 일이 일어나지 않게 하기 위해서죠"라고 대답하더라고 했습니다. 그 젊은이는 은혜가 아니라 율법주의에 의해 훈련을 하고 있었습니다.

우리는 본성적으로 성취 지향적이며, 때로는 우리의 문화나 성장 배경이 이러한 율법적인 사고 방식을 부추기기도 합니다. 너무나 자주 부모는 자녀의 성적이나 성취에 기초하여 자녀에 대한 태도를 결정하며, 이러한 경향은 우리 사회에도 존재합니다. 이러한 사고 방식을 하나님과 우리의 관계에도 그대로 적용시킵니다. 그리하여 하나님께서 우리를 훈련시키시는 것에서든, 혹은 스스로 선하고 도움이 되는 영적 훈련들을 실행하는 것에서든, 우리는 자신을 훈련하는 것은 하나님의 은혜가 아니라 하나님의 "법"으로 생각하는 경향이 있습니다.

그럼에도, 바울은 애초에 우리에게 구원을 가져 온 그 은혜 – 하나님의 과분한 은총 – 가 우리를 훈련한다고 했습니다. 이것은 하나님께서 우리를 다루시는 데 대해 우리가 나타내는 반응과 모든 영적 훈련을 실행하는 것은 하나님께서 은혜로 우리를 다루신다는 지식에 기초해야 한다는 것을 의미합니다. 그리고 다른 사람들에게 경건한 삶과 영적인 성숙에 대해 가르치려고 할 때 언제나 하나님의 은혜에 강조점을 두어야 한다는 것을 의미합니다. 훈련이 은혜에 의해 이루어진다는 것을 가르치지 않으면, 사람들은 나처럼 그것이 자신의 노력으로 되는 것인 양 생각하게 됩니다.

이 때문에 우리는 그리스도를 믿은 후에도 복음을 선반 위에 올려놓아서는 안 되는 것입니다. 하나님께서 우리의 행위가 아니라 은혜로 우리를 구원하신다는 것을 믿는 데 어려움을 느끼는 것만큼, 날마다 은혜를 기초로 우리를 대우하신다는 것을 믿는 데도 어려움을 느낄 것입니다. 그러므로 우리는 매일 우리 자신에게 복음을 전해야 할 뿐 아니라, 우리가 교회학교나 성경공부 그룹이나 혹은 일대일 양육 등 어떤 식으로든 훈련을 시키고 있는 사람들에게도 복음을 자주 전해야 합니다. 제자도는 하나님의 은혜에 토대를 두어야 합니다.

구원과 훈련은 뗄 수 없는 관계에 있다

디도서 2:11-12에서 알 수 있는 또 다른 진리는, 구원과 영적 훈련은 뗄 수 없는 관계에 있다는 것입니다. 우리에게 구원을 가지고 온 은혜가 또한 우리를 훈련합니다. 어느 하나만 행하지는 않습니다. 즉 하나님께서는 어떤 사람을 구원하시고 나서는 성숙되지 못하고 죄악된 생활 양식을 계속 유지하도록 홀로 내버려두시지 않는다는 말입니다. 하나님께서는 구원하신 사람을 또한 훈련시키십니다. 바울은 이에 대해 빌립보서 1:6에서 이렇게 표현했습니다: "너희 속에 착한 일을 시작하신 이가 그리스도 예수의 날까지 이루실 줄을 우리가 확신하노라."

이 진리는 우리에게 격려를 주기도 하고, 정신이 번쩍 들게도 합니다. 우리의 영적 성장이 우리의 주도권에 맡겨져 있지도 않고, 또한 어느 영역에서 어떤 방향으로 자라 가야 하는지에 대한 우리의 지혜에 달려 있지도 않다는 것을 확신시켜 주기 때문에 격려를 줍니다. 우리의 영적 성장 과정을 시작하시고 지휘 감독하시는 분은 하나님이십니다. 이 말은 하나님께서 우리 삶에서 행하시는 영적 훈련에 대해 반응을 나타내야 할 책임은 우리에게 있지만, 그 훈련을 관리하고 계신 분은 하나님이시라는 말입니다.

물론, 하나님께서는 목사나 영적 지도자들과 성숙한 그리스도인들을 대리인으로 사용하시기도 하며, 또한 우리를 훈련하시기 위해 여러 가지 수단을 사용하십니다. 기본이 되는 수단은 하나님의 말씀과 환경입니다. 그러나 궁극적인 책임을 지고 계시는 분은 하나님이십니다. 명철이 한이 없으신 하나님께서는 어떤 시기에 어떤 수단들을 사용하셔야 하는지를 정확하게 알고 계십니다. 그러므로 우리는 하나님을 신뢰하고 순종해야 하며, 히브리서의 말씀처럼, "그 앞에 즐거운 것을 예수 그리스도로 말미암아 우리 속에 이루시기를"(13:21) 기도해야 합니다.

동시에 하나님의 은혜와 영적 훈련이 서로 뗄 수 없는 관계에 있다는 것은 정신을 번쩍 들게 하는 진리이기도 합니다. 기독교계를 돌아 보면, 특히 미국의 경우에는, 그리스도를 믿고 있다고 주장하는 수많은 사람들이 은혜의 훈련 가운데 어떤 것도 경험해 보지 못한 것을 알 수 있습니다. 그들은 예배에 참석해 왔고, 교인 등록 카드에 기재도 했으며, 심지어 기도를 하기도 했지만, 은혜가 그들에게 절제되고 올바르고 경건한 삶을 살도록 가르치는 것은 고사하고, 불경건함과 세상 정욕을 거부하는 것도 가르치고 있지 않습니다. 근본적으로, 그들의 삶은 그리스도를 믿기 전과 별로 다를 바가 없습니다.

이러한 사람들에 대해 생각할 때면, 히브리서 12:8 말씀이 떠오릅니다: "징계(훈련)는 다 받는 것이거늘, 너희에게 없으면 사생자요 참 아들이 아니니라." 그리고 예수님께서는 친히 이렇게 말씀하셨습니다: "나더러 '주여, 주여' 하는 자마다 천국에 다 들어갈 것이 아니요, 다만 하늘에 계신 내 아버지의 뜻대로 행하는 자라야 들어가리라"(마태복음 7:21). 영생의 상속자들은 단지 무슨 고백을 한 사람들이 아니라, 그들의 삶에서 하나님께서 자녀를 훈련시키시는 증거를 찾아볼 수 있는 사람들입니다.

이 진리는 우리 각 사람이 깊이 생각해 보아야 할 것입니다. 하나님의 은혜가 우리를 훈련하고 있습니까? 사도 바울은 "너희가 믿음에 있는가 너희 자신을 시험하고, 너희 자신을 확증하라. 예수 그리스도께서 너희 안에 계신 줄을 너희가 스스로 알지 못하느냐? 그렇지 않으면 너희가 버리운 자니라"(고린도후서 13:5)라고 했습니다. 그리고 사도 베드로는 "더욱 힘써 너희 부르심과 택하심을 굳게 하라"(베드로후서 1:10)라고 우리에게 권면합니다. 3장에서 복음에 대해 살펴보았습니다. 이 복음에 나타나 있는 바와 같은 예수 그리스도를 당신의 구세주로 진정으로 믿고 있습니까? 예수 그리스도와의 연합을 통해 죄의 지배권, 다시 말해 죄의 왕노릇에 대해 죽었다는 무슨 증거가 있습니까? 하나님의 은혜가 당신 안에 역사하여 영적으로 성장하도록 훈련하고 있습니까? 당신의 솔직한 대답이 "아니오"라면, 나는 "내게 오는 자는 내가 결코 내어 쫓지 아니하리라"(요한복음 6:37) 말씀을 믿고 주님께로 나아가도록 촉구하는 바입니다.

　이 시점에서 분명히 하고 넘어갑시다. 우리는 구원을 얻기 위해 거룩한 삶을 추구하거나 하나님의 훈련의 증거들을 찾지 않습니다. 그것은 행위로 구원을 얻고자 하는 것이 될 것입니다. 오히려, 우리 삶에서 하시는 하나님의 훈련과 우리 쪽에서 거룩한 삶을 추구하고자 하는 열망은 아무리 그것이 희미할 것일지라도, 믿음으로 구원이라는 선물을 받은 데 따른 필연적인 결과라는 것입니다. 마르틴 루터는 종종 "우리는 오직 믿음으로 구원을 받는다. 하지만 구원하는 믿음은 결코 그것만으로 존재하지는 않는다"라고 말하곤 했습니다.

　친구나 친척들 가운데 그리스도인이라고 자처하지만 삶에서 은혜의 훈련의 증거를 찾아볼 수가 없는 사람들이 많이 있을 것입니다. 흔히 우리는 그러한 사람들의 삶에서 성령의 역사의 증거들을 찾아볼 수 없기는 해도 그들도 과거 언젠가 주님을 믿는다고 고백을 했기 때문에 그리스도인일 것이라는 근거 없는 희망에 매달립니다. 은혜가 진정으로 역사하고 있다는 증거를 보이지 않는 자녀들에 대해 부모들이 특히 이렇게 생각하는 경향이 있습니다. 그들은 자녀들이 그리스도 안에 있지 않을 가능성을 애써 부인하는 것입니다.

　우리는 다른 사람이 구원을 받았는지를 결정할 수 없다는 것이 분명하며, 어떤 사람을 그리스도인이 아니라고 단정할 수도 없습니다. 그럼에도, 영적 생명에 대한 어떤 증거도 없는데도 이에 대해 너무 안일하게 대하지 않아야 합니다. 막연한 희망 사항에 매달리기보다는 그를 구원해 달라고 간절히 기도하거나, 하나님께서 그를 구원해 주셨다면 그의 삶에서 은혜의 훈련을 시작해 달라고 기도하십시오.

은혜는 "아니오"라고 말하도록 가르친다

디도서 2:11-12에서 찾아볼 수 있는 또 다른 진리는, 하나님의 은혜가 우리 가운데서 행하시는 훈련은 부정적인 측면과 긍정적인 측면 둘 다를 가지고 있다는 것입니다. 이는 부모가 자녀들을 훈련시키는 것을 생각해 보면 그리 놀랄 일이 아닐 것입니다. 모름지기 책임감이 있는 부모라면 누구나 자녀들에게 있는 잘못된 행동들을 다루기 원할 뿐만 아니라 긍정적인 특성들은 더 발전시켜 주기 원할 것입니다. 둘 다가 자녀의 훈련에 필요하듯이, 영적 훈련의 영역에서도 필요합니다.

은혜는 먼저 우리에게 경건치 않은 것과 이 세상 정욕을 버리도록 가르칩니다. 경건치 않은 것이란 보통 사악함과 동등한 것으로 여길 수 있습니다. 즉 부도덕, 부정직, 잔인함, 악함, 혹은 품위 없는 행동 등입니다(예를 들면, 로마서 1:18-32 참조). 그러나, 보다 넓은 의미에서는 기본적으로, 하나님을 경시하는 것, 하나님을 무시하는 것, 혹은 자신의 삶에서 하나님을 고려하지 않는 것 등을 포괄합니다. 그것은 하나님께 대한 경외심과 공경심이 없는 것입니다. 로마서 1:18-32에서 볼 때 사악함의 시작은 "하나님을 알되 하나님으로 영화롭게도 아니하며, 감사치도 아니하는 것"(21절)입니다. 이러한 보다 넓은 의미에서 보면, 아주 도덕적이고 심지어 자비로운 사람일지라도 여전히 경건치 않은 것입니다.

최근에 한 출판사에서 역사상 위대한 인물들에 관한 책을 펴냈는데, 그 책에 대해 어떤 사람이 쓴 서평을 읽은 적이 있습니다. 서평을 한 사람은 그 책이 알렉산더 대제와 같은 역사상 위대한 인물들은 충분히 다루고 있으나, 모세나 아브라함, 다윗 같은 성경의 위대한 인물들에 대해서는 일언반구의 언급이 없다는 것을 지적했습니다. 더욱 놀라운 것은 그 책이 연대를 표시하면서 BC와 AD를 사용하는데도, 예수 그리스도에 대해서는 한 번의 우연스러운 언급조차도 없다는 것이었습니다. 그 책의 편집자는 예수님의 이름을 언급조차 하지 않았지만, 연대를 나누는 기준이 되는 그분의 역사적 실체를 자기도 알지 못하는 가운데 증언하고 있었습니다.

나는 그 출판사의 편집자들은 훌륭하고, 예의바른 사람들이요, 당신이 호감을 느낄 만한 그런 사람들일 것이라고 생각합니다. 그러나 그들이 편집한 책만을 보면, 그들은 경건치 않은 사람들입니다. 그들은 하나님께 관심이 없습니다.

그리스도를 구주로 믿을 때, 우리는 경건치 않은 경향을 가진 채 그리스도인의 삶을 시작합니다. 그 출판사의 편집자들처럼, 우리는 하나님을 개의치 않고 사는 데 익숙합니다. 불신자일 때 우리는 그분의 영광도 그분의 뜻도 안중에 없었습니다. 근본적으로, 우리는 그분을 무시했습니다. 그러나 우리는 죄의 지배로부터 해방되고 은혜의 지배 아래로 옮겨졌으므로, 은혜는 경건치 않은 이러한 태도(행동은 물론)를 버리도록 우리를 가르칩니다. 분명 이러한 훈련은 단번에 이루어지지는 않습니다. 사실, 하나님께서는 우리가 이 지상에 살고 있는 한 계속 우리 삶에서 불경건한 경향을 없애 가실 것입니다.

은혜는 또한 우리로 세상 정욕들을 버리도록, 즉 소유, 명예, 쾌락, 권력 등과 같은 이생의 것들에 대한 지나친 욕망을 가지거나 이런 것에 마음이 온통 빼앗기지 않도록 우리를 가르칩니다. 세상적인 욕망을 갖는 것은 바울이 우리에게 가지라고 권면한 태도의 반대입니다: "세상 물건을 쓰는 자들은 다 쓰지 못하는 자같이 하라. 이 세상의 형적은 지나감이니라"(고린도전서 7:31).

경건치 않음과 세상 정욕을 버린다는 것은 무엇을 의미합니까? 기본적으로 그것은 그러한 태도와 관행들을 단절하는 것을 의미합니다.

어떤 의미에서 이러한 단절은 우리가 죄의 지배에 대해 죽을 때 일어난 거룩한 행위입니다. 사실, 헬라어 원문의 시제를 보면, 이미 경건치 않음과 세상 정욕을 부인해 왔다는 것을 보여 줍니다. 그러나, 또 다른 의미에서는, 육신의 잘못된 행위를 죽임으로써 이를 실행에 옮겨야 합니다(로마서 8:13). 우리는 이러한 개념을 11장에서 더 발전시킬 것입니다. 그러나, 여기서는 세상 정욕을 버리는 것은 "영혼을 거스려 싸우는 육체의 정욕을 제어하는 것"(베드로전서 2:11)을 의미합니다. 그것은 이러한 욕망들은 "썩어져 가는 것"이며(에베소서 4:22), "악한 것"(야고보서 1:14)으로 인정하고, 그것들이 주겠다고 하는 즐거움과 하라고 꾀는 행동을 거부하는 것을 의미합니다.

은혜는 "예"라고 말하도록 가르친다

때때로 우리는 그리스도인의 삶은 주로 "이것을 하지 말라" 혹은 "저것을 하지 말라"와 같은 금지 사항으로 구성되어 있는 것 같은 인상을 받습니다. 금지 사항들은 분명 우리의 영적 훈련의 중요한 부분입니다. 십계명 중의 여덟 가지가 "하지 말라" 식의 금지 사항인 사실을 봐도 그렇습니다(출애굽기 20:1-19). 우리는 십계명에 나오는 금지 사항뿐 아니라, 신약성경에 나오는, 그리스도인의 삶과 관련한 여러 금지 사항들도 필요로 합니다. 우리 안에 거하는 죄는 끊임없이 세상 정욕을 향하는 경향이 있으며, 그러므로 그것을 끊임없이 억제하는 것이 필요합니다.

그러나 그리스도인의 삶에서는 또한 그리스도를 닮은 긍정적인 성품들을 키워 가야 하며, 이것들을 바울은 갈라디아서 5:22에서 성령의 열매라고 불렀습니다. 사실, 윤리에 관한 바울의 가르침은 옛 사람을 벗어버리고 새 사람을 입는 이 두 가지로 특징지을 수 있습니다.

예를 들면, 에베소서 4:22-24에서 그는 "너희는 유혹의 욕심을 따라 썩어져 가는 구습을 좇는 옛 사람을 벗어 버리고, 오직 심령으로 새롭게 되어, 하나님을 따라 의와 진리의 거룩함으로 지으심을 받은 새 사람을 입으라"고 기록했습니다.

"벗어 버리고" "입는" 이 두 가지는 마치 가위의 두 날과 같다고 생각합니다. 쉽게 알 수 있듯이, 가위의 날 하나만으로는 가위의 역할을 하지 못합니다. 두 개의 날은 하나로 결합되어야 하며, 효과적으로 기능을 발휘하기 위해서는 함께 일해야 합니다. 이와 비슷하게, 우리는 옛 사람의 특성들을 벗어버리기 위해 노력하는 동시에 새 사람의 특성들을 입기 위해 노력해야 합니다. 어느 하나만 가지고는 효과적이지 않습니다.

죄악 된 행동들을 벗는 데는 초점을 두고 있으면서도 입어야 할 것에는 별로 관심을 기울이지 않는 그리스도인들이 있습니다. 흔히 그러한 사람들의 삶은 경직되고, 차갑고, 자기 의에 빠지는 삶이 됩니다. 이는 경건함을 "하지 말라"들의 목록과 동일한 것으로 여기기 때문입니다. 한편, 긍정적인 성품들, 예를 들면 사랑, 긍휼, 온유 등을 입는 데만 관심을 기울이고 있는 그리스도인들도 있습니다. 그러나 성경의 "하지 말라"들에 신경을 쓰지 않으면, 그들은 윤리적 도덕적으로 조심성 없는 삶을 살게 될 것입니다. 그러므로 "벗는 일"과 "입는 일" 둘 다에 초점을 맞추어야 하며, 각각은 똑같이 관심의 대상이 되어야 합니다.

우리가 살펴보고 있는 디도서의 구절에서, 그리스도인의 삶에서 "하라"의 측면은 "근신함과 의로움과 경건함으로 이 세상에 살고"라는 말로 표현되고 있습니다. 이 세 가지 단어, 즉 근신, 의로움, 경건함은 많은 주석가들이 자기 자신과, 이웃과, 하나님과 관련한 행동들을 가리키는 것으로 여기고 있습니다. 근신, 즉 자기 제어는 명백히 죄악 된 것들을 철저히 거부하고 삶에서 선하고 올바른 것들을 행하기 위해 우리에게 필요한 절제를 의미합니다. 의로움이란 다른 사람들을 향한 올바른 행동을 가리키며, 우리가 대접받고 싶은 대로 그들을 대접하는 것입니다(마태복음 7:12). 경건함이란 우리 삶의 모든 면에서 하나님의 영광과 하나님의 뜻을 고려하는 것이요, 하나님을 향한 사랑과 공경심으로 말미암아 모든 것을 행하는 것입니다.

매튜 헨리는 디도서 2:12에 대한 주석에서 경건함에 대해 잘 묘사했는데, 큰 도움이 됩니다:

> 하나님의 명령들에 순종하여, 거룩한 사랑과 하나님께 대한 경외심이라는 원리를 따라, 그분을 기쁘시게 하고 그분께 영광돌리고자 하는 올바른 목적으로, 개인적이고 상대적인 의무들을 행해야 한다. 그러나 우리가 하나님을 위해 이행해야 하는 특별하고 절대적인 의무가 있다. 즉 그분의 존재와 온전하심을 믿고 인정하며, 그분께 내적인 예배와 외적인 예배를 드리고 경의를 표하며, 그분을 사랑하고, 경외하며, 신뢰하고, 그분을 의지하며, 우리 자신을 그분께 헌신하고, 그분께서 주신 모든 종교적인 의무들과 규정들을 지키며, 그분께 기도하며, 그분을 찬양하며, 그분의 말씀과 하신 일들을 묵상해야 한다.

실제적인 그리스도인의 삶

사도 바울은 그리스도인의 삶에서 우리가 행해야 할 세 가지 의무를 세 단어로 요약했습니다: 근신, 의로움, 경건함. 하나님의 구원하시는 은혜가 윤리적인 삶으로 나타나는 것을 설명하고 있는 이 구절은 디도서 2:1부터 3:2까지 일련의 도덕적인 권면들을 하는 중에 나옵니다. 여러 다양한 그룹 – 늙은 남자, 늙은 여자, 젊은 여자, 젊은 남자, 종, 디도 자신, 그리고 마침내는 모든 그리스도인들 – 의 사람들의 실제적인 영적 필요들과 관련한 교훈들이 주어졌습니다. 이러한 구체적인 교훈들로부터 우리는 그가 근신하고, 의롭고, 그리고 경건한 삶이라고 했을 때 의미하고자 한 바를 구체적으로 파악할 수 있습니다.

성경의 이 부분은 너무나 많은 간단 명료한 지시들을 담고 있어, 이것들을 자세히 설명한다는 것은 기본적으로 이 구절들을 다시 반복해서 말하는 것에 지나지 않을 것입니다. 그 구절들을 기도하는 가운데 읽어 보면서, 실제적인 그리스도인의 삶에 관한 바울의 교훈들에 비추어 당신의 삶을 평가해 보십시오. 당신 자신에게 특히 해당되는 부분(예를 들면, 늙은 남자, 늙은 여자, 젊은 여자 등)에만 관심을 기울이지 않도록 주의하십시오. 각 부분에 있는 덕목들은 나이와 성별에 관계없이 모든 그리스도인들에게 해당되는 것들입니다.

나는 바울이 우리 그리스도인들이 불신자들 앞에서 나타내는 간증의 중요성을 강조한 세 가지 내용에 당신의 관심을 불러일으키고 싶습니다. 디도서 2:5에서, 그는 "이는 하나님의 말씀이 훼방을 받지 않게 하려 함이니라"라고 했으며, 8절에서는 "이는 대적하는 자로 하여금 부끄러워 우리를 악하다 할 것이 없게 하려 함이라"고 기록했으며, 종들에게 권면을 하면서는 "이는 범사에 우리 구주 하나님의 교훈을 빛나게 하려 함이라"(10절)고 마무리하고 있습니다.

바울은 분명 그레데 섬 그리스도인들의 삶의 간증에 대해 걱정하고 있었습니다. 로마서에서 그는 유대인들에게 "하나님의 이름이 너희로 인하여 이방인 중에서 모독을 받는도다"(로마서 2:24)라고 했는데, 그는 그레데의 그리스도인들에 대해서도 비슷한 염려를 한 것이 분명합니다. 오늘날 우리에 대해서는 뭐라고 말하겠습니까? 불신 세계는 점점 더 진정한 기독교 신앙에 대해 적대적이 되어 감에 따라 하나님과 그분의 말씀을 비웃기 위해 우리 삶에서 모순점들을 찾기 위해 더 애를 쓸 것입니다.

500여 년 전, 종교 개혁자 존 칼빈은 비슷한 염려를 나타냈습니다.

> 그들(불경건한 자들)이 우리 삶에서 포착할 수 있는 모든 나쁜 것은 그리스도와 그분의 가르침에 대항하여 악의적으로 왜곡된다. 그 결과, 우리의 잘못으로 인해 하나님의 거룩한 이름이 욕을 먹게 된다. 우리가 대적들의 주목을 받고 있다는 것을 알면 알수록 우리는 그들의 비방을 피하기 위해 열심히 노력해야 하며, 그리하여 더 잘 행하고자 하는 우리의 열망은 그들의 악의로 말미암아 강화되어야 한다.

그러므로, 우리는 삶의 모든 면에서 본이 되는 삶을 살며, 그리스도와 복음을 위해 최선을 다해야 합니다. 일을 할 때나, 놀 때나, 운전을 할 때나, 가게에서 물건을 살 때에도, 우리는 불신자들이 나쁘게 말할 것이 없게 행할 뿐 아니라, 도리어 그들이 우리 삶에서 역사하는 복음을 보고, 복음에 마음이 끌리도록 해야 합니다.

그리스도인의 삶의 실제적인 면에 대한 지침들은 "입고" "벗는 것"에 대해 언급하고 있는 에베소서에서도 찾아볼 수 있습니다. 나는 에베소서 4:22-24에 나와 있는 이 기본적인 원리에 대해 이미 주의를 환기한 바 있습니다. 그러나 이 원리에 대해 언급한 직후, 바울은 이 원리를 어떻게 적용할 수 있는지에 대해 구체적인 예들을 제시하고 있습니다. 우리는 거짓을 버리고 참된 것을 말해야 합니다(4:25). 도둑질을 일삼던 사람들은(예를 들면, 회사 경비 사용이나 세금 납부에서) 더 이상 도둑질을 말아야 합니다. 대신, 그들은, 그리고 우리 모두는, 궁핍한 사람들과 나누는 삶을 배워야 합니다(28절).

바울이 도둑질을 하는 것과 다른 사람에게 나누어 주는 것을 대비시킨 것은 죄된 특성을 벗어버릴 뿐만 아니라 경건한 성품을 입어야 한다는 개념을 잘 가르쳐 주고 있습니다. 만약 우리 교제 중에 있는 어떤 사람이 도둑질을 해오다가 그러한 습관을 확고히 버렸다면, 우리는 그 대단한 승리에 대해 함께 즐거워할 것입니다. 그러나 바울은 그 사람이 궁핍한 다른 사람을 돕는 후한 태도를 갖게 될 때까지는 만족하지 않을 것입니다. 그 사람은 부정직을 벗어 버릴 뿐만 아니라 후한 성품을 입어야 합니다.

돈과 소유에 대해 우리가 가질 수 있는 세 가지 태도가 있습니다:

* "당신의 것도 내 것이다. 난 그걸 취할 것이다."
* "내 것은 내 것이다. 난 그걸 지킬 것이다."
* "내 것은 하나님 것이다. 난 그걸 다른 사람과 나눌 것이다."

첫 번째 태도가 도둑의 태도입니다. 두 번째는 전형적인 사람들의 태도이며, 애석하게도 많은 그리스도인들의 태도이기도 합니다. 세 번째 태도는 우리가 입기를 힘써야 할 태도입니다. 도둑질을 그만두는 것으로는 불충분하고, 우리는 마땅히 나누는 법을 배워야 합니다.

옛 성품을 벗고 새 성품을 입는 원리는 우리의 언어 생활과도 관계가 있습니다(에베소서 4:29). 우리는 더러운 말(상스럽거나 음란한 말뿐만 아니라, 비난, 불평, 한담 등등도)은 벗어 버려야 하며, 다른 사람을 세워 주고 덕을 세우는 말을 입어야 합니다. 쓴 뿌리, 분노 등과 같은 부정적인 감정과, 떠들썩하게 싸우는 것, 중상 모략 등과 같은 모든 죄된 행동을 벗어 버리고 인자, 긍휼, 용서로 대체하여야 합니다

(31-32절).

모든 종류의 음행과 더러운 것은, 행동뿐만 아니라 말, 생각, 그리고 욕망 등에서도 제해야 합니다. 그런 것은 이름도 부르지 말아야 합니다. 어떤 종류의 음란함이나, 익살스럽기는 하나 조잡한 농담도 피해야 합니다. 대신, 믿는 이들의 언어의 특징은 감사로 가득한 것이어야 합니다(5:3-4).

왜 바울은 감사하는 것을 희롱의 말과 대비시켰을까요? 하나는, 원어에는 이 두 말이 - eucharistia와 eutrapolia - 서로 비슷한 형태를 띠고 있습니다. 그러나 더욱 중요하게는, 바울은 우리의 언어는 상스러운 말이나 불평하는 말 대신에 하나님께 감사하는 말이 주류를 이루어야 한다고 말하고 있었습니다. 데살로니가전서 5:18에서 보여 주듯이, 우리는 범사에 감사해야 합니다. 이는 그리스도 예수 안에서 우리를 향하신 하나님의 뜻이기 때문입니다.

은혜가 우리를 가르친다(양육한다)

그러나 그리스도인 삶의 실행적인 면에 이렇게 강조를 두면서도 우리를 가르치는 것은 은혜이지 율법이 아니라는 사실을 잊지 않아야 합니다. 처음으로 그리스도인이 되었을 때 나는 성경을 하나의 법규집으로 여겼습니다. 성경은 나에게 무엇을 해야 하며, 무엇을 해서는 안 되는지를 말해 줄 것이요, 나는 그저 순종하기만 하면 될 것이라고 생각했습니다. 나는 갓 믿은 그리스도인다운 순진함으로 그렇게 쉽게 생각했습니다.

나에게 있어서, 실행적인 면에 대한 성경의 교훈들은 하나님의 법을 하나 하나 설명하고 있는 것에 지나지 않았습니다. 그것들은 어떻게 하라고 명령하기는 했으나 순종할 수 있는 능력을 주지는 않았습니다. 더구나, 그 교훈들은 알고 있는 대로 순종하지 못하는 데 대해 나를 정죄했습니다. 순종하기 위한 시도를 많이 하면 할수록 더 많이 실패하는 것 같았습니다.

나는 그리스도인의 삶을 살 수 있도록 능력을 주는 하나님의 은혜에 대해서는 아는 바가 없었습니다. 오로지 불굴의 정신과 의지력으로 그리스도인의 삶을 살고자 했을 뿐입니다. 그리고, 나는 그리스도의 피로 말미암은 죄사함의 은혜에 대해 그리 알지 못했습니다. 그 결과 죄책감과 무력감을 느꼈습니다. 삶에서 되풀이되는 죄로 인해 죄책감을, 이에 대해 아무것도 할 수 없는 데 대해 무력감을 느낀 것입니다.

그러나 나의 경험이 별스런 것은 아닙니다. 사실, 새신자들뿐만 아니라 믿은 지 아주 오래 된 사람들도 흔히 그러한 경험을 합니다. 우리를 훈련시키는 것은 은혜이지 율법이 아니라는 것을 알아야 합니다. 바울은 디도서에서 은혜를 의인화했습니다. 사실 우리를 훈련하는 것은 은혜의 하나님입니다. 하나님께서는 은혜 안에서, 혹은 은혜로써 우리를 훈련시키는 것입니다. 자녀들에 대한 아버지 하나님의 훈련은 은혜의 원리들에 토대를 두고 있으며, 은혜의 테두리 안에서 행해집니다.

은혜의 원리들이란 무엇입니까? 기본적으로, 그것은 3장과 4장에서 우리가 공부한 두 가지 진리입니다. 첫째는 우리의 모든 죄에 대한 용서요, 예수 그리스도의 속죄 사역을 통한 우리에 대한 무조건적인 용납입니다. 둘째는 죄의 지배로부터의 해방과, 그리스도와 연합할 때 우리 안에 계셔 능력을 주시는 성령의 능력입니다.

하나님께서 은혜의 테두리 안에서 훈련을 행하신다는 것은 무엇을 의미합니까? 그것은 하나님의 모든 가르침과 훈련은 사랑으로 말미암은 것이며, 우리의 영적인 행복을 위한 것이라는 의미입니다. 그것은 하나님께서 우리 죄에 대해 슬퍼하시기는 할지라도 결코 분노하시지는 않는다는 것을 의미합니다. 그것은 하나님께서 우리를 정죄하시거나, 우리를 대적하시기 위해 죄를 헤아리고 계시지 않는다는 것을 의미합니다. 그분이 우리 안에서, 그리고 우리에게 행하시는 모든 것은 과분한 은총의 토대 위에서 행해집니다. 윌리엄 헨드릭슨은 이렇게 말했습니다: "하나님의 은혜는 가장 큰 형벌을 받아 마땅한 사람들에게 가장 큰 선물을 주시는 행동으로 나타나는 은총이다."

그러므로 율법이 정죄를 할 때 은혜는 주 예수 그리스도로 말미암아 용서를 합니다. 율법이 명령은 하고 능력은 주지 않을 때, 은혜는 명령을 하고, 우리 안에 사시고 역사하시는 성령으로 말미암아 능력을 주십니다. 이 장을 쓰고 있을 때, 나는 우연히 한 소그룹과 점심을 같이 먹게 되었는데, 복음주의적인 신학교에서 신약을 가르치는 교수도 있었습니다. 그는 우리에게 아주 도움이 되는 글귀를 하나 소개해 주었습니다. 그는 그 글귀가 천로역정의 저자인 존 번연의 것으로 생각되나 분명하지는 않다고 했습니다. 그 글귀를 대하자, 나는 "이게 바로 '은혜가 우리를 훈련한다'고 할 때 바울이 말하고자 한 바구나" 하는 생각이 들었습니다.

여기에 그 글귀를 소개합니다. 그것은 암기하기도 쉽고, 당신이 암기해 두면 은혜로 훈련한다는 말의 핵심을 파악하는 데 도움을 줄 것입니다.

"달려라, 존. 달려라" 하고 율법은 명령하네.
그러나 앞뒤로 흔들 손도, 달릴 발도 주지 않는다네.
복음은 더 좋은 소식을 전해 준다네.
복음은 나더러 날라고 하고는 날개를 달아 준다네.

당신은 어떻게 훈련을 받고 있습니까? 율법에 의해서입니까? 아니면 은혜에 의해서입니까? 물론, 하나님께서는 은혜로 훈련하고 계십니다. 당신은 그것을 어떤 식으로 이해하고 있습니까? 아버지 되신 하나님의 훈련에 어떻게 반응하고 있습니까? 그분의 은혜로 말미암은 용서를 받아들이고 있습니까? 아니면 죄책감의 짐을 지고 끙끙대고 있습니까? 하나님의 훈련에 드려지기 위해 그리스도와의 연합과 내주하시는 성령을 의지하고 있습니까? 성경이 단지 당신 자신의 의지력으로 지키려고 애쓰고 있는 법규들을 모아 놓은 책은 아닙니까?

기억하십시오. 당신에게 구원을 가져온 그 은혜가 바로 당신을 훈련하고 가르치는 그 은혜입니다. 당신은 율법이 아니라 은혜의 토대 위에서 훈련해야 합니다. 이 때문에 당신은 "당신 자신에게 날마다 복음을 전해야 합니다."

118 날마다 자신에게 복음을 전하라

6

예수님의 형상을 닮아 감

> 우리가 다 수건을 벗은 얼굴로
> 거울을 보는 것같이 주의 영광을 보매
> 저와 같은 형상으로 화하여 영광으로 영광에 이르니,
> 곧 주의 영으로 말미암음이니라.
> 고린도후서 3:18

자연계에 있는 어떤 것은 내게 있어선 완전한 신비입니다. 땅 위를 꿈틀꿈틀 기어다니던 것이 어떻게 날아다니는 것으로 바뀔 수 있습니까? 시커멓고, 털로 뒤덮여 있고, 징그럽기까지 한 것이 어떻게 영롱한 빛깔의 날개까지 단, 아름답고 매혹적인 존재로 바뀔 수 있습니까? 어떻게 나무의 잎을 갉아먹는 파괴적인 곤충이 꽃잎을 손상시키지 않고 그 위에 사뿐히 내려앉는 고상한 존재가 될 수 있습니까? 한마디로 말해, 어떻게 애벌레가 나비가 될 수 있습니까?

나는 그 과정을 이해할 수 없습니다. 그러나 그것을 무엇이라 부르는지는 알고 있습니다. 변태(變態)라고 부릅니다. 두 글자로 된 이 단어가 애벌레가 자기 둘레를 단단한 고치로 싸고, 얼마 후 나비가 되어 나타날 때까지 일어나는 일들을 묘사하는 데 쓰입니다.

영적인 세계의 많은 것들 또한 나에게 완전한 신비입니다. 하나님

께 무관심하고, 심지어 적대적이기까지 하던 사람이 어떻게 예수 그리스도께 깊이 헌신된 사람이 될 수 있습니까? 파괴적이고 죄악 된 습관에 푹 빠져 그 습관의 노예가 되어 있던 사람이 어떻게 절제할 줄 알고, 온유하며, 자비로운 사람이 될 수 있습니까? 광신적이요 자기 의에 사로잡혀 있던 사울이라는 유대인이 어떻게 이방인의 사도인 겸손한 바울이 될 수 있습니까?

나는 그 과정을 이해할 수 없습니다. 그러나 그것을 무엇이라 부르는지는 알고 있습니다. 고린도후서 3:18에서, 바울은 그것을 "화(化)한다"라고 했습니다. 헬라어 원어에서 이 단어는 변태와 동일한 의미를 갖습니다. 바울이 그리스도인의 삶에서 일어나는 영적인 변화를 묘사하기 위해, 애벌레가 나비로 바뀌는 것을 묘사하는 단어를 사용한 것은 다소 흥미롭기도 하고, 또한 교훈적이기도 합니다. 그 과정은 마찬가지로 신비스러우며, 그 결과는 더욱 놀랍습니다.

실제로 바울이 고린도후서 3:18에서 간단히 묘사한 변화의 과정을 성화(聖化, sanctification)라고 부릅니다. 이 단어는 일상 생활에서 자주 쓰는 단어는 아닙니다. 그래서 아마도 생소하고, 또 무슨 거창한 말로 들릴 수도 있습니다. 그러나 이는 성경적으로 아주 중요한 단어요, 거룩한 삶을 추구하기 원한다면, 마땅히 익숙해져야 할 말입니다. 성화는 우리 안에 계신 성령의 역사요, 이를 통해 우리 속사람은 차츰 바뀌어 가며, 점점 더 죄된 성품으로부터 벗어나게 되며, 우리 안에 그리스도를 닮은 성품들이 계발됩니다. 그러나, 성화가 우리 안에 계신 성령께서 행하시는 일이기는 하지만, 이를 위해서는 우리가 전심으로 순종하며, 성화의 도구인 영적 훈련들을 부지런히 행하는 것이 필요합니다.

중생(重生)

실제로 성화는 우리가 회심할 때 시작되며, 그때 중생 혹은 새로운 출생과 더불어 성령의 법이 우리 안에 심겨집니다. 이 중생은 구약의 선지서들에 약속되어 있는데, 예를 들면, 예레미야 31:33에서 하나님께서는 "내가 나의 법을 그들의 속에 두며, 그 마음에 기록하여"라고 말씀하셨고, 에스겔 36:26-27에서는 "…새 영을 너희 속에 두고 새 마음을 너희에게 주되, 너희 육신에서 굳은 마음을 제하고 부드러운 마음을 줄 것이며, 또 내 신을 너희 속에 두어 너희로 내 율례를 행하게 하리니, 너희가 내 규례를 지켜 행할지라"라고 말씀하셨습니다.

신약성경에서는 바울이 고린도후서 5:17에서 이 중생에 대해서 묘사했습니다: "그런즉 누구든지 그리스도 안에 있으면 새로운 피조물이라. 이전 것은 지나갔으니, 보라, 새 것이 되었도다." 그리고 디도서에서도 언급했습니다: "우리를 구원하시되… 중생의 씻음과 성령의 새롭게 하심으로 하셨나니"(3:5).

이러한 성경 구절들에서 밝히 설명하고 있는 근본적인 변화를 눈여겨보십시오. 하나님께서는 그분의 법을 우리 마음속에 두며, 우리 마음에 기록하실 것입니다. 즉, 하나님께서는 우리에게 새로운 경향을 심어 주사 하나님의 법을 대적하지 않고 실제로 그것을 즐거워하게 하십니다. 그 법은 이전에는 단지 외적인 것에 지나지 않았으나, 이제는 우리가 순종을 위한 동기를 얻을 수 있도록 성령에 의해 우리 마음속에 기록됩니다.

돌같이 굳은 마음은 부드러운 마음으로 변화됩니다. 굳은 마음은 하나님의 것들에 대해 무감각한 마음이요, 거룩한 진리의 감화를 받을 수 없는 마음입니다. 부드러운 마음은 하나님의 말씀의 진리를 받아들일 수 있으며, 기꺼이 받아들이며, 그 진리들을 따라 행동하는 마음을 나타냅니다. 매튜 헨리는 이 구절에 대해 이렇게 말했습니다: "새롭게 하는 은혜는 죽어 있는 돌멩이를 살아 있는 육체로 바꾸는 것만큼 대단한 변화를 영혼 속에 일으킨다."

바울은 고린도후서 5:17에서, 그리스도와 연합한 사람은 새로운 피조물이라고 했습니다. 예수 그리스도를 믿는 순간 그리스도인은 근본적인 변화를 경험합니다. 이는 하룻밤 사이에 "성인(聖人)"이 된다는 말은 아닙니다. 그것은 성령께서 새로운 삶의 원리를 우리 마음에 심어 주셨으며, 우리는 결코 이전과 같아질 수가 없다는 의미입니다.

요한복음 3:3-8에 나오는 "거듭남"이라는 말은 오늘날 대개 죄의 형벌로부터 건짐받았다는 의미 정도로만 쓰이고 있습니다. 그러나 예수님의 말씀에 따르면, 그것은 성령으로 나는 것이며(요한복음 3:6,8), 다시 말해, 새로운 생명이 주어지는 것입니다. 바울은 동일한 내용을 디도서 3:5에서 말하고 있는데, 거기서 그는 성령으로 새롭게 되는 것에 대해 말합니다.

이러한 거듭남 혹은 중생은 오로지 성령 하나님께서 이루시는 것이며, 이를 통해 우리는 하나님 나라에 들어갑니다(요한복음 3:5). 그러므로 이는 의롭다 하시는 것과 마찬가지로 전적으로 은혜의 역사입니다. 거듭남은 또한 하나님께서 순간적이고 즉각적으로 이루시는 것입니다. 우리는 의롭다 하심을 받는 순간 또한 중생합니다. 중생하지는 않고 의롭다 하심만 받을 수는 없습니다.

그리스도인이라 자처하는 수많은 사람들이 자신들은 의롭다 하심을 받았고, 죄는 용서받았으며, 지금 천국으로 가고 있다고 생각하고 있습니다. 그러나 그들의 삶 속에서 성령의 새롭게 하시는 역사의 증거를 찾아볼 수가 없습니다. 나는 그들이 어느 날 예수님으로부터 "내가 너희를 도무지 알지 못하니, 불법을 행하는 자들아, 내게서 떠나가라"(마태복음 7:23)라는 무서운 소리를 듣게 될까 봐 두렵습니다.

오해하지 마십시오. 그러한 사람들에 대한 해결책은 중생의 증거를 나타내기 위해 그들의 행동을 바꾸는 것이 아닙니다. 해결책은 오직 예수님께 나아가는 것이며, 자신들의 선함에 대한 어떠한 자신감도 떨쳐 버리는 것이며, 하나님 보시기에 죄인이라는 것을 스스로 고백하는 것이며, 예수님의 속죄 사역을 온전히 신뢰하는 것입니다. 그렇게 할 때 그들은 진정으로 의롭다 하심을 받으며(죄의 형벌로부터 구원받으며), 동시에 진정으로 새 사람으로 거듭나게 됩니다(그리스도 안에서 새로운 피조물이 됩니다). 그들이 중생했다는 증거는 자신들에게도 분명하고 주위 사람들이 보기에도 그러할 것입니다.

성화(聖化)

그러므로 중생은 성화, 혹은 바울이 고린도후서 3:18에서 말한 변화의 시작입니다. 그리고, 성화는 중생의 목적을 끝까지 이루어 나가는 과정입니다. 19세기 장로교 목사였던 윌리엄 플루머는 이렇게 썼습니다: "중생은 성령의 행위이다. 성화는 성령의 일이며, 앞서 그 행위의 결과로 이루어지는 것이다.… 중생을 통해 갓 태어난 아기가 되며, 성화를 통해 예수 그리스도 안에서 장성한 사람이 된다."

"성화와 칭의는 어떤 관계가 있습니까? 의롭다 하심은 받고 성화는 되지 않을 수도 있습니까?"라는 질문을 때로 받곤 합니다. 대답은, 칭의와 성화는 떼어놓을 수 없다는 것입니다. 하나님께서는 성화는 빼고 의롭다 하심 즉 칭의(稱義)만 행하지는 않으십니다(고린도전서 1:30과 6:11 참조). 둘 다 하나님의 무한한 사랑과 값없는 은혜를 자원으로 합니다. 둘 다 믿음으로 이루어집니다. 칭의에서는 그리스도께서 십자가에서 우리를 위해 해놓으신 일을 의지합니다. 성화에서는 성령을 통해 우리 안에서 역사하시는 그리스도를 의지합니다. 중생과 칭의는 하나님께서 홀로 행하십니다. 성화에서는 하나님께서 우리 안에서 일하시나 그분과 협력하는 우리의 반응이 필요합니다.
윌리엄 플루머는 다음과 같이 썼습니다:

> 칭의는 단번에 영원히 완성되는 하나님의 행위이다. 성화는 거듭날 때 시작되어 사는 날 동안 진행되다 죽을 때 완성되는 하나님의 역사이다. 전자는 모든 사람에게 있어서 똑같고 완벽하나, 후자는 모든 사람에게 똑같은 것도 아니요 육신을 벗을 때까지는 그 누구에게 있어서도 완벽하지 않다. 칭의에서는, 하나님께서는 그리스도의 의를 우리에게로 돌리시며, 성화에서는 우리에게 은혜를 주시며, 이를 행할 수 있게 능력을 주신다.

성령의 역사는 두 가지 면에서 은혜의 사역입니다. 앞서 출간된 "넘치는 은혜, 변화되는 삶"이라는 책에서, 성경에서는 은혜라는 말을 두 가지의 명확히 구분되는 방법으로 쓰고 있다는 것을 보았습니다. 보다 광범위하고 일반적인 의미는 예수 그리스도를 통해 우리에게 주어지는 하나님의 과분한 은총입니다. 그러나 성경의 몇 곳에서는 그것이 성령을 통한 하나님의 거룩한 도우심이라는 의미로 사용되고 있습니다. 그러나 이러한 거룩한 도우심도 하나님의 과분한 은총의 결과입니다. 그러므로, 우리가 성화를 과분한 은총으로 생각하든, 혹은 우리 안에서 행하시는 성령의 은혜로운 역사로 생각하든, 그것은 실로 은혜로 말미암은 것입니다.

우리 쪽에서 할 일, 즉 성령의 역사에 반응하는 것과, 성령의 역사에서 그분과 협력하는 것이 바로 거룩한 삶의 추구입니다. 성화에서 우리가 하는 역할에 대해서는 7장에서 살펴볼 것입니다. 그러나, 지금은 거룩한 삶을 추구하는 것은 비록 우리 쪽에서의 부지런한 노력을 요하기는 하나, 성령의 능력 주심에 달려 있다는 것을 강조하고자 합니다. 사도 바울은 훈련과 관련한 이러한 원리를 빌립보서 4:13에서 간결하게 잘 표현했습니다: "내게 능력 주시는 자 안에서 내가 모든 것을 할 수 있느니라." 바울은 이 경우에, 자족하는 것을 배우기 위해 노력했습니다. 그러나 그는 성령께서 주시는 능력으로 그렇게 할 수 있었습니다. 우리에게 책임이 있으면서도 성령을 의지하는 이 원리를 완전히 파악하기란 어렵습니다. 그러나 이 원리를 파악하고 이 원리를 따라 사는 것은 아주 중요합니다.

성화의 목표

성화의 목표는 우리 주 예수 그리스도를 닮아 가는 것입니다. 바울은 고린도후서 3:18에서 우리가 "저와 같은 형상으로 화한다"고 했습니다. 로마서 8:29에서는 하나님께서 "미리 아신 자들로 또한 그 아들의 형상을 본받게 하기 위하여 미리 정하셨다"고 했습니다. 그리스도를 닮는 것은 모든 그리스도인들을 향한 하나님의 목표이며, 또한 우리의 목표가 되어야 합니다. 그리스도는 우리의 본이요 틀이 되어야 합니다. 우리는 그리스도를 본받기 위해 변화되어 가야 합니다.

성화 혹은 거룩함(이 두 단어는 어느 정도 서로 바꿔 쓸 수 있음)은 그리스도의 형상을 닮아 가는 것입니다. 우리는 이것과 내용은 똑같은데도 신약성경의 책에 따라 다른 말로 표현되어 있는 것을 봅니다. 에베소서 4:24에서, 바울은 우리 새 사람이 "하나님을 따라 의와 진리의 거룩함으로 지으심을 받았다"고 했으며, 히브리서의 기자는 하나님께서 "그분의 거룩하심에 참예케 하기 위해" 우리를 훈련하신다고 했습니다(히브리서 12:10). 그리고 베드로전서 1:16에서, 사도 베드로는 "내가 거룩하니 너희도 거룩할지어다"라는 구약성경 말씀을 인용했습니다.

우리가 그리스도의 형상으로 점점 더 화하고 있는지 어떻게 알 수 있습니까? 하나님의 성품을 공부하는 것으로 시작합니다. 예수님을 설명한 말 가운데 내가 특히 좋아하는 것은 "의를 사랑하고 불법을 미워하였다"(히브리서 1:9)라는 것입니다. 예수님께서는 단지 의롭게 행동한 것이 아니라, 의를 사랑하셨습니다. 인성을 가진 예수님께서는 공평과 공정과 정의와 다른 사람들과의 관계에서 올바른 것을 사랑하셨습니다. 동시에 예수님께서는 불의를 미워하셨습니다. 예수님께서는 죄를 죄로서 미워하셨습니다. 우리는 흔히 죄의 결과(비록 그것이 범죄에 이은 죄책감 정도일 뿐이지만)를 미워합니다. 그러나 죄 자체를 죄로서 과연 얼마나 미워하고 있는지 의심스럽습니다. 2장에서, 죄는 하나님의 권위에 대한 반역이요, 그분과 그분의 계명들을 업신여기는 것임을 알았습니다. 죄는 그토록 나쁜 것이니 우리는 삶에서 죄를 진정으로 미워합니까? 죄를 미워하는 정도만큼 우리는 그분의 형상으로 닮아 가고 있습니다.

나에게 도움을 주는 또 다른 구절은 요한복음 6:38-39입니다: "내가 하늘로서 내려온 것은 내 뜻을 행하려 함이 아니요, 나를 보내신 이의 뜻을 행하려 함이니라." 이땅에 사실 때 예수님의 삶의 목표는 하나님의 뜻을 행하는 것이었으며, 그 일의 절정은 그분의 양들을 위하여 자신의 목숨을 버리는 것이었습니다. 우리가 더욱 그리스도를 닮아 가고자 한다면, 하나님의 뜻을 추구하는 이 동일한 목표를 향해 나아가야 합니다. 예수님처럼 된다는 것은 거짓말, 속이기, 한담, 그리고 무슨 불경건한 생각 등과 같은 뻔한 죄를 버리는 것만을 의미하지 않습니다. 예수님처럼 된다는 것은 언제나 하나님의 뜻을 구하는 것입니다. 이것은 아주 높은 수준입니다. 빈번히 우리는 자신의 뜻을 행하기 원하며, 그 자체로는 죄로 보이지 않을 수도 있는 행동을 합니다. 그러나 하나님의 뜻이 아니라면 어떤 것이든 죄악 된 것입니다.

예수님께서는 하나님의 뜻을 행하셨을 뿐 아니라, 그것이 삶의 목표이었습니다. 시편 40:8을 보면, 예수님께서는 하나님의 뜻을 행하기를 즐기셨습니다. 따라서, 예수님처럼 되려면, 하나님의 뜻을 행하는 것이 아무리 그 당시에 큰 희생을 요하고 즐겁지 않은 것으로 보일지라도, 그것이 단지 하나님의 뜻이기 때문에 행하는 수준이 되어야 합니다.

그리고 요한복음 8:29에 나오는 예수님의 말씀이 있습니다: "…내가 항상 그의 기뻐하시는 일을 행하므로…" 예수님께서는 모든 것을 하나님을 기쁘시게 하려는 목적으로 행하셨습니다. 그리고 물론, 그분은 그 목적을 완벽하게 실현하셨습니다. 우리는 어떻습니까? 하나님을 기쁘시게 하려는 목적을 가지고 무슨 생각을 하거나, 말을 하거나, 행동을 하는 경우가 얼마나 됩니까? 물론, 우리가 예수님만큼 그 목표를 이루지는 못할 것입니다. 그러나 스스로에게 물어는 보아야 합니다. 우리의 목표는 무엇입니까? 하는 모든 일에서 하나님을 기쁘시게 하는 것입니까? 아니면 될 수 있는 대로 편하게 이 세상을 살아가는 것입니까?

하나님께서는 우리의 행동뿐만 아니라 동기도 보신다는 것을 염두에 두십시오(역대상 28:9, 잠언 16:2, 고린도전서 4:5 참조). 우리는 겉보기에는 바른 것 같은 것을 행하거나 말할지 모릅니다. 하지만 그 동기는 무엇입니까? 그것은 하나님 아버지를 기쁘시게 하기 위한 것입니까? 아니면 우리 자신의 만족을 구하거나, 다른 사람에게 잘 보이기 위한 것입니까? 늘 우리의 동기에 대해 의심하라는 말은 아닙니다. 나는 단지 점점 더 그리스도를 닮아 간다는 것이 무엇을 의미하는지를 보여 주고자 할 뿐입니다.

성화는 과정이다

예수님을 닮아 가는 것은 일생에 걸친 하나의 과정이요, 이생에서는 결코 완전하게 이룩할 수는 없는 목표입니다. 그래서 바울은 고린도후서 3:18에서 "영광으로 영광에 이른다"고 했습니다. 이는 지속적인 변화라는 것을 보여 줍니다. 다시 말해, 성령께서 우리 안에서 역사함에 따라 우리는 영광의 한 단계에서 다음 단계로 나아가는 것입니다. 찰스 하지는 다음과 같이 기록했습니다: "그 변화는 중간에 휴식 기간도 없이, 몸과 마음에서, 최초의 거의 식별할 수 없을 정도로부터 그리스도의 형상의 충만한 수준에 이르기까지 이루어진다."

성화는 하나의 과정이며, 언제나 "육신" 혹은 죄악 된 본성과 성령 사이에는 알력이 있게 됩니다. 바울은 그 알력을 갈라디아서 5:17에서 설명했습니다 – "육체의 소욕은 성령을 거스리고, 성령의 소욕은 육체를 거스리나니, 이 둘이 서로 대적함으로 너희의 원하는 것을 하지 못하게 하려 함이니라." 그는 이 알력에 대해 로마서 7:14-25에서 더 자세히 다루고 있습니다. "내 속 곧 내 육신에 선한 것이 거하지 아니하는 줄을 아노니, 원함은 내게 있으나, 선을 행하는 것은 없노라"(18절).

로마서 7:14-25에 묘사된 것 같은 갈등 상태를, 열심히 거룩함을 추구하는 사람은 말할 것도 없고 일반적인 그리스도인의 경험을 묘사한 것으로 생각하지 않는 이들도 있습니다. 하지만, 솔직한 그리스도인이라면 자신의 영적 열망과 실제 삶 사이에 큰 차이가 있다는 것을 인정하지 않을 사람이 있겠습니까? 우리 중에 "선을 행하기 원하는 나에게 악이 함께 있다"(21절)고 종종 한탄하지 않는 사람이 있겠습니까?

이 점에 있어서 존 머리의 말이 아주 도움이 됩니다.

믿는 자의 속에 죄가 있음으로 말미암아 그의 마음과 삶 속에 갈등이 있다. 떠나지 않는, 내재하는 죄가 있으면, 바울이 로마서 7:14에서 묘사한 갈등이 있게 마련이다. 이 갈등이 정상이 아니라고 주장해 봐야 아무 쓸모 없는 짓이다. 성령께서 내주하시는 사람의 속에 어느 정도이든 여전히 죄가 있으면, 그 사람의 마음속에는 긴장과 반목이 있게 된다. 사실, 그 사람이 더 거룩해질수록, 구세주의 형상을 더 닮아 갈수록, 하나님의 거룩하심을 닮지 못한 모든 부족한 면들로 인하여 부끄러워할 것이다. 하나님의 존엄성에 대해 이해가 깊어지면 깊어질수록, 하나님을 향한 그의 사랑은 더 강렬해질 것이며, 예수 그리스도 안에서 하나님이 위에서 부르신 부름의 상을 얻고자 하는 그의 열망은 더 꾸준할 것이며, 남아 있는 죄의 심각성을 더욱 인식할 것이며, 그 죄에 대한 미움은 더 강해질 것이다.

스위치로 밝기를 조절할 수 있는 방에 들어간다고 합시다. 당신이 처음 들어설 때 조명이 아주 어두었다면, 방안에 어두침침해 방안의 상태를 명확하게 알기가 어렵습니다. 가구들이 제자리에 있는 것은 보이나, 널려 있는 신문은 보이지 않고, 식탁 위에 있는 더러운 컵들도 보이지 않습니다. 방은 상당히 깨끗하고 정돈되어 있는 것처럼 보일 것입니다. 그러나 당신이 조명을 밝게 함에 따라, 널려 있는 신문, 식탁 위의 더러운 컵들이 보이기 시작하고, 가구 위의 먼지, 벽에 있는 얼룩, 페인트 위의 부스러기, 그리고 카펫의 올이 빠져 나온 것까지 보이기 시작할 것입니다. 조명이 어두웠을 때는 괜찮아 보이던 방이 조명을 한껏 높이자 갑자기 더럽고 어수선한 곳으로 드러납니다. 거룩한 삶을 추구하는 사람의 삶에도 이와 비슷한 일이 일어납니다. 처음에는 당신 삶이 꽤 괜찮아 보입니다. 당신은 예의바른 삶을 살아 왔고, 심각한 죄를 지은 적도 별로 없기 때문입니다. 그러나 성령께서는 하나님의 말씀으로 조명을 밝게 하기 시작하시며, 당신이 잘 알지 못했던 교묘하고도 "세련된" 죄를 드러내십니다. 혹은 어쩌면 이전에는 죄악 되다는 것을 깨닫지 못했던 어떤 생각이나 행동이 드러날 것입니다.

더 나은 비유는 오래된 집의 그늘진 으슥한 곳에다 손전등을 비추는 것입니다. 성령께서는 끊임없이 우리 마음속의 후미진 곳에 손전등을 비추심으로 우리가 알지 못했던 죄된 태도와 행동들을 드러내십니다. 이렇게 새롭게 죄를 깨달으면 대개 당황이 되거나 마음이 불편해집니다. 그리고 거룩한 삶을 추구하면 할수록 더 당황이 되거나 실망이 될 것입니다. 그리고 이러한 죄를 다루려고 시도해 보면, 그것들이 우리 삶의 습관이 되어 단단하게 들러붙어 있으며, 쉽게 떼어낼 수 없다는 것을 알게 됩니다. 또는 우리가 단호하게 다루어 온 어떤 죄된 습관이 맹공격을 해올 때는 그 앞에서 무력감을 느낍니다. 이 모든 경험은 우리 안에 바울이 로마서 7장 후반에서 묘사한 것과 같은 갈등을 낳습니다.

이것은 자기의 습관을 바꾸려고 애쓰는 불신자보다 우리가 나을 바가 전혀 없다는 것을 의미합니까? 천만에요. 존 머리는 죄와 그리스도인의 싸움과, 바람직하지 못한 습관과 불신자의 싸움의 차이를 이해하는 데 도움이 되는 다음과 같은 말을 했습니다.

> 우리는 죄가 여전히 존재할지라도 그것이 주인 노릇을 하지 않고 있는 데 대해 마땅히 지속적으로 그리고 점점 더 감사해야 한다. 남아 있는 죄와 왕노릇하는 죄, 그리고 죄와의 갈등 속에서 다시 새로워지는 것과 죄에 대해 무관심하며

그 속에 묻혀 있는 것 사이에는 큰 차이가 있다. 죄가 우리 안에 거하는 것과 우리가 죄 안에 거하는 것은 전혀 다른 것이다.

청교도였던 새뮤얼 볼턴은 그리스도인들이 죄와 싸우는 것과 불신자 속에서 죄가 지배하고 있는 것의 차이를 아는 데 도움을 줍니다. 그는 다음과 같이 썼습니다:

> 우리(믿는 자들)에게는 여전히 죄가 존재하며, 타락된 본성의 충동과 역사가 있다. 이러한 것들이 우리의 마음을 슬프게 하고, 우리 눈에 눈물이 고이게 한다. 그럼에도 그리스도께서는 우리를 죄의 지배로부터 해방시키셨으며, 그것은 지배권을 가지지는 않는다. 죄가 소란을 피울 수는 있으나, 죄가 우리를 지배하지는 못한다.… 죄가 마음속의 보좌로 나아가 이런 저런 죄된 행동으로 폭군 행세를 할지는 모르나, 그것은 더 이상 왕으로서 그곳에 있는 것은 아니다.

죄는 내전에서 패배한 군대와 같아서, 항복하고 무기를 버리는 대신, 산 속으로 숨어들어 거기서 정부에 대항하여 공격과 파괴 행위를 일삼는 게릴라전을 수행하고 있다고 할 수 있습니다. 지배권자로서의 죄는 그리스도인들의 삶에서 패배했지만, 그것은 결코 항복을 하지는 않습니다. 그것은 우리가 살아 있는 한 계속 우리를 공격하며, 그리스도인의 삶을 파괴하려고 할 것입니다.

죄에 빠져 살아가는 불신자와 죄와 싸우고 있는 그리스도인 사이에는 이러한 차이가 있다는 것을 이해하는 것이 중요합니다. 거룩한 삶을 추구하려면, 우리의 원하는 바와 실행 사이에는 끊임없는 긴장이 있을 것이라는 사실을 받아들여야 합니다. 영국의 신학자 J. I. 패커의 말처럼, 우리 손이 닿는 범위는 우리 손으로 쥘 수 있는 범위보다 언제나 넓은 법입니다.

성화의 주체

이 변화에서 누구에게 책임이 있습니까? 성령께 있습니다. 바울은 고린도후서 3:18에서, 우리의 변화는 "주의 영으로 말미암는다"고 했습니다. 변화는 우리가 이루는 것이 아니라, 우리에게 주어지고 있는 것입니다. 이 말은 우리는 성화에서 아무 책임이 없다는 의미가 아니라, 결국 우리를 변화시키시는 분은 성령이시라는 의미입니다. 성령께서는 우리가 성화에 협력하게 하시고, 우리에게 주어진 역할을 행하게 하시며, 우리를 변화시키기 위하여 우리 성품 깊은 곳에서 역사하십니다.

거룩한 삶을 추구하는 것은 거의 35년 동안이나 나의 생각과 연구의 주된 대상이었습니다. 그 기간 동안의 개인적인 연구와 나의 삶에 대한 관찰을 통해 내 영혼의 영적 변화는 성령께서 이루어 오신 것이지 내가 이룬 것이 아님을 깨닫게 되었습니다. 나는 나의 행동을 어느 정도 변화시킬 수는 있습니다. 그러나 오직 성령만이 나의 심령을 변화시킬 수 있습니다.

성화는 근본적으로 성령의 일이라는 사실을 강조하는 성경 구절이 몇 개 있습니다. 데살로니가전서 5:23-24에서, 바울은 "평강의 하나님이 친히 너희로 온전히 거룩하게 하시고, 또 너희 온 영과 혼과 몸이 우리 주 예수 그리스도 강림하실 때에 흠없게 보전되기를 원하노라. 너희를 부르시는 이는 미쁘시니, 그가 또한 이루시리라"라고 했습니다. 우리를 "온전히 거룩하게 하시는" 이는 하나님이시라는 것을 주목하십시오. 다른 말로 하면, 하나님께서 성화의 과정을 완성하시는 것입니다.

또한 바울은 빌립보서 1:6에서, "너희 속에 착한 일을 시작하신 이가 그리스도 예수의 날까지 이루실 줄을 우리가 확신한다"고 했습니다. 마지막으로, 히브리서 기자는 하나님께서 "그 앞에 즐거운 것을 예수 그리스도로 말미암아 우리 속에 이루시기를" 기도했습니다(히브리서 13:21). 비록 이 구절들이 하나님에 대해 말하고 있으나, 우리는 다른 성경 구절들을 통해 성화를 이루시는 분은 삼위일체 속에서 기본적으로 성령의 일이라는 것을 알 수 있습니다(데살로니가후서 2:13, 베드로전서 1:2). 이것이 사실인 이상, 우리는 성령께서 우리 안에서 성화를 이루어 주시도록 매일 기도해야 합니다. 나는 히브리서 13:21을 이용하여, 하나님께서 그분께 즐거움이 되는 것을 내 안에서 이루어 주시도록 기도하기를 좋아합니다. (성화에 있어서 기도의 역할에 대해서는 8장에서 더 살펴보겠습니다.)

성령은 실로 성화의 과정에서 우리에게 어떤 책임을 주셨습니다. 사실, 성경에는 실행해야 할 영적 훈련들뿐만 아니라, 순종해야 할 권면과 도전과 명령들도 많이 있습니다. 이에 대해서는 7장에서 살펴보겠습니다. 그러나, 나는 지금 성령께서 하시는 일을 강조하고 있습니다. 우리는 성령께서 성화의 주체라는 사실을 보지 못하는 경향이 있기 때문입니다.

성화시키기 위해 성령께서 우리 삶에서 어떻게 역사하시는지 그 방법은 신비에 싸여 있습니다. 바울은 하나님께서 기쁘신 뜻을 위하여, 우리로 소원을 두고 행하게 하신다고 빌립보서 2:13에서 말했지만, 그는 성령이 어떻게 우리 영과 상호 작용을 하는지, 혹은 어떻게 우리 영에 역사하는지에 대해서는 말한 적이 없습니다. 나는 어떻게 일이 이루어지는지를 알아내는 것을 좋아하며, 그래서 어떻게 성령께서 우리 영과 상호 작용을 하는지를 알아내기 위해 시도하곤 했으나, 결국 그것은 무모한 노력이라는 것을 깨달았습니다. 이 문제에 대해 존 머리의 말이 다시 한번 도움이 됩니다: "우리는 어떻게 성령께서 내주하고 계시는지도, 어떻게 성령께서 하나님의 백성들의 이성과 감정과 의지 속에서 효과적으로 일하는지를 알지 못한다. 다만 이를 통해 그들은 점점 더 죄의 오염으로부터 정결해지며, 점점 더 그리스도의 형상을 닮아 가게 된다."

우리는 종종 삶에서 성령의 역사를 의식하며, 그분이 행하고 계신 것을 어느 정도로는 인식할 수도 있습니다. 특히, 성령께서 우리로부터 무슨 의식적인 반응을 이끌어 내실 경우에는 그러합니다. 그러나 존 머리의 말처럼, 우리가 이해하거나 경험하는 정도가 성령께서 역사하시는 정도라고 짐작하지는 말아야 합니다.

성화의 수단

비록 성령께서 성화의 주체이시며 우리 안에서 신비하게 역사하시기는 하지만, 우리의 성화를 위해 이성적이고 이해할 수 있는 수단들을 사용하신다는 것 또한 사실입니다. 이러한 수단들 가운데 어떤 것들, 예를 들면, 역경이라든지 다른 사람들의 권면이나 격려 등은 우리의 통제권 바깥에 있습니다. 그러나 성경 말씀을 배우고, 적용하며, 기도를 하는 것 등과 같은 수단들에 있어서는, 우리가 주도권을 가지기를 기대하십니다. 이러한 것들에 대해서는 다음에 나오는 장들에서 살펴보겠습니다. 여기서는 바울이 고린도후서 3:18에서 언급한 구체적인 수단, 즉 그리스도의 영광을 보는 것에 초점을 맞추고자 합니다.

바울은 "우리가 다 수건을 벗은 얼굴로 거울을 보는 것같이 주의 영광을 보매, 저와 같은 형상으로 화하여"라고 썼습니다. 즉, 주님의 영광을 보는 것이 성령께서 우리를 변화시키기 위해 사용하시는 수단들 가운데 하나입니다.

바울이 말하고 있는 주님의 영광이란 무엇이며, 그것을 보는 것이 어떻게 우리를 변화시킵니까? 첫째, 주님의 영광이란 하나님의 임재와 그분의 모든 속성을 뜻합니다 - 그분의 광대하심, 영원하심, 거룩하심, 절대주권, 선하심 등등. 다른 말로 하면, 그분은 인격과 하시는 모든 일에서 영광스러우십니다. 그러나, 고린도후서 3:18의 문맥을 보면, 바울은 모세에 의해 주어진 율법의 영광과 이를 훨씬 능가하는 복음의 영광을 대조하고 있습니다(고린도후서 3:7-11 참조). 그리고 고린도후서 4:4에서는 "그리스도의 영광의 복음"에 대해 말합니다. 이 말씀은 그리스도의 영광이 곧 복음임을 의미합니다.

복음과 그리스도의 영광 사이의 이러한 긴밀한 관계 때문에, 나는 바울이 이 경우에, 특히 복음에 나타나 있는 그리스도의 영광을 생각하고 있다고 믿게 되었습니다. 율법은 그분의 의를 통해 하나님의 영광을 드러냅니다. 그러나, 복음은 그분의 의와 은혜 둘 다를 통해 하나님의 영광을 드러냅니다. 그리스도의 죽음은 하나님의 공의를 만족시켰다는 점에서 하나님의 의를 나타내고 있고, 한편 영원한 진노를 받아야 할 사람들에게 구원을 주시는 수단이라는 점에서 하나님의 은혜를 나타냅니다.

더 나아가, 복음은 하나님의 거룩함과 공의를 희생시키지 않고 우리의 절박한 필요를 채워 주시는 놀라운 방법을 고안해 내셨다는 점에서 하나님의 지혜를 드러냅니다. 그리고, 복음은 예수님을 죽은 자 가운데 다시 살리신 것과, 영적으로 죽어 있던 우리를 그리스도 안에서 새로운 생명을 가진 존재로 살리신 것을 통해 하나님의 능력을 나타냅니다. 이처럼 복음은 주님의 모든 영광스러운 속성들을 조화시킵니다. 그분의 의와 은혜, 공의와 자비, 능력과 사랑, 지혜와 인내 및 긍휼을 조화시키는 것입니다.

그러나, 하나님께서는 그분의 은혜를 특별한 방법으로 우리에게 확대하기를 원하시는 것 같습니다. 이는 에베소서 2:6-7에 이렇게 되어 있기 때문입니다: "또 함께 일으키사 그리스도 예수 안에서 함께 하늘에 앉히시니, 이는 그리스도 예수 안에서 우리에게 자비하심으로써 그 은혜의 지극히 풍성함을 오는 여러 세대에 나타내려 하심이니라." 핵심이 되는 말은 하나님께서는 그분의 은혜의 지극히 풍성함을 알리기 원하신다는 것입니다. 이것이 바로 하나님께서 타락한 인간들을 구원하신 목적입니다. 즉 그리스도 안에서 우리에게 보여 주신 그분의 은혜를 드높이는 것입니다.

스코틀랜드의 목사였던 제임스 프레이저(1700-1769)는 성화에 관한 훌륭한 책을 썼는데, 당시에 명작으로 여겨졌던 그 책은 최근에 다시 출판되었습니다. 그 책에서 그는 복음의 영광에 대해 다음과 같이 말했습니다:

> 하나님의 최고의 영광을 나타내는 것이 바로 복음이다. 하나님께서 복음을 계획하신 주된 목적은 죄악 된 인간들 앞에 그리스도의 얼굴에서 빛나는 하나님의 영광을 드러내기 위해서이다. 복음은 그리스도의 영광을 나타내 주며, 복음으로 말미암아 성령께서 영광을 받으신다. 또한 바로 그 복음에 성령께서 능력으로 함께하심으로 복음은 영광을 얻게 될 것이다.
>
> 만약 복음의 핵심이 무엇이냐고, 그리고 엄밀히 말해서, 믿음의 핵심이 무엇이냐고 묻는다면, 나는 다음과 같이 간단히 답변하겠다.
>
> 계시된 모든 진리는 그 가치를 높이 평가하고 믿음으로

받아들여야 한다. 그리고 올바로 사용하면 복음의 핵심과 목적에 도움이 될 수도 있다. 복음의 핵심은 바로 그리스도이다. 따라서 하나님의 말씀의 빛과 인도를 따라 그리스도를 전파하는 것은 곧 복음을 전파하는 것이다.… 구주시요 주님이신 그리스도를 전파하는 것이 복음 전파의 골자이다.

이것이 우리를 변화시키는 영향력을 가지고 있는 그 영광입니다. 그것은 예수님께서 죄의 형벌로부터만 아니라 죄의 지배로부터도 우리를 자유케 하기 위해 우리 대신 죽으셨다는 복음에 계시되어 있는 그리스도의 영광입니다. 복음에 대한 명쾌한 이해와 이의 적용이야말로 죄책감과 죄의 속박으로부터 자유를 주며, 이것이 바로 성령의 손에 들려 있는, 성화를 위한 주된 수단입니다.

하나님과 율법적인 혹은 성취에 토대를 둔 관계를 가지고 있다고 느낄수록 성화에서 방해를 받습니다. 율법적 사고는 우리 속에 내재하는 죄에게 도움을 줍니다. 죄책감만큼 거룩한 삶을 추구하고자 하는 열망에 물을 끼얹은 것은 없기 때문입니다. 반대로, 그리스도와 연합함으로써 우리 죄가 용서되었으며 죄의 지배로부터 벗어났다는 이 두 가지 진리를 잘 이해하고 적용하는 것만큼, 우리 삶에서 죄를 다루고자 하는 동기를 부여해 주는 것은 없습니다.

로버트 홀데인은 로마서 주석에서 "로메인 씨"라고만 알고 있는 어떤 사람의 글을 인용했습니다: "먼저 죄사함을 통해 양심을 깨끗하게 하지 않고는 마음속이나 삶 속에 있는 어떠한 죄도 십자가에 못박을 수 없다. 왜냐하면, 오직 예수님만이 죄를 못박을 수 있는데, 예수님의 능력을 받을 믿음이 부족할 것이기 때문이다. 죄를 죽이지 않고는 죄의 권세를 이길 수가 없다."

우리는 죄를 죽이는 훈련, 또는 죄를 이기는 훈련에 대해서 11장에서 공부하게 될 것입니다. 그러나, 지금은 로메인 씨가 말한바, 우리 죄를 용서받는 것과, 죄를 이길 힘을 얻기 위하여 그리스도를 의지하는 것, 이 둘 사이의 관계에 대하여 깊이 생각해 보아야 합니다. 매일의 삶 속에 있는 죄를 다루기 위해 노력하기에 앞서, 먼저 죄로부터 우리 양심을 깨끗하게 하는 것이 필요합니다.

히브리서 9:14에 보면, 우리 양심으로 죽은 행실에서 깨끗하게 하고, 살아 계신 하나님을 섬길 수 있게 하는 것은 바로 "그리스도의 피"입니다. 죄악 된 양심을 깨끗하게 하지 않는 한 힘있게 하나님을 섬기거나 거룩한 삶을 추구할 수가 없습니다. 그러므로 우리 죄가 그리스도 안에서 사함받았고, "그 아들 예수의 피가 우리를 모든 죄에서 깨끗하게 한다"(요한일서 1:7)라는 사실을 상기하기 위해서는 복음이 필요합니다.

그렇다면, 고린도후서 3:18에 나타나 있는바, 거룩한 삶을 추구하기 위한 우리의 구체적인 책임은 복음에 나타나 있는 주님의 영광을 바라보는 것입니다. 복음은 주님의 아름다움을 비춰 주는 "거울"입니다. 이를 통해 우리는 주님의 영광을 볼 수 있습니다. 어느 날 우리는 거울을 보는 것처럼이 아니라 얼굴과 얼굴을 대하여 주님을 보게 될 것입니다. 그때 우리가 그분과 같게 될 것은, 계신 그대로의 주님을 뵙게 될 것이기 때문입니다(요한일서 3:2 참조). 그때까지 우리는 복음을 통해 그분을 봅니다. 그러므로, 우리는 "날마다 우리 자신에게 복음을 전해야 합니다."

복음을 통해 그리스도의 영광을 보는 것은 하나의 훈련입니다. 그것은 복음을 우리 자신에게 전하는 것을 배워 감에 따라 연습을 통해 계발할 수 있는 습관입니다. 거듭 말해 왔듯이, 성화는 성령의 일이나, 한편 우리의 참여가 필요한 일이기도 합니다. 다음 장들에서는 거룩한 삶을 추구할 때에 행해야 하는 다른 훈련들을 살펴보겠습니다.

그러나 복음이라는 "거울"을 통해 그리스도의 영광을 보는 것만큼 중요한 훈련은 없습니다.

7
가장 큰 계명에 순종함

"선생님이여, 율법 중에 어느 계명이 크니이까?"
예수께서 가라사대, "'네 마음을 다하고, 목숨을 다하고,
뜻을 다하여, 주 너의 하나님을 사랑하라' 하셨으니,
이것이 크고 첫째 되는 계명이요, 둘째는 그와 같으니,
'네 이웃을 네 몸과 같이 사랑하라' 하셨으니,
이 두 계명이 온 율법과 선지자의 강령이니라."
마태복음 22:36-40

나는 하나님과의 교제를 즐거워하며, 종종 아침에 일어나면서 "주님, 사랑합니다"라고 마음속으로 고백하곤 합니다.

그러나 한동안, 나는 하나님께서 조용하게 "오, 정말이냐?"라고 물으시는 것 같은 느낌을 받았습니다. 그런 일이 몇 번 있고 난 후 나는 내가 고백한 바가 무엇을 의미하는지 곰곰이 생각해 보기 시작했습니다. "주님, 사랑합니다"라고 할 때, 나는 무엇을 말하고자 했습니까? 그리고 왜 나는 하나님께서 나의 진심 어린 사랑의 고백에 대해 아무 감동도 받지 않으시는 것 같은 느낌을 받았습니까?

"주님, 사랑합니다"라고 할 때, 나는 하나님을 즐거워하고 있다는 것과 경건의 시간에 그분과 갖게 될 교제를 기대하고 있다는 것을 표현하고 있었습니다. 잠옷을 갈아입을 겨를이 없었습니다. 나는 하나님과 함께 있고 싶었습니다. 그분의 말씀을 즐기며, 기도로 나의 마음을 그분과 나누며, 다음과 같이 고백한 다윗처럼 되고 싶었습니다.

> 내가 여호와께 청하였던 한 가지 일, 곧 그것을 구하리니,
> 곧 나로 내 생전에 여호와의 집에 거하여, 여호와의 아름다
> 움을 앙망하며, 그 전에서 사모하게 하실 것이라.(시편 27:4)

거기에 무슨 잘못이 있습니까? 고상하고, 경건한 열망이 아닙니까? 왜 나는 하나님께서 나의 사랑을 전혀 확신하지 못하시는 것 같은 그런 느낌에 자주 시달립니까?

"하나님을 사랑한다는 것은 무엇을 의미하는가?"라는 질문에 대해 깊이 생각해 보기 시작했습니다. 이것은 아주 중요한 질문입니다. 어쨌든, 예수님께서는 가장 큰 계명이 "네 마음을 다하고, 목숨을 다하고, 뜻을 다하여, 주 너의 하나님을 사랑하는 것"이라고 말씀하셨습니다(마태복음 22:37). 나의 마음과 목숨과 뜻을 다하여 하나님을 사랑하는 것은 나의 존재 전부와 내가 가진 모든 것으로 하나님을 사랑하는 것임에 틀림없습니다. 그리고, 내가 만약 하나님을 이렇게 전심으로 사랑해야 한다면, 하나님을 사랑한다는 것이 무엇을 의미하는지를 알아야 할 필요가 있습니다. 그래서 나는 마태복음에 있는 이 구절을 공부하기 시작했습니다.

마태복음 22장에 나오는 예수님의 답변을 통해 알게 된 첫 번째 것은, 예수님께서는 구약성경에서 그 말씀을 인용하고 계신다는 사실이었습니다. 그분이 받았던 질문은 "율법 중에 어느 계명이 크니이까?"였습니다. 그러므로 예수님께서는 율법으로 곧장 돌아가셔서, 구체적으로는 신명기 6:5로 돌아가셔서, 그 말씀을 답변으로서 인용하셨습니다. 그래서 나는 구약성경에서 주어진 그대로의 이 큰 계명을 공부해 보기로 결심했습니다.

하나님께서 우리에게 말씀하시는 바를 이해하는 데 도움을 얻기 위해서는, 문맥 가운데서 신명기 6:5을 볼 필요가 있습니다. 이 성경

구절들을 통해 배운 기본적인 진리들을 당신이 쉽게 이해하도록 하기 위해, 편의상 신명기 6:1-9을 그대로 옮겨 보겠습니다.

> 이는 곧 너희 하나님 여호와께서 너희에게 가르치라 명하신바 명령과 규례와 법도라. 너희가 건너가서 얻을 땅에서 행할 것이니, 곧 너와 네 아들과 네 손자로 평생에 네 하나님 여호와를 경외하며, 내가 너희에게 명한 그 모든 규례와 명령을 지키게 하기 위한 것이며, 또 네 날을 장구케 하기 위한 것이라. 이스라엘아, 듣고 삼가 그것을 행하라. 그리하면 네가 복을 얻고, 네 열조의 하나님 여호와께서 네게 허락하심같이 젖과 꿀이 흐르는 땅에서 너의 수효가 심히 번성하리라. 이스라엘아, 들으라. 우리 하나님 여호와는 오직 하나인 여호와시니, 너는 마음을 다하고, 성품을 다하고, 힘을 다하여, 네 하나님 여호와를 사랑하라. 오늘날 내가 네게 명하는 이 말씀을 너는 마음에 새기고, 네 자녀에게 부지런히 가르치며, 집에 앉았을 때에든지, 길에 행할 때에든지, 누웠을 때에든지, 일어날 때에든지, 이 말씀을 강론할 것이며, 너는 또 그것을 네 손목에 매어 기호를 삼으며, 네 미간에 붙여 표를 삼고, 또 네 집 문설주와 바깥문에 기록할지니라.

하나님을 사랑하는 법

신명기의 이 말씀들을 읽을 때 분명히 알 수 있는 것은, 주된 주제가 하나님께 대한 순종이라는 것입니다. 명령, 규례, 법도 등과 같은 단어가 두드러집니다(1,2,6절 참조). 그리고 이러한 명령, 규례, 법도들에 대한 순종이 얼마나 강조되었는지를 주목해 보십시오.

　우리는 그것들을 행해야 하며(1절), 지켜야 하며(2절), 행해야(순종해야) 합니다(3절). 또 그것들을 우리 마음에 새겨야 합니다(6절). 우리는 그것들을 자녀들에게 가르쳐야 하고, 그것들에 대해 계속 이야기해야 합니다. 즉 우리가 집에 있을 때든, 길을 가고 있을 때든, 누워 있을 때든, 일어날 때든 그 말씀들에 대해 이야기해야 하는 것입니다(7절). 우리는 모든 수단과 방법을 동원하여 그 말씀들을 지속적으로 상기해야 합니다.

　이스라엘 백성들에게 있어서는, 그렇게 하는 것이 바로 손목에 매며(8절), 미간에 붙이며, 문설주와 바깥문에 기록하는 것이었습니다(9절). 우리에게는, 그것은 종이에 성경 구절을 기록하여 화장실 거울이나, 책상 위의 시계 같은 곳에 붙여 두는 것입니다. 내 친구 하나는 조그만 카드에 그날을 위한 말씀을 기록하여 셔츠 호주머니에 넣고 다니면서 하루 종일 꺼내 보곤 합니다. 과속으로 차를 모는 경향이 있는 한 친구에게는, 그것은 속도를 보여 주는 계기판 위에 요한일서 2:6을 "저 안에 거한다 하는 자는, 예수님께서 운전하시듯 운전할지니라"라고 자기 말로 풀어 쓴 카드를 붙여 두는 것입니다. 물론, 말씀을 상기하기 위한 가장 확실한 방법은 성경암송이라는 훈련을 하는 것입니다. 핵심이 되는 구절들을 날마다 복습하고 묵상하는 것은 하나님의 명령들을 우리 앞에 두는, 단연 가장 효과적인 수단입니다.

　"너는 마음을 다하고 성품을 다하고 힘을 다하여 네 하나님 여호와를 사랑하라"(5절)라는 가장 큰 계명은 유대인들에게 하나님의 율법에 순종하는 것과 그 교훈들을 지키기 위해 언제나 자기 앞에 두는 것의 중요성을 강조하는 가운데 주어졌다는 것을 알 수 있습니다. 그래서 나는 마음과 성품과 힘을 다하여 하나님을 사랑하는 것의 핵심은 그분의 법에 순종하는 것임에 틀림없다는 결론을 내렸습니다.

(다시 한번 여러분에게 상기하고 싶은 것이 있습니다. 내가 오늘날 우리에게 적용되는 것으로서 하나님의 법을 거론할 때는, 그것은 모든 사람에게 주어진 하나님의 영원한 도덕률을 말하는 것입니다. 모세를 통해 이스라엘 백성들에게 주어진 법을 말하는 것은 아닙니다. 모세를 통해 주어진 법 중에는 의식에 관한 법과 민법처럼 일시적인 것도 있습니다.)

이처럼 하나님을 사랑하는 것과 하나님께 순종하는 것을 동일시하는 것이 신명기의 두드러진 특징입니다. 신명기에서, 사랑과 순종이 묶여 있는 구절을 여섯 군데서 발견했습니다. 이처럼 반복을 통해 강조하고 있는데, 이를 실감할 수 있도록 다음에 인용합니다.

> 이스라엘아, 네 하나님 여호와께서 네게 요구하시는 것이 무엇이냐? 곧 네 하나님 여호와를 경외하여 그 모든 도를 행하고, 그를 사랑하며, 마음을 다하고 성품을 다하여 네 하나님 여호와를 섬기고, 내가 오늘날 네 행복을 위하여 네게 명하는 여호와의 명령과 규례를 지킬 것이 아니냐?(10:12-13)

> 내가 오늘날 너희에게 명하는 나의 명령을 너희가 만일 청종하고 너희의 하나님 여호와를 사랑하여 마음을 다하고 성품을 다하여 섬기면.(11:13)

> 너희가 만일 내가 너희에게 명하는 이 모든 명령을 잘 지켜 행하여, 너희 하나님 여호와를 사랑하고 그 모든 도를 행하여 그에게 부종하면.(11:22)

또 네가 나의 오늘날 네게 명하는 이 모든 명령을 지켜 행하여 네 하나님 여호와를 사랑하고 항상 그 길로 행할 때에는…. (19:9)

네 하나님 여호와께서 네 마음과 네 자손의 마음에 할례를 베푸사 너로 마음을 다하며 성품을 다하여 네 하나님 여호와를 사랑하게 하사 너로 생명을 얻게 하실 것이며… 너는 돌아와 다시 여호와의 말씀을 순종하고 내가 오늘날 네게 명한 그 모든 명령을 행할 것이라. (30:6,8)

내가 오늘날 천지를 불러서 너희에게 증거를 삼노라. 내가 생명과 사망과 복과 저주를 네 앞에 두었은즉, 너와 네 자손이 살기 위하여 생명을 택하고, 네 하나님 여호와를 사랑하고 그 말씀을 순종하며 또 그에게 부종하라. 그는 네 생명이시요 네 장수시니, 여호와께서 네 열조 아브라함과 이삭과 야곱에게 주리라고 맹세하신 땅에 네가 거하리라. (30:19-20)

하나님의 법에 순종하는 것이 하나님을 사랑하는 주된 방법이라는 것이 결코 놀랄 만한 일이 아닙니다. 예수님께서도 "나의 계명을 가지고 지키는 자라야 나를 사랑하는 자니, 나를 사랑하는 자는 내 아버지께 사랑을 받을 것이요, 나도 그를 사랑하여 그에게 나를 나타내리라"(요한복음 14:21, 그리고 15절과 23절도 참조)고 말씀하셨습니다. 그리고 사도 요한은 "하나님을 사랑하는 것은 이것이니, 우리가 그의 계명들을 지키는 것이라"(요한일서 5:3)라고 썼습니다. 나는 요한복음 14:21을 안 지가 오래 되었으며, 그 말씀에 대해 가르치기도

했고, 글을 쓰기도 했습니다. 나는 우리가 하나님을 사랑한다는 증거는 하나님께 대한 순종이라고 가르쳐 왔습니다. 다른 말로 하면, 하나님께 대한 우리의 사랑은 언제나 그분께 대한 순종으로 나타날 것입니다.

"자동 속도 조정"식 순종

그러면 새롭게 배운 것은 무엇입니까? 나는 마태복음 22:37과 신명기 6:5을 공부함으로 이전에 알지 못했던 어떤 것을 배웠습니까? 내가 알게 된 것은 전심으로 그리고 철저하게 하나님께 순종해야 한다는 것이었습니다. 만약 마음과 성품과 뜻을 다해 하나님을 사랑해야 한다면, 그리고 순종이 그러한 사랑의 주요한 부분을 차지하고 있다면, 우리는 마음과 성품과 뜻을 다해 그분께 순종해야 합니다. 가진 모든 것을 동원하여 하나님께 순종해야 하는 것입니다.

　내가 관찰한 바로는, 대부분의 그리스도인들이 순종에 대해 내가 "자동 속도 조정"식 순종이라고 부르는 접근법을 쓰고 있습니다. 오늘날의 많은 차들은 자동 속도 조정 시스템이라는 편리한 기능을 가지고 있습니다. 이것은 자동차의 임의의 지정 속도를 자동으로 유지해 주는 시스템입니다. 예를 들어, 고속도로를 달릴 때, 원하는 속도만큼 가속을 하고 나서 자동 속도 조정 버튼을 눌러 놓으면, 가속 페달에서 발을 떼어도 엔진에 붙어 있는 어떤 기능에 의해 당신이 원하는 그 속도를 유지해 줍니다. 그러면 당신은 마음에 여유를 갖고 약간 긴장을 풀 수 있습니다. 과속으로 딱지를 뗄까 봐 속도계를 열심히 들여다볼 필요도 없으며, 계속 가속 페달을 밟고 있어야 할 때와 같은 피곤을 더 이상 경험하지 않아도 됩니다. 그것은 매우 편리하고 비교적 마음을 편하게 해줍니다. 대단한 기능입니다.

그러나, 우리는 이와 같은 방법으로 하나님께 순종을 하는 경향이 있습니다. 운전을 계속 비유로 사용할 것 같으면, 우리는 자신의 행동이 어떤 수준 혹은 "속도"에 이를 때까지 순종의 가속 페달을 밟습니다. 그 어떤 수준이란, 흔히 주위의 그리스도인들의 행동 표준에 의해 결정됩니다. 우리는 그들 뒤에 처지기를 원하지 않습니다. 자신이 그들만큼은 영적이기를 원하기 때문입니다. 한편, 그들보다 앞서려고 애쓰지도 않습니다. 자신이 별스럽게 보이기를 바라지 않기 때문입니다. 그저 우리 주위에 있는 사람들의 순종의 수준에 잘 어울릴 수 있을 정도만을 원할 뿐입니다.

일단 이러한 순종의 수준에 도달하면, 우리는 마음속에서 "자동 속도 조정" 버튼을 누르고, 마음을 느슨하게 하며, 긴장을 풉니다. 그리고 나면 우리의 특정 기독교적 환경이 계속 우리로 하여금 거기서 용인될 만한 수준의 행동을 하게 해줍니다. 우리는 하나님의 말씀에 나와 있는 계기판을 들여다보지 않아도 되고, 마음과 성품과 뜻을 다하여 그분께 순종하느라 애쓸 때의 피곤을 겪지 않아도 됩니다. 이러한 것이 내가 "자동 속도 조정"식 순종이라고 부르는 것입니다. 요즘 대부분의 그리스도인은 이러한 삶을 살고 있다고 생각합니다.

"경주차"식 순종

이와 대조적으로, 경주차 운전자들을 생각해 보십시오. 그들은 자동 속도 조정 기능을 사용하는 것을 생각조차 하지 않을 것입니다. 물론 주위에 있는 사람들의 속도에 맞추는 데는 전혀 관심이 없습니다. 그들은 일요일 오후의 한가한 드라이브를 즐기고 있는 게 아닙니다. 그 경주에서 이기기를 원하는 것입니다.

경주차 운전자들은 운전하는 데만 초점을 맞추고 있습니다. 발은 언제나 가속 페달 위에 놓여 있으며, 차의 성능이 허락하는 한 최고 속도로 달리고자 합니다. 눈은 언제나 트랙에 가 있으며, 트랙을 돌 때는 주위의 다른 차들과 부딪치지 않고 돌기 위해 자기의 모든 기술을 총동원합니다. 그들은 마음과 성품과 뜻을 다해 운전을 하고 있습니다.

이런 식으로 사랑하는 것이 바로 마음과 성품과 뜻을 다해 하나님을 사랑한다는 의미입니다. 그것은 우리의 마음과 성품과 뜻을 다해 하나님께 순종하는 것입니다. 그것은, 히브리서 12:14 말씀에 나와 있듯이 "거룩함을 좇는 것"이며, 사도 베드로의 말과 같이, 그리스도를 닮은 여러 성품을 믿음에 더하기 위해 "더욱 힘쓰는 것"입니다(베드로후서 1:5-7).

사도 바울은 자동차 경주나 자동 속도 조정 시스템에 대해서는 알지 못했습니다. 그래서 달리기를 비유로 들었습니다. 그는 고린도전서 9:24-27에서 다음과 같이 말했습니다:

> 운동장에서 달음질하는 자들이 다 달아날지라도 오직 상 얻는 자는 하나인 줄을 너희가 알지 못하느냐? 너희도 얻도록 이와 같이 달음질하라. 이기기를 다투는 자마다 모든 일에 절제하나니, 저희는 썩을 면류관을 얻고자 하되, 우리는 썩지 아니할 것을 얻고자 하노라. 그러므로 내가 달음질하기를 향방 없는 것같이 아니하고, 싸우기를 허공을 치는 것같이 아니하여, 내가 내 몸을 쳐 복종하게 함은, 내가 남에게 전파한 후에 자기가 도리어 버림이 될까 두려워함이로라.

현대적인 예화와 어떤 유사성을 볼 수 있습니까? 방향도 없이 달리는 경주자나 허공을 치는 권투 선수는 일요일의 드라이브를 위해 자동 속도 조정 기능을 사용하여 돌아다니는 사람과 동일합니다. 상을 얻기 위해 엄격한 훈련을 하며 자기 몸을 쳐 복종시키는 - 즉, 자기 욕망을 억제하는 - 경주자는 자기의 마음과 성품과 뜻을 다해 운전하는 경주차 운전자와 같습니다. 그리고 모세와 예수님과 바울은 하나같이 바로 이런 식으로 우리가 그리스도인의 삶을 살아야 한다고 했습니다.

하나님께서는 우리가 일주일의 나머지 날들은 "자동 속도 조정"식 순종의 삶을 살면서 주일 아침에 교회에 와서 예배를 드린다고 감동을 받지 않으십니다. 경건한 마음으로 모든 감정을 다 쏟아 가며 찬송을 부를 수도 있지만, 당신의 예배는 그것에 수반되는 순종만큼만 하나님을 기쁘시게 합니다.

그래서 성령께서는 내가 하나님께 대한 사랑을 고백해도 웬지 불편한 느낌을 갖게 하셨던 것입니다. 내 삶 가운데 무슨 파렴치한 죄가 있지는 않았으나, 나는 단지 "자동 속도 조정"식 순종의 삶을 살고 있었던 것입니다. 나는 거룩한 삶을 "추구하는" 데 마땅히 따라야 하는 헌신과 열정을 잃어버린 상태에 있었습니다. 나는 마음과 성품과 뜻을 다하여 하나님을 순종하려고 노력하지는 않고 있었습니다. 그 대신, 편안하고 틀에 박힌 듯한 삶에 안주하고 있었습니다. 무슨 심각한 죄가 있는 것은 아니었지만, 삶의 모든 영역에서, 특히 대인 관계의 영역에서, 하나님께 전심으로 순종하려는 노력은 없는, 그러한 삶을 살고 있었던 것입니다.

우리는 마땅히 하나님을 기뻐하며 즐거워해야 합니다. 우리는 경건의 시간에 그리고 그날 하루 종일 하나님과의 교제를 간절히 사모해야 합니다. 하나님의 아름다움을 앙망하며 그 전에서 하나님을 사모하는 것이 필요합니다. 웨스트민스터 소요리 문답에서는 "인간의 제일 가는 목적은 무엇입니까?"라는 질문에 "인간의 제일 가는 목적은 하나님을 영화롭게 하며, 영원토록 그분을 즐거워하는 것입니다"라고 답하고 있습니다. 우리는 하나님을 영화롭게 할 뿐만 아니라, 영원히, 이생과 영원한 삶을 통해, 그분을 즐거워해야 합니다.

그러므로 하나님을 즐거워하는 것과, 그분과 교제를 나누며 그분께 예배하고자 하는 열망은 하나님을 사랑하는 데 있어서 분명 중요한 요소입니다. 그러나 가장 중요한 요소는 전심으로 순종하는 것입니다. 즉 우리의 마음과 성품과 뜻을 다해 그분께 순종하고자 하는 열망이 있어야 하는 것입니다.

올바른 동기

비록 순종이 하나님께 대한 우리의 사랑을 표현하는 주된 방법이기는 하지만, 그것이 사랑과 동일한 것은 아닙니다. 사랑은 본질적으로 하나의 동기입니다. 사랑은 동사(動詞)라고 말한 사람이 있습니다. 예를 들면, 나는 그리스도께서 교회를 사랑하시듯 아내를 사랑해야 합니다(에베소서 5:25). 예수님께서는 우리의 원수를 사랑하라고 하셨습니다(마태복음 5:44). 각 경우에, 사랑은 동사로 사용되었습니다. 그러므로 사랑은 행동이지 감정이 아니라는 말이 맞습니다. 나는 원수들을 사랑하되, 그들에 대한 나의 감정에 무관하게 사랑하여야 합니다.

그러나, 또다른 의미에서는, 사랑은 동사가 아니라 다른 동사를, 다시 말해, 어떤 행동을 촉구하고 이끄는 동기입니다. 예를 들면, 나는 원수들을 사랑하되, 첫째 그가 나에게 한 나쁜 행동을 용서함으로써 그들을 사랑하며, 그리고 적절한 방법으로 그들의 행복을 도모해 줌으로 그들을 사랑합니다. 여기서 동사는 '용서하다'와 '도모하다'입니다. 사랑을 구체화하기 위해서는 언제나 다른 동사가 필요합니다. 그 자체만으로는 아무것도 할 수 없습니다. 고린도전서 13장에서 바울은 사랑을 일련의 행동들로 묘사하고 있습니다. 예를 들면, 사랑은 오래 참는 것이며, 온유하며, 투기하지 않는 것, 자랑하지 않는 것 등입니다.

하지만 뒤집어 말하면, 나의 행동들에 정당성을 부여하며 또한 그 행동들이 하나님께도 받아들여지게 하는 것은 바로 사랑입니다. 나는 원수들이 나를 잘 대하며 나를 해치지 않기를 바라면서 그들의 행복을 도모할 수도 있습니다. 이것은 사랑이 아니라 교묘한 속임수입니다. 그것은 그들의 행복을 도모하는 것을 가장하여 나의 행복을 도모하는 것입니다.

하나님께 대한 사랑이 순종을 위한 단 하나의 합당한 동기입니다. 이러한 사랑은 하나님을 공경하며 그분을 기쁘시게 하려는 열망으로 나타날 수도 있습니다. 이러한 것은 반드시 사랑으로부터 우러나와야 합니다. 사랑이라는 동기가 없으면, 나의 순종도 근본적으로 나 자신을 섬기는 것이 됩니다.

소극적인 동기로 순종할 수 있습니다. 예를 들면, 불순종하면 하나님께서 벌하실까 봐 혹은 축복을 보류하실까 봐 순종할 수가 있는 것입니다. 어떤 죄된 행동을 삼가는 것은, 다른 사람에게 들킬까 봐 두려워 혹은 죄책감을 느낄까 봐 그럴 수도 있습니다.

또는, 적극적인 동기로 순종할 수도 있습니다. 예를 들어, 하나님의 축복을 얻어내기 위해 순종을 할 수도 있습니다. 내가 어떤 행동 표준에 맞추는 것은 내가 속해 있는 기독교 문화에 맞추며 거기서 용납받기 위함일 수 있습니다. 또한 내가 외적으로 순종하는 것은, 내가 고분고분한 성격을 가지고 있어서 부모, 교사, 혹은 권위를 가진 자, 심지어 하나님께 순종하는 것이 단지 나의 타고난 "성격"이기 때문일 수도 있습니다.

소극적인 동기든, 적극적인 동기든, 이 모든 동기는 겉모양만의 순종을 낳으며, 그것은 참마음으로 하는 순종이 아닙니다. 우리 행동이 다른 사람들이 보기에는 훌륭해 보일 수 있으나, 하나님께 대한 사랑의 동기에서 나온 것이 아니므로 그분께 열납되지 않습니다. 사랑으로 말미암은 순종이 참된 순종입니다.

마음과 성품과 뜻을 다하여 하나님을 사랑하는 것과 전심으로 부지런히 그분께 순종하는 것은 동전의 양면과 같습니다. 둘 중에 어느 하나만을 가질 수는 없습니다. 주일날 아침에 드리는 예배나 개인적으로 드리는 예배를 아무리 열심히 드린다 해도 하나님께 순종하는 데 열심이 없다면 헛된 일입니다. 한편, 하나님의 법에 철저히 순종한다 해도, 하나님을 향한 사랑으로 말미암은 것이 아니면 또한 헛된 것입니다.

마태복음 22:37의 주석에서, 존 칼빈은 다음과 같이 썼습니다:

> 그리스도께서 여기서 말씀하신 바는, 우리 자신의 뜻에 의해 자유로운 마음으로 하는 봉사만이 하나님께 받아들여질 만하다는 것이다. 결국, 하나님께 순종하는 사람은 그분을 먼저 사랑할 것이다.… 그러므로 하나님께 대한 사랑이 신앙의 시작이라는 것을 배우도록 하자. 이는 하나님께서는 강요된 순종이 아니라 자유롭고 자발적인 섬김을 원하시기 때문이다.… 마지막으로 우리는, 하나님께서 외적인 성취에 마음을 두시는 것이 아니라 주로 내적인 동기를 보시며, 그리고 좋은 뿌리에서 좋은 열매가 자란다는 것을 알게 된다.

우리 부부는 마무리 공사가 안 된 차고가 있는 집으로 이사를 했습니다. 차고에 갈 때마다 거친 콘크리트 벽과 거무튀튀한 밑바닥이 눈에 들어왔습니다. 깔끔한 차고가 있는 집에서 20년이나 살았던 터라, 상당히 신경을 건드렸습니다. 아들이 잠시 우리 집을 방문했다가 내가 차고에 대해 불편을 느끼고 있다는 것을 알고는, 자원하여 차고의 마무리 공사를 해보겠다고 했습니다.

아들은 이전에 차고 공사를 해본 적이 없었기에 일을 배워 가면서 해야 했습니다. 공사가 끝났을 때 보니, 전문가가 한 것과 견줄 수는 없었지만 그런 대로 잘 되어 있었습니다. 그러나 전문가가 했을 때보다 더 기뻤습니다. 왜냐고요? 그 일은 사랑으로 말미암아 이루어졌기 때문입니다. 아들은 무슨 보상을 기대하고 한 것이 아닙니다. 나의 호의를 얻기 위해서나 나를 교묘하게 조종하여 자기 유익을 도모하기 위해서 그 일을 하지는 않았습니다. 단지 자신의 사랑을 나타내고 싶었을 뿐입니다. 이제는 차고에 갈 때마다 깔끔한 벽을 보게 되며, 게다가, 거기에 스며들어 있는 아들의 사랑을 느낍니다. 나에게는 아들의 동기가 그의 솜씨보다 더 중요했습니다.

하나님께도 아마 우리가 순종하는 동기가 성취의 수준보다는 훨씬 더 중요할 것입니다. 계속 괴롭히는 무슨 죄와 싸우고 있으나, 하나님께 대한 사랑의 동기에서 그렇게 하고 있는 사람은, 죄와의 싸움은 없으나 자기의 절제력을 자랑하는 사람보다 더 하나님께 기쁨을 드릴 것입니다. 물론, 사랑의 동기로 순종하는 사람은 성취의 수준에도 신경을 쓰게 마련입니다. 삶의 모든 영역에서 하나님을 기쁘시게 하려는 참된 열망과 정성 어린 노력이 있을 것입니다.

우리의 순종을 더럽히는 동기는 자랑 외에 다른 것도 있습니다. 바로 죄책감을 느끼지 않으려는 동기입니다. 특히 곧잘 넘어지는 영역에서 그러한 동기를 갖기가 쉽습니다. 당신은 어떤 죄를 이전에 여러 차례 범했는데, 그 뒤에 따라오던 죄책감을 잘 알고 있습니다. 그럴 때, 당신이 그 죄의 유혹과 싸우려는 동기는 하나님께 대한 사랑을 표현하기 위함이 아니라 그 죄로 말미암은 죄책감을 피하기 위함일 수 있습니다.

또 다른 잘못된 동기는, 불순종의 결과를 두려워하는 것입니다. "넘치는 은혜, 변화되는 삶"이라는 책에서, 나는 십일조를 드리는 것이 자신의 의무라고 믿고 있던 사람에 대해 소개한 적이 있습니다. 왜 그렇게 철저히 십일조를 드리느냐고 묻자, 그는 "드리지 않는 게 두려워서요"라고 답변했습니다. 그는 십일조를 드리지 않으면, 하나님께서 벌을 내려 재정적인 손실을 입게 하실까 봐 두려워하고 있었습니다. 그의 동기는 사랑이 아니라 벌에 대한 두려움이었습니다.

또 다른 흔한 동기는 하나님으로부터 뭔가를 얻으려는 것입니다. 그것은 의자에 앉아서 기도하지 않고 바닥에 무릎을 꿇고 기도하면, 말씀을 전할 때 하나님께서 더 많이 축복해 주실 것이라고 생각하는 것만큼이나 어리석습니다. 나는 무릎을 꿇고 기도하는 것 자체를 헐뜯고 있는 것은 아닙니다. 좋은 행동이라도 우리의 거짓된 마음으로 인해 하나님께 대한 사랑이 아닌 다른 동기에서 행할 수 있다는 것을 보여 주고자 한 것입니다.

사랑 안에서 자라 감

그러면 어떻게 우리는 하나님을 향한 사랑을 키울 수 있겠습니까? 그래야 그릇된 동기가 아니라 올바른 동기에서 순종을 할 수 있을 것입니다. 성경은 첫 번째 실마리를 제공해 줍니다: "우리가 사랑함은 그가 먼저 우리를 사랑하셨음이라"(요한일서 4:19). 오로지 우리를 향한 하나님의 사랑에 대한 응답으로서만 우리는 하나님을 사랑할 수 있습니다. 하나님께서 우리를 사랑하신다는 것을 믿지 않는다면, 그분을 사랑할 수도 없습니다. 하나님을 사랑하려면, 하나님께서 우리

편이시며 우리를 대적하지 않으신다는 사실을 믿어야만 하며(로마서 8:31), 우리를 종이 아니라 아들과 딸로 받아들이신다는 것을 믿어야 합니다(갈라디아서 4:7).

하나님께서 우리를 사랑하신다는 것을 믿지 못하게 하는 것은 무엇입니까? 바로 우리 죄로 말미암은 죄의식과 정죄받고 있다는 느낌입니다. 찰스 하지는 다음과 같이 말했습니다:

> 많은 그리스도인들에게 있는 큰 어려움은 그리스도(또는 하나님)께서 자신들을 사랑하신다는 것을 확신하지 못하는 것이다. 그리고 그들이 하나님의 사랑을 확신하지 못하는 이유는 자신들이 하나님의 사랑을 받을 만한 자격이 없고, 너무나 사랑이 안 가는 존재라는 것을 알고 있기 때문이다. 어떻게 무한히 정결하신 하나님께서 죄로 더럽혀진 이들, 교만하고, 이기적이고, 만족할 줄 모르고, 감사할 줄 모르고, 불순종하는 자들을 사랑하실 수 있단 말인가? 이는 참으로 믿기가 어려운 것이다.

죄에 깨어 있는 민감한 양심, 특히 교만, 비방, 원망, 불만, 짜증 등과 같은 "세련된" 죄에 깨어 있는 민감한 양심은 우리의 외적인 행동 밑 깊숙한 곳에 자리잡고 있는 죄를 알게 해주기 때문에 거룩한 삶을 추구하는 데 매우 도움이 됩니다. 그러나 이 동일한 양심이 우리를 죄책감으로 짓누를 수 있으며, 그렇게 짓눌리고 정죄받고 있다는 느낌을 갖고 있을 때는 하나님을 사랑하거나 그분이 우리를 사랑하신다는 것을 믿기가 어렵습니다.

제임스 프레이저는 "그러나 양심이 죄책감을 느끼게 하며, 정죄와 진노 아래 있다는 느낌을 계속 갖게 할 때는 순결한 마음, 혹은 하나님을 향한 신실한 마음, 혹은 하나님께 대한 진정한 사랑을 가질 수가 없다. 인간의 본성은 너무나 굳어져 있어서, 그것과 반대되거나 무서움을 주는 대상은 사랑할 수가 없다"라고 했습니다. 프레이저가 말한 것은 기본적으로, 우리가 하나님의 심판과 정죄 아래 있다고 생각하고 있으면 그분을 사랑할 수가 없다는 것입니다.

이 말은 우리 양심이 문제를 삼고 있는 그 죄들을 끊임없이 십자가로 가져가 정결케 하는 그리스도의 보혈의 능력을 의지해야 한다는 것을 뜻합니다. 우리 양심을 씻겨 더 이상 죄책감을 느끼지 않게 해 주는 것은 그리스도의 피밖에 없습니다(히브리서 9:14, 10:2). 제임스 프레이저의 말을 다음과 같이 우리 말로 풀어 쓸 수 있습니다: "일단 우리 양심이 씻김을 받으면 더 이상 죄책감이나 심판을 받는다는 느낌이 없다. 그러므로 좋은 양심을 갖는 두 길이 있다. 하나는 죄를 범하지 않는 것이요, 다른 하나는 예수 그리스도의 보혈을 사용하여 죄책감을 씻어 내는 것이다."

우리 양심을 그리스도의 피로 정결케 하여 죄책감이 제하여졌을 때, 우리는 자유롭게 마음과 성품과 뜻을 다하여 그분을 사랑할 수가 있습니다. 사실, 우리는 자유롭게 될 뿐 아니라, 전심으로 그분을 사랑하고 싶은 동기를 받습니다. 하나님께 감사하는 마음과 하나님께 순종하고픈 뜨거운 열망으로 말미암아 우리의 사랑은 자발적인 것이 됩니다.

예수님께서는 "사함을 받은 일이 적은 자는 적게 사랑하느니라"(누가복음 7:47)고 말씀하셨습니다. 이 말씀의 문맥을 살펴보면, 그 역(逆)도 사실이라는 것을 알 수 있습니다: 사함을 많이 받은 자는 많이 사랑한다. 그러므로, 자신이 죄악 되다는 것을 얼마나 깨닫는지, 그리고 완전히 용서받았고 그러한 죄들로부터 정결케 되었다는 것을 어느 정도로 확신하는지가 하나님을 얼마나 사랑하게 될지를 결정한다고 말할 수 있습니다.

그러므로 하나님을 사랑하는 데서 자라 가고, 그러한 사랑에서 우러나오는 바람직한 순종을 하는 면에서 자라 가기를 원한다면, 우리는 거듭 거듭 십자가와 예수 그리스도의 정결케 하는 피로 돌아가야 합니다. 이 때문에 날마다 복음을 자신에게 전하는 것이 그토록 중요한 것입니다. 우리는 날마다 죄를 범하기 때문에, 양심은 날마다 우리를 정죄할 것이요, 우리는 날마다 복음을 필요로 합니다.

믿음과 사랑

믿음과 사랑 사이에는 불가분의 관계가 있습니다. 믿음이 없으면 하나님을 기쁘시게 할 수가 없고(히브리서 11:6), 우리가 이미 살펴보았듯이 사랑이 없으면 하나님을 기쁘시게 할 수가 없습니다. 그러나 이러한 사랑은 우리가 믿음으로 복음의 진리를 꽉 붙잡을 때라야 마음속에서 우러나옵니다. 이를 위해서는, 복음을 계속 섭취함으로 우리 믿음이 끊임없이 강화되어야 합니다. 그래서 나는 1장에서 우리 그리스도인들이 날마다 들어야 하는 가장 중요한 메시지는 바로 복음이라고 했던 것입니다. 그것이 우리가 들어야 할 유일한 메시지는 아닙니다. 우리는 제자도에 필요한 것들에 대해서도 들어야 할 필요가 있습니다. 그러나 복음이 가장 중요합니다. 그것만이 제자의 삶으로 부르시는 우리 주님께 응답하고자 하는 올바른 동기와 지속적인 동기력을 주기 때문입니다.

사도 바울은 갈라디아서 5:6에서, "그리스도 예수 안에서는 할례나 무할례가 효력이 없되, 사랑으로써 역사하는 믿음뿐이니라"고 했습니다. 믿음으로 복음의 진리를 날마다 섭취함에 따라, 그러한 믿음은 사랑, 즉 하나님께 대한 사랑의 순종으로 나타날 것입니다. 이것이 바로 믿음의 본질입니다.

다음 장부터는 거룩한 삶을 추구하는 데 중요한 다른 몇 가지 훈련을 살펴보겠습니다. 그러나 기억하십시오. 당신의 영을 계속 복음의 위대한 진리들로 먹이는 훈련만큼 중요한 훈련은 없습니다.

존 오웬은 청교도 신학자들 가운데 최고봉으로 여겨집니다. 그는 죄에 대한 훌륭한 책을 세 권 저술했습니다. 이는 각각, 죄를 물리치는 것, 유혹, 그리고 내재하는 죄의 속성에 관한 것입니다. 이 세 권의 책은 나 자신이 개인적으로 거룩한 삶을 추구하는 데 큰 영향을 미쳐왔습니다. 그는 또한 하나님과의 친교에 관한 책도 썼는데, 거기에 보면 이런 말이 있습니다: "하나님 아버지께 안겨 드릴 수 있는 가장 큰 슬픔과 짐이요 그분께 행할 수 있는 가장 몰인정한 것은, 그분이 당신을 사랑하신다는 것을 믿지 않는 것이다."

이 말이 놀랍습니까? 당신은 오웬이 우리가 하나님 아버지께 안겨 줄 수 있는 가장 큰 슬픔과 짐은 무슨 수치스러운 죄를 범하는 것이라고 말할 것으로 생각했습니까? 우리는 하나님을 우리의 아버지로서보다는 재판장으로 더 생각하는 경향이 있지는 않습니까? 이는 우리가 복음을 계속 우리 앞에 두지 않고 있기 때문입니다. 당신은 그의 저서들을 보면 존 오웬이 결코 죄에 대해 부드럽게 대하지 않는다는 것을 알 수 있을 것입니다. 사실, 내재하는 죄에 대한 그의 글을 보면 큰 경각심을 갖게 합니다. 그는 우리 속에 거하는 죄의 속성, 권세, 그리고 기만성에 대해 적나라하게 파헤쳤습니다. 그러나 오웬은 우리 앞에 복음 – 예수 그리스도 안에 계시된 하나님의 사랑 – 을 늘 두어야 한다는 것에 더 관심을 기울이고 있었습니다.

우리는 그리스도를 통해 나타난, 우리를 향한 하나님의 사랑을 인식하고 있는 정도에 비례하여 우리의 마음과 성품과 뜻을 다하여 하나님을 사랑할 것입니다. 그러므로 다음에 나오는 장들에서 거룩한 삶을 추구하기 위해 우리가 행할 필요가 있는 개인적인 훈련들에 대해 살펴볼 때도 복음을 우리 삶의 "선반" 위에 올려 놓지 않도록 합시다. 이를 매일 되새기며, 복음으로 말미암은 즐거움을 누리는 가운데 이러한 훈련들을 행하도록 합시다.

8

의지하면서 하는 훈련

여호와께서 집을 세우지 아니하시면
세우는 자의 수고가 헛되며,
여호와께서 성을 지키지 아니하시면
파수꾼의 경성함이 허사로다.
시편 127:1

제트 여객기를 타고 3만 5천 피트 상공을 날고 있는데, 조종사가 기내 스피커를 통해 "승객 여러분, 우리는 큰 문제에 봉착했습니다. 비행기 날개 하나가 지금 부러지려고 하고 있습니다"라는 방송을 한다고 합시다. 어느 쪽 날개가 부러지는 것이 나을까요? 오른쪽입니까, 아니면 왼쪽입니까? 어리석은 질문이 아니겠습니까? 한 날개로 날 수 있는 비행기는 없습니다. 엔진이 여러 개지만 위급시에는 엔진 하나로 날 수 있도록 설계된 비행기는 있습니다. 그러나 한 날개로 날 수 있는 비행기는 없습니다. 두 날개 다 절대적으로 필요합니다.

날고 있는 비행기를 그 위에서 내려다보면 대략 앞의 그림과 같은 모양이 될 것입니다.

당신은 그림에서, 동체(그 속에 당신이 앉아 있음), 두 날개, 그리고 꼬리를 보게 됩니다. 두 날개를 보면 왼쪽 날개에는 의지(依支), 오른쪽 날개에는 훈련이라는 말이 있는 것을 볼 수 있습니다. 이 비행기는 그리스도인의 삶에서 가장 중요한 원리 가운데 하나를 보여 줍니다. 비행기가 날기 위해서는 두 날개가 있어야 하는 것과 똑같이, 우리는 거룩한 삶을 추구할 때 의지하는 것과 훈련하는 것 이 두 가지를 다 해야 합니다. 비행기가 한 날개로 비행하는 것이 불가능한 것과 똑같이 우리는 의지나 훈련 중 어느 하나만으로는 성공적으로 거룩한 삶을 추구할 수 없습니다. 반드시 둘 다 있어야 합니다.

지금 내가 말하고 있는 훈련은 어떤 기술에서 어떤 사람을 단련시키기 위한 활동을 의미합니다. 사도 바울은 디모데에게 경건에 이르도록 자신을 훈련하라, 혹은 연습하라고 했습니다(디모데전서 4:7). 디모데에게 자신을 훈련하라고 촉구하면서, 그는 체육 용어를 사용했습니다. 그 단어는 원래 젊은 운동 선수가 당시의 겨루기 경기를 위하여 훈련하는 것을 가리켰습니다. 그러던 것이 나중에는 정신적인 훈련과 도덕적인 면의 훈련도 의미하게 되었습니다. 바울은 영적 훈련을 지칭하기 위해 이 말을 썼습니다.

바울이 디모데에게 "네 자신을 훈련하라"고 한 점을 주목해 보십시오. "은혜로 하는 훈련"을 다룬 5장에서, 우리에게 대한 하나님의 훈련, 즉 영적 자녀에 대한 그분의 훈련에 대해 살펴보았습니다. 이제 우리는 자신을 훈련하는 것, 즉 거룩한 삶을 추구하기 위해 감당해야 하는 우리의 책임에 대해 살펴보겠습니다. 그러나 비행기 예화의 뼈대는, 우리 자신의 힘과 의지력만으로 이 책임을 수행하려고 해서는 안 된다는 것입니다. 능력을 주시는 성령을 의지해야 합니다. 동시에 우리는 단지 의지하고 있기 때문에 아무런 책임이 없다고 생각해서도 안 됩니다. 하나님께서는 우리로 노력할 수 있게 해주시나, 우리 대신 노력해 주시지는 않습니다.

노력이냐, 기도냐?

성경에 보면, 하나님께 대한 의지와 우리 자신의 책임을 동시에 보여주는 구절들이 많이 있습니다. 예를 들면, 시편 127:1은 다음과 같이 말합니다:

> 여호와께서 집을 세우지 아니하시면
> 세우는 자의 수고가 헛되며,
> 여호와께서 성을 지키지 아니하시면
> 파수꾼의 경성함이 허사로다.

시편 기자는 집을 세우는 일과 성을 지키는 일에 하나님께서 긴밀하게 관여하신다는 것을 알았기 때문에, "여호와께서 집을 세우지 아니하시면… 여호와께서 성을 지키지 아니하시면"이라고 말했습니다. 그는 "여호와께서 집을 세우는 일과 성을 지키는 일을 도와주시지 아니하시면"이라고 한 것이 아니라 "여호와께서 집을 세우지 아니하시고, 성을 지키지 아니하시면"이라고 말했습니다.

그럼에도 시편 기자는 집을 짓기 위해 애써 수고하고 있는 건축자들과 성을 지키기 위해 서서 경성하고 있는 파수꾼을 마음속에 그리고 있었다는 것이 분명합니다. 건축자는 하나님께서 집을 세우실 것으로 기대한 나머지 도구들을 내팽개치고 낚시를 가서는 안 됩니다. 또한 파수꾼은 하나님께서 성을 지키실 것을 기대하고 집으로 잠을 자러 가서도 안 됩니다. 건축자는 마땅히 세우는 일을 해야 하고, 파수꾼은 마땅히 경성하고 있어야 합니다. 그러나 그들은 시편 기자가 말하듯이 하나님께서 집을 세우고 하나님께서 성을 지키신다는 것을 믿고 온전히 그분을 의지하는 가운데 자신들의 책임을 감당해야 합니다.

예루살렘 성을 쌓은 느헤미야도 의지하면서 훈련하는 원리, 즉 우리는 의지하고 있으며 동시에 책임이 있다는 이 원리를 잘 이해하고 있었습니다. 예루살렘 주위의 성을 다시 쌓는 계획을 수행하고 있을 때, 느헤미야는 대적들의 큰 방해를 받게 되었습니다. 유대인들이 성을 반쯤 높이까지 쌓았을 때의 일을 성경은 다음과 같이 기록하고 있습니다: "(대적들이) 다 함께 꾀하기를 예루살렘으로 가서 쳐서 요란하게 하자 하기로, 우리가 우리 하나님께 기도하며 저희를 인하여 파수꾼을 두어 주야로 방비하는데"(느헤미야 4:8-9).

공격 위협에 대한 느헤미야의 반응을 주목해 보십시오. 기도하고 파수꾼을 두었습니다. 그는 자신이 하나님을 의지하고 있다는 것을 인정했습니다. 그래서 기도하였습니다. 그러나 그는 자신이 노력을 해야 하는 책임도 받아들였습니다. 즉 파수꾼을 세운 것입니다.

오늘날, 우리는 두 진영으로 나뉘는 경향이 있습니다. 보다 더 "영적인" 사람들은 철야 기도회를 엽니다. 그들이 보기에는, 파수꾼을 세우는 것은 하나님 대신 인간적인 노력을 의지하는 것입니다. "실제적인" 사람들은 파수꾼을 모집하고 조직화하느라고 바쁩니다. 그날 밤의 각 시간대에 사람들을 할당하는 일을 잘 처리합니다. 그러나 너무나 바빠서 기도를 할 수가 없습니다. 그들은 "무슨 말씀입니까? 밤새도록 기도 모임을 갖는다고요? 우린 파수꾼들을 세워야 합니다"라고 말할 것입니다.

느헤미야와 그와 함께한 백성들은 두 가지를 다 했습니다. 그들은 기도했으며, 또한 파수꾼을 세웠습니다. 그들은 하나님을 의지하고 있다는 것을 알았습니다. 또한 하나님께서 자신들을 위해 대신 일을 해주시도록 의지하고 있는 것이 아니라, 자신들이 일을 할 수 있도록 능력을 주시고 도와주시도록 그분을 의지하고 있다는 것도 이해하고 있었습니다.

구약성경에 나오는 이스라엘의 역사를 보면, 하나님께서 기적적으로 개입하셔서 실제로 이스라엘을 위해 싸우신 경우들도 있기는 합니다. (역대하 20장의 기사가 아주 좋은 예입니다.) 그러나 이러한 경우는 예외적인 것이며, 늘 그런 것은 아닙니다. 신약성경에는, 거룩함에 관한 가르침에서 우리 쪽에서의 훈련은 없이 성령만을 의지하라고 한 경우는 한 번도 없습니다.

훈련은 인간적인 노력을 의지하는 것이 아니며, 흔히 말하듯 "육신의 일"도 아닙니다. 바울이 디모데에게 경건에 이르도록 자신을 훈련하라고 권할 때, 그는 순전한 인간적인 훈련과 의지력만을 의지하는 것을 마음에 두고 있지 않은 게 분명합니다. 사실 그는 디모데후서 2:1에서, 디모데에게 그리스도 예수 안에 있는 은혜 – 즉, 능력 – 속에서 강하라고 했습니다. 그럼에도 바울은 디모데에게 "모든 것을 하나님께 맡겨 버리라"고 권면한 것이 아니라 자신을 훈련하라고 권면했습니다. 우리는 비행기의 두 날개 다를 가지고 있어야 합니다. 한 날개로 날 수는 없습니다.

바울의 간증

빌립보서 4:11-13에 있는 바울의 간증을 살펴보십시오.

내가 궁핍하므로 말하는 것이 아니라, 어떠한 형편에든지

> 내가 자족하기를 배웠노니, 내가 비천에 처할 줄도 알고, 풍
> 부에 처할 줄도 알아, 모든 일에 배부르며 배고픔과 풍부와
> 궁핍에도 일체의 비결을 배웠노라. 내게 능력 주시는 자 안
> 에서 내가 모든 것을 할 수 있느니라.

바울은 자족하기를 배웠다고 했습니다. 그는 자족하는 것이 자신의 책임이요, 그러한 면에서 자라 갈 필요가 있다는 것을 알고 있었습니다. 그는 그 모든 것을 주님께 맡겨 버리고 자족하게 해주시도록 주님만을 의지하고 있지 않았습니다. 그는 이를 위해 노력했습니다. 그러나 자신에게 능력을 주시는 주님을 통해서만 자족할 수 있다는 것을 알고 있었습니다. 바울은 또한 주님으로부터 오는 이 능력이 "천국으로부터의 소포"로 자신에게 배달되는 것이 아니라는 것도 알고 있었습니다. 그것은 그냥 받으면 되는 무슨 물건과 같은 것이 아닙니다. 오히려, 그것은 그리스도와 연합한 결과로 주어진다는 것을 알고 있었습니다. 그는 "그리스도 안에" 있었기에, 성령을 통해 자기 안에서 역사하시는 그리스도를 믿음으로 의지할 수 있었습니다.

우리는 또한 의지해야 하느냐 아니면 책임을 져야 하느냐에 대한 바울의 생각을 보여 주는 또 하나의 예를 골로새서 1:28-29에서 찾아볼 수 있습니다: "우리가 그를 전파하여 각 사람을 권하고 모든 지혜로 각 사람을 가르침은 각 사람을 그리스도 안에서 완전한 자로 세우려 함이니, 이를 위하여 나도 내 속에서 능력으로 역사하시는 이의 역사를 따라 힘을 다하여 수고하노라." 그는 자신의 선교 사역을 위하여 힘을 다하여 수고한다고 했습니다. F. F. 브루스는 여기서 "힘을 다하여"라고 번역된 헬라어는 "강한 의미를 갖는 단어로서, 피곤하고 지칠 정도로 고되게 일하는 것을 의미한다"고 했습니다. 수고를 나타내는 헬라어는 경기에서 이기기 위해 온 힘을 다하는 운동 선수를 연

상시키는 말입니다.

그러므로 바울이 얼마나 열심히 수고했는지에 대해서는 의문의 여지가 없습니다. 그는 기진맥진할 정도로까지 고되게 일했으며, 달리기 선수가 테이프를 끊기 위해 있는 힘을 다하듯이 필사적으로 노력했습니다. 그러나 그는 재빨리 "내 속에서 능력으로 역사하시는 이의 역사를 따라" 그렇게 했다고 덧붙였습니다. 바울은 힘을 다하여 수고했습니다. 그러나 주님께서 주시는 능력으로 그렇게 했습니다. 그는 자신의 선교 사역에서 훈련되어 있었지만, 또한 주님을 의지하고 있었습니다. 비행기 예화로 돌아가면, 그는 한 날개로 날고자 시도하지는 않았던 것입니다.

골로새서 1:28-29에서, 바울은 사역에 대해서 쓰고 있는 것이지, 거룩한 삶을 추구하는 것에 대하여 쓰고 있는 것이 아니라는 점은 분명합니다. 그러나 그는 의지하면서 하는 훈련이라는 동일한 원리를 자족을 배우는 일에 적용했습니다. 그는 자신을 훈련시켜야 할 책임, 즉 자족을 배워야 할 책임을 인정했으나, 또한 성령을 의지하고 있다는 것도 인정했습니다.

수동적 접근

우리는 성령께서 우리 안에서 역사하사 우리가 하나님을 기쁘시게 하는 삶을 살 수 있게 한다는 이 영적 원리를 배울 필요가 있습니다. 성령께서 우리를 위해 대신 일해 주시는 것은 아닙니다. 오히려 우리가 일할 수 있도록 능력을 주시는 것입니다. 우리는 "주님께서 당신을 통해 주님의 삶을 사시게 해드리라"라는 표현을 종종 사용하곤 합니다. 나는 이 표현을 별로 좋아하지 않습니다. 이는 우리 쪽에서의 수동성을 암시하기 때문입니다. 그분이 나를 통해 그분의 삶을 사시지 않습니다. 오히려, 내가 그분을 의지할 때, 나로 그분을 기쁘시게 하는 삶을 살 수 있게 해주십니다.

몇 년 전 이렇게 수동적으로 접근하고 있을 때였습니다. 당시에는 그렇게 하는 것이 더 영적으로 여겨졌습니다. 나는 어떤 형제를 사랑하기 위해 애를 쓰고 있었습니다. 어느 날 저녁 하나님께서는 나의 사랑 부족을 진정으로 다루셨으며, 하나님께서 "나는 그를 사랑한다. 너도 사랑할 수 있겠지?"라고 말씀하고 계신 것 같았고, 나는 "주님, 저는 그를 사랑할 수가 없습니다. 하지만 주님께서 저를 통해 그를 사랑하시기를 원합니다"라고 응답했습니다.

무슨 일이 일어났습니까? 그러는 동안 그 형제를 향한 나의 태도는 진정으로 변했습니다. 사실, 우리는 아주 좋은 친구가 되었습니다. 예수님께서 나를 통해 그를 사랑하셨습니까? 아닙니다. 그분이 나로 하여금 그를 사랑할 수 있게 해주셨습니다. 우리는 거룩한 삶을 추구함에 있어서 수동적인 것이 아닙니다. 바로 우리가 사랑합니다. 바로 우리가 긍휼과 자비와 겸손과 온유와 오래 참음을 옷 입어야 합니다(골로새서 3:12). 그러나 능력 주시는 주님을 온전히 의지하는 가운데 그렇게 합니다.

이것은 단순한 의미론의 문제 그 이상입니다. 그것은 하나님께서 어떻게 우리 속에서 역사하시는지에 대한 이해의 차이입니다. 수동적 관점(이러한 관점의 성화에 대해 가르치는 사람들은 그것을 수동적인 접근이 아니라 "믿음"이라고 부르곤 합니다)의 핵심은 아마도 "사람이 할 일은 의지하는 것이요, 하나님께서 하실 일은 역사하시는 것이다"라고 요약될 수 있을 것입니다. 우리는 아무것도 할 수 없고 오직 의지할 수 있을 뿐이며, 우리가 의지하는 하나님께서 일하신다는 것입니다.

특히 나로 곤란을 느끼게 하는 것은, 우리는 아무것도 할 수 없고 오직 의지할 수 있을 뿐이라는 생각입니다. 나는 시편 기자와 느헤미야와 바울은 "사람의 할 일은 의지하면서 일하는 것이며, 하나님의 일은 그 일을 할 수 있도록 그 사람에게 능력을 주는 것이다"라고 했을 것으로 믿습니다. 혹은 "우리가 할 일은 일하는 것이며, 우리에게 능력 주시는 하나님을 의지하는 가운데 일하는 것이다"라고 말하는 것이 더 도움이 될지 모르겠습니다. 하나님께서 역사하신다는 것이 우리의 노력을 쓸모 없는 것으로 만드는 것이 아닙니다. 오히려 그것을 효과적으로 만듭니다. 바울은 "그리스도께서 나를 통해 자족을 나타내셨다"라고 하지 않았습니다. 오히려, 그는 "나는 내게 능력 주시는 자를 통해 자족하는 법을 배워 왔다"라고 했습니다.

나는 이러한 보다 수동적인 접근법을 믿고 가르치는 많은 경건한 그리스도인들과 논쟁을 벌이기를 싫어합니다. 나는 마지못해 논쟁을 하기도 하나 겸손과 사랑 가운데 그렇게 하려고 합니다. 하지만, 나는 이러한 가르침을 수년 동안 받아들이고 있다가 어려움 끝에 지금 내가 의지와 책임에 대한 성경적인 가르침이라고 믿고 있는 바를 깨닫게 되었습니다.

의지와 훈련 사이의 성경적 관계를 이해하는 데 가장 도움을 주었던 청교도 작가는 존 오웬입니다. 존 오웬의 17세기 문체가 이해하는 데 다소 답답한 느낌을 주기 때문에, 하나님의 은혜(하나님의 능력 주심)와 우리의 책임(그는 이를 우리의 의무라고 불렀다)의 관계에 관한 부분을 풀어 써보도록 하겠습니다:

> 우리의 의무와 하나님의 은혜에 대해 어떻게 생각해야 하는지를 생각해 보자. 어떤 사람은 이 두 가지를 서로 상반된 것으로서 떼어놓을 것이다. 그들은 만약 거룩한 삶이 우리의 의무라면, 은혜를 위한 여지는 없으며, 만약 그것이 은혜

의 결과라면 의무를 위한 여지는 없다고 말하곤 한다. 그러나 우리의 의무와 하나님의 은혜는 성화의 문제에서 결코 상반되지 않는다. 하나가 반드시 다른 하나를 가정하고 있기 때문이다. 하나님의 은혜가 없이는 우리의 의무를 수행할 수가 없고, 하나님의 은혜는 우리의 의무를 수행하도록 하려는 목적으로만 주어진다.

추구라는 말 자체가 적극적인 의미를 가지고 있습니다. 적극적으로 거룩한 삶을 추구해야 한다는 데는 의문의 여지가 없습니다. 성경에 나오는 모든 도덕적인 명령들은 경건에 이르도록 자신을 훈련해야 할 책임을 우리에게 부여합니다. 우리는 그것을 단지 주님께 맡겨 버리고 그분이 우리를 통해 그분의 삶을 사시도록 해드리는 것이 아닙니다. 오히려, 바로 우리가 서로를 사랑해야 하며, 우리가 육체의 그릇된 행위들을 죽여야 하며, 우리가 옛 사람을 벗어 버리고 새 사람을 입어야 합니다.

거룩한 삶을 추구하는 데서 진보를 보이려면, 마땅히 우리 자신을 훈련시켜야 하는 책임을 져야 합니다. 그러나 우리는 성령께서 우리 안에서 역사하사 그리스도의 능력으로 우리를 강화시켜 주도록 온전히 의지하는 가운데 이 모든 것을 행해야 합니다.

때때로 우리는 그분의 능력을 경험하지 못하는 것처럼 느낍니다. 그 대신 참담한 실패를 경험합니다. 자신의 죄로 인해 눈물을 흘리기도 하며, 왜 유혹의 공격에 대항하도록 성령께서 우리를 도와주시지 않는지 이상하게 생각하기도 합니다. 우리는 바울의 말에 공감합니다: "나의 행하는 것을 내가 알지 못하노니, 곧 원하는 이것은 행하지 아니하고, 도리어 미워하는 그것을 함이라"(로마서 7:15).

왜 성령께서 우리에게 늘 힘을 주시지는 않는 것입니까? 몇 가지 이유 가운데 한 가지 혹은 그 이상으로 말미암은 것으로 생각됩니다. 성령께서는 우리 마음의 죄악 됨을 깨닫도록 하고 계실지도 모릅니다. 또는 우리가 얼마나 연약하며, 얼마나 그분을 의존하고 있는 존재인지를 깨닫도록 하기 위함일 수도 있습니다. 영적으로 교만해지려는 경향을 억제하고 우리가 겸손에서 성장하도록 하고 계실지도 모릅니다. 우리는 그 이유를 결코 알 수 없을지도 모릅니다. 그 이유가 무엇이든, 우리의 책임은 그분을 온전히 의지하는 것입니다. 우리가 하나님을 온전히 의지할 때 그분께서는 절대주권 가운데, 그리고 무한한 지혜로 말미암아, 가장 좋은 것으로 주실 것입니다.

자기 수양식 접근법

나는 소위 수동적 접근법을 염려하지만, 자기 수양식 접근법에 대해서도 염려합니다. 신자든 불신자든 훈련된 사람은 자기 안에 변화를 가져올 수 있다는 것은 분명합니다. 이 장을 쓰면서도, 나는 자기 발전에 관해 훌륭하게 쓴 일반 서적을 읽어 보고 있습니다. 나는 그 책의 저자가 자세히 설명하고 있는 원리들을 따라 살아 보면 틀림없이 삶에 변화를 가져올 수 있을 것이라고 생각합니다. 내 삶 가운데도 그런 변화를 일으켜 보고 싶습니다.

그러나, 거룩한 삶에 대한 자기 수양식 접근법에 도사리고 있는 주된 함정은 성령을 의지하기보다는 영적 훈련의 방법을 의지하는 것입니다. 나는 영적 훈련들의 가치를 믿습니다. 나는 그러한 것들을 행하고자 노력하며, 거룩한 삶의 추구와 특별히 관계 있는 몇 가지 훈련은 나머지 장들에서 다루기도 할 것입니다. 그러나 그러한 훈련들이 영적 능력의 원천은 아닙니다. 주 예수 그리스도께서 원천이시며, 그분의 능력을 우리 삶에 끌어들이는 것이 성령의 사역입니다. 고린도전서 3:7에 있는 바울의 말을 풀어 써보면, 우리는 심을 수도 있고, 물을 줄 수도 있지만, 자라나게 할 수는 없습니다. 성령께서만 그렇게 하실 수 있습니다.

우리가 거룩한 삶에서 성장하려면, 심기도 하고 물을 주기도 해야 하지만, 오직 성령만이 우리를 점점 더 그리스도를 닮아 가게 변화시키실 수 있습니다. 우리의 문제는 주님을 의지하기보다는 심는 것과 물주는 것 자체를 의지하는 경향이 있다는 것입니다.

바울은 농사 - 심는 것과 물 주는 것 - 에 비유했으므로, 이 예화를 좀더 살펴보도록 하겠습니다. 농사를 지을 때 농부들이 해야 할 일들이 여러 가지 있지만, 그들이 할 수 없는 일이 딱 두 가지 있습니다. 그들이 할 수 있고 해야 하는 것들과 할 수 없는 것들을 열거해 보면 다음과 같습니다:

할 수 있고 해야 하는 것	할 수 없는 것
쟁기질을 하는 것	자라게 하는 것
심는 것	날씨를 주관하는 것
비료를 주는 것	
물을 대는 것	
돌보는 것	
수확하는 것	

농부가 할 수 있고 해야 하는 것은 여섯 가지고, 오직 두 개만이 할 수 없습니다. 농부는 가뭄이 오면 관개(灌漑)를 통해 어느 정도는 날씨의 영향을 줄일 수도 있습니다. 그러나 단 한 가지 그가 절대로 할 수 없는 것이 이 모든 것 가운데 가장 결정적인 것입니다. 곡식을 자라게 하는 생명이 없으면, 모든 수고는 아무 짝에도 소용없는 것이

됩니다. 보통의 농부라면, 경건한 그리스도인이 아닌 한, 자신이 마땅히 해야 하는 것들에 관심을 집중할 것이며, 곡식을 자라게 하는, 씨에 있는 생명에 대해서는 당연한 것으로 받아들일 것입니다. 그는 곡식을 자라게 하시는 하나님이 아니라, 오직 자신이 하고 있는 일을 믿을 것입니다. 그가 생각하기에는 성공은 오로지 자신에게 달려 있습니다.

곡식을 키우는 농사에서 농부들이 해야 할 일이 있듯이, 하나님께서는 거룩한 삶에서 성장하기 위해서도 우리가 해야 할 훈련이 있게 하셨습니다. 우리는 이러한 훈련들을 해야 합니다. 그렇지 않으면 농부가 일을 하지 않을 때 한 톨도 수확할 수 없는 것과 똑같이 우리는 조금도 성장하지 않을 것입니다. 그러나 우리가 할 수 없는 것 단 한 가지가 있습니다. 우리는 자신을 성장시킬 수는 없습니다. 그러나 농부가 자기 할 일을 행했다고 거기에 온전히 신뢰를 두는 것처럼, 거룩한 삶을 위한 훈련들을 진지하게 받아들이는 그리스도인들은 그러한 훈련들을 행하는 데 신뢰를 두는 경향이 있습니다. 농부처럼, 우리도 자라나게 하는 영적인 생명을 당연한 것으로 받아들입니다.

존 오웬의 글은 이 점을 이해하는 데도 도움을 줍니다. 이번에도 독자들의 편의를 위해 풀어 쓰도록 하겠습니다: "어떤 거룩한 의무에서든 우리의 지성, 의지, 감정이 동원되려면 성령의 실제적인 도움과 내적인 작용이 필요하다. 구원을 얻을 때 심겨진 새생명의 원리에 의한 힘 혹은 능력에도 불구하고, 여전히 신자들은 하나님을 위해 단 하나의 행위나 의무를 행하기 위해서도 성령께서 주시는 능력이 필요하다." 이처럼 우리가 새로운 심령과 영적 생명의 원리를 받았을지라도, 그 새로운 생명은 성령에 의해 계속 살찌우고 유지해야 합니다. 새생명 그 자체만으로는 충분치 않습니다.

위대한 철학자요 신학자요 목사였던 조나단 에드워즈는 영적인 훈련을 위한 70가지의 결단을 목록으로 만들었습니다. 정말 굉장한 영적 훈련입니다! 에드워즈의 결단들을 보면 오늘날의 훈련들은 영적 유치원 수준 정도로 느껴질 정도입니다. 그러나 결단들을 기록한 목록의 앞부분에 다음과 같은 말이 있었습니다: "하나님의 도움이 없이는 어떤 것도 할 수 없다는 것을 알기에, 나는 하나님께서 이러한 결단들이 그분의 뜻에 맞는 경우에만, 그리스도를 위하여, 그분의 은혜로 이 결단들을 이행할 수 있게 해주시도록 겸손한 마음으로 간절히 기도하는 바이다." 에드워즈는 훈련되어 있었으나, 또한 의지하고 있었습니다.

거룩한 삶을 추구하고 있는 사람들은 우리가 능력을 주시는 성령을 의지하고 있다는 데 대해 존 오웬과 조나단 에드워즈와 생각을 같이 할 것으로 확신합니다. 우리는 그 사실을 믿으며, 말로는 동의하겠지만, 실제 삶에서도 과연 그러합니까? 날마다 그리고 하루 종일 그분을 의지하고 있다는 것을 느끼면서 살아갑니까? 아니면, 사실은 우리 자신의 의지력으로 거룩한 삶을 추구하려고 노력하고 있습니까?

우리는 "나를 떠나서는 너희가 아무것도 할 수 없음이라"(요한복음 15:5)라는 예수님의 말씀을 잘 알고 있을 것입니다. 그러나 이론상으로는 믿으나, 실제로는 우리가 무엇인가를 행할 수 있는 것처럼 생각하며 살아가는 경향이 있습니다. 누구나 도덕이나 윤리상의 영역 가운데 꽤 자신감을 느끼는 영역이 있을 것입니다. 그러한 영역들에서는 자신의 선함을 의지하는 경향이 있습니다. 성령의 도우심이 필요하다는 것을 느끼지 못합니다. 그러나 예수님께서는 "나를 떠나서는… 아무것도…"라고 말씀하셨습니다. 우리 안에 계신 성령의 역사가 없이는 영적으로 올바른 것은 그 어떤 것도 행할 수 없습니다. 그리스도를 닮아 가고자 하면, 우리 자신의 성품이나 능력이 아니라 성령을 의지하는 것을 배워야 합니다.

기도의 훈련

그러면 어떻게 하면 그리스도를 의지하고 있다는 것을 더욱더 깊이 인식할 수 있겠습니까? 기도를 통해서 가능합니다. 기도는 하나님을 의지하고 있다는 것을 명확히 표현하는 도구입니다. 입으로는 그리스도를 의지하고 있다고 말해도, 기도의 삶이 빈약하고 겉치레에 지나지 않으면 그 말을 부인하는 셈이 됩니다. 이는 사실은 자기 수양과 타고난 선한 성품으로 대부분의 영적 삶을 꾸려 갈 수 있다고 말하고 있는 것입니다. 혹은 거룩한 삶을 추구하는 일에 아예 드려지지도 않았다고 말하고 있는 것입니다.

시편 119편의 기자는 거룩한 삶을 추구하기 위한 기도 훈련에 대해 가르쳐 줍니다. 이 시편은 176구절 가운데 4구절만 제외하고 모든 구절에서 이런저런 이름으로 말씀에 대해 언급하고 있기 때문에, 이 시편을 말씀에 대한 시편이라고 대개 생각합니다. 그러나 이 시편은 거룩한 삶을 추구하려는 시편 기자의 진정한 열망과 헌신을 표현하고 있다는 것이 더 정확할 것 같습니다. 스물두 차례나 시편 기자는 하나님의 법을 순종하는 데 도와 달라고 하나님께 기도하고 있습니다. 33-37절이 좋은 예입니다:

> 여호와여, 주의 율례의 도를 내게 가르치소서.
> 내가 끝까지 지키리이다.
> 나로 깨닫게 하소서.
> 내가 주의 법을 준행하며 전심으로 지키리이다.
> 나로 주의 계명의 첩경으로 행케 하소서.
> 내가 이를 즐거워함이니이다.
> 내 마음을 주의 증거로 향하게 하시고

탐욕으로 향치 말게 하소서.
내 눈을 돌이켜 허탄한 것을 보지 말게 하시고
주의 도에 나를 소성케 하소서.

시편 기자는 하나님께서 자신을 가르쳐 주시며, 깨닫게 하시며, 하나님의 계명의 길로 이끌어 주시기를 원했습니다. 또한 하나님께서 자신의 마음속에서 직접 역사하사 자신의 마음이 하나님의 증거로 향하게 하여 주시고, 자신의 눈을 돌이켜 허탄한 것을 보지 않게 해 주시기 원하여 그렇게 기도했습니다. 그러나 시편 기자는 또한 영적 훈련도 했습니다. 하나님의 말씀과 관련한 그의 훈련을 주목해 보십시오:

내가 주께 범죄치 아니하려 하여
주의 말씀을 내 마음에 두었나이다.
찬송을 받으실 여호와여,
주의 율례를 내게 가르치소서.
주의 입의 모든 규례를
나의 입술로 선포하였으며,
내가 모든 재물을 즐거워함같이
주의 증거의 도를 즐거워하였나이다.
내가 주의 법도를 묵상하며,
주의 도에 주의하며,
주의 율례를 즐거워하며,
주의 말씀을 잊지 아니하리이다.
(시편 119:11-16)

시편 기자는 마음속에 하나님의 말씀을 저장했습니다. 그리고는 그것을 다른 사람에게 전파하였으며, 그것을 순종하는 것을 즐거워하고, 묵상했으며, 즐거워했고, 잊지 않았습니다. 시편 기자는 훈련의 사람일 뿐 아니라 또한 기도의 사람이었습니다. 훈련을 한다고 해서 하나님께서 역사해 주시도록 기도하는 것을 소홀히 하지 않았으며, 기도한다고 해서 훈련과 노력을 소홀히 하지도 않았습니다. 그는 훈련하는 것과 의지하는 것 둘 다를 행했습니다.

느헤미야의 예

의지하는 기도는 두 종류가 있을 수 있습니다. 하나는 계획된 기간 동안 기도하는 것이요, 다른 하나는 계획되지 않은, 임의적인 기도입니다. 느헤미야의 삶에서 이 두 가지 기도가 아름답게 표현되어 있는데, 느헤미야 1-2장에 잘 나와 있습니다. 느헤미야는 포로로 잡혀 가 있던 유대인 가운데 하나로서, 바사 왕 아닥사스다의 술관원이었습니다. 느헤미야서는 유다에 남아 있는 유대인들이 비참한 상황에 놓여 있다는 것과 예루살렘의 성이 훼파되고 성문은 불에 탔다는 것을 느헤미야가 알게 되는 것으로부터 시작됩니다. 이 소식을 듣자, 느헤미야는 주저앉아 울었습니다. 그리고 나서 수개월 동안 금식하며 기도했습니다(느헤미야 1장).
  성경에 기록되어 있지는 않으나, 느헤미야는 예루살렘의 안녕을 위해 간절히 기도할 때 기도를 위해 날마다 일정 시간을 따로 떼어 두었을 것입니다. 어쨌든, 그는 왕의 술 관원이었고, 따라서 공무를 수행해야 할 시간도 많이 필요했을 것이기 때문입니다. 그러므로, 그는 아마 틀림없이 우리처럼 매일의 업무 시간을 피해서 기도 시간을 계획해야 했을 것입니다. 일정 기간 동안 기도했기 때문에 느헤미야의 기도는 계획되고, 길고, 끈질긴 기도라고 볼 수 있을 것입니다. 기도 시간이 날마다 일과의 한 부분을 차지했기 때문에 계획된 기도이며, 수개월에 걸친 기도이기 때문에 긴 기도이며, 하나님께서 응답하실 때까지 계속 기도했기 때문에 끈질긴 기도인 것입니다.

어느 날, 몇 달에 걸친 기도 후에 느헤미야는 왕께 술을 드리게 되었는데, 왕은 느헤미야의 얼굴에 슬픈 기색이 있는 것을 알게 되었습니다. 이때까지는 고국 동포들과 사랑하는 도시 예루살렘의 형편으로 인한 슬픈 마음을 숨겨 왔습니다. 그러나 이제 왕이 그에게 슬픔의 원인을 물었고, 느헤미야는 왕에게 설명했습니다(느헤미야 2:1-3).

그러자 아닥사스다 왕은 "네가 무엇을 원하느냐?"(4절) 하고 물었습니다. 중요한 순간이 왔습니다. 이제 그는 왕에게 예루살렘으로 가서 성을 다시 쌓을 수 있게 해달라고 요청해야 했습니다. 그러나 답변하기에 앞서, 느헤미야는 "곧 하늘의 하나님께 묵도했고" 그리고 나서 왕에게 대답했습니다(4-5절). 틀림없이 왕은 느헤미야의 재빠르고, 소리 없는 기도를 눈치채지 못했을 것입니다. 그 기도 내용은 아마도 "하나님, 말할 수 있게 도와주옵소서. 그리고 왕의 호의를 입게 그의 마음을 주관해 주옵소서"와 같을 것입니다. 느헤미야는 왕에게 답변하기 위해 입을 여는 순간까지 이 빠르고, 소리 없는 기도를 계속 하늘나라로 올려 보냈을 것입니다. 앞서 소개했던 몇 달 동안의 계획되고, 길고, 끈질긴 기도와는 대조적으로 이번의 기도는 계획되지 않았고, 짧고, 반사적인 기도였습니다.

느헤미야와 같은 상황에서는 두 형태의 기도가 다 필요했습니다. 둘 다 정당했습니다. 느헤미야는 왕에게 나아가게 되는 그 결정적인 날까지 기다렸다가 기도한 것이 아닙니다. 그는 필요를 보았고, 하나님께서 응답하실 때까지 끈기 있게 기도했습니다.

동시에, 느헤미야는 먼저 하나님께 기도도 하지 않고 왕에게 불쑥 대답하지 않았습니다. 그는 자신이 몇 달 동안 기도해 왔기 때문에 그 순간에는 기도하지 않아도 된다고 생각하지도 않았습니다. 그는 자신이 하나님을 온전히 의지하고 있다는 것을 잘 알고 있었고, 그래서 그의 신속하고 소리 없는 기도는 계획된 행동이라기보다는 반사적인 행동이었습니다.

우리는 느헤미야의 본을 통해 거룩한 삶을 추구할 때 어떻게 우리 자신을 위해 기도해야 하는지를 배울 수 있습니다. 느헤미야처럼, 우리는 계획되고, 길고, 끈기 있는 기도를 위해 매일 시간을 따로 떼어 두어야 합니다. 우리는 삶에서 끈질기게 우리를 괴롭히는 죄의 영역, 예를 들면, 한담, 짜증, 분노, 조급함, 사랑 부족, 순결치 못한 생각, 그리고 훈련되지 못하고 두리번거리는 눈 등에 대해 하나님 앞에 아뢰어야 합니다. 하나님께서 우리 안에서 역사하사 이러한 죄들을 이길 수 있게 해달라고 간절히 기도해야 합니다. "이길 수 있게" 기도해야 한다는 점을 주목하십시오. 이러한 죄들을 이겨야 하는 사람은 바로 우리 자신이나, 성령께서 이를 위한 능력을 주셔야 합니다.

로마서 8:13에서, 사도 바울은 "너희가 육신대로 살면 반드시 죽을 것이로되, 영으로써 몸의 행실을 죽이면 살리니"라고 썼습니다. 의지하면서 하는 훈련에 다시 한번 주목하십시오. 우리는 몸의 행실들을 죽이는 훈련을 해야 합니다(이에 대해서는 11장에서 자세히 다루게 될 것입니다). 그러나 "영으로" 즉 "성령에 의해" 이를 행합니다. 이것은 의무들을 이행할 수 있는 능력을 주시도록 간절히 그리고 지속적으로 기도해야 한다는 것을 의미합니다. 존 머리는 이렇게 말했습니다: "믿는 자는 그가 끌어 쓰는 능력의 저수지를 받은 것이 아니다. 모든 거룩한 행동들과 거룩하게 하는 활동은 언제나 '성령에 의해서' 이루어진다."

능력의 저수지를 받은 것이 아니기 때문에 우리 안에서 능력을 주시는 성령의 역사를 위해 기도할 필요가 있는 것입니다. 거룩한 삶을 살려면 우리 쪽에서 지속적인 노력을 하는 것과 아울러 성령께서 지속적으로 능력을 주시는 것이 필요합니다. 그러나, 당신이 기도하기로 계획하며, 이를 위해 구체적으로 시간을 따로 떼어놓지 않으면, 당신의 선한 의도는 결코 실행되지 않습니다. 그러므로 당신이 이렇게 해오지 않았다면, 지금 잠시 멈추고 기도를 위한 계획을 세워 보기 바랍니다. 또한, 내가 다루어야 할 필요가 있는 구체적인 죄들과, 계발하기 원하는 그리스도인의 성품의 구체적인 덕목들을 종이에 써보는 것이 내게는 도움이 되었습니다. 오직 나 자신이 보기 위함입니다.

삶 가운데 있는 죄들과 계발해야 할 성품을 위해서 기도할 뿐만 아니라, 유혹에 빠지지 않게 지켜 주시며(마태복음 6:13), 유혹에 대해 깨어 있으며, 유혹이 올 때 분별력을 잃지 않도록 기도하는 것도 좋습니다. 마지막으로, 우리의 계획된 기도 시간에는 히브리서 13:21 말씀을 따라, 하나님께서 우리 안에서 역사하사 그분을 기쁘시게 하는 것을 이루시도록 기도하는 것이 좋습니다. 하나님께서는 주어진 때에 우리 삶에 무슨 일이 일어날 필요가 있는지를 우리보다 훨씬 더 잘 아시기 때문입니다.

느헤미야처럼, 우리는 계획되지 않고, 짧고, 반사적으로 하는 기도를 필요로 합니다. 우리는 하루를 살아가면서 죄의 유혹에 직면할 때나, 경건한 성품을 나타내기 위해 도움이 필요한 환경에 처할 때마다 그러한 기도를 해야 합니다. 어떠한 상황이든, "주님, 도와주옵소서"라는 간단하고도 신속한 기도는 우리 자신의 의지력 대신에 하나님을 의지하게 하며, 성령의 도우심을 힘입게 합니다. 우리가 주님의 도움이 필요하다는 것을 잊어버리며, 그러한 도움을 요청하지 않으면, 주님께서는 도와주시기를 보류하십니다. 그러므로 하루를 살아가는 동안 수시로 그러한 짧고, 반사적인 기도를 할 필요가 있습니다. 그리스도를 의지하고 있다는 인식을 깊게 하고 성령을 통해 그분의 도우심을 받기 위함입니다.

독립적인 태도라는 죄

우리의 죄된 본성, 혹은 "육(肉)"의 주된 특성 가운데 하나는 하나님께 대한 독립적인 태도라고 생각합니다. 하나님께 의지하고 있다는 것을 알고 동의할 때라도 습관적으로 우리는 독립적으로 행하는 경향이 있습니다. 그것은 우리를 꽉 붙잡고 있는 "원치 아니하는바 악은 행하는"(로마서 7:19) 증상의 일부분입니다. 하나님께서 우리가 종종 유혹 앞에서 넘어지도록 허락하시는 이유들 가운데 하나는, 거룩한 삶에서 성장하기 위해서는 능력을 주시는 그분을 진정으로 의지해야 한다는 것을 경험적으로 배우도록 하기 위함일 것입니다.

그처럼 실패라는 쓰라린 경험을 빼고 나면, 의지하고 있음을 배우는 가장 좋은 방법이 기도라는 훈련을 발전시키는 것입니다. 이것은 우리가 성령을 의지하고 있다는 것을 구체적인 방법으로 인정하게 만듭니다. 어찌 되었든 기도는 우리 자신이 무력하다는 것과 하나님을 절대적으로 의지하고 있다는 것을 인정하는 것이기 때문입니다.

이렇게 우리 자신이 무력하고 하나님을 의지하고 있다는 것을 시인하는 것은 독립하고자 하는 우리의 죄악 된 성품과 큰 마찰을 일으킵니다. 그리고 우리가 기질상 쉽게 훈련을 하는 사람이라면, 자신의 수양이나 훈련보다 그리스도와 성령을 의지하고 있다는 것을 인정하는 데 한층 더 어려움을 느낄 것입니다.

그러나, 기억하십시오. 거룩해지는 것은 주 예수님을 닮아 가는 것입니다. 그리고 주님께서는 친히 "내가 아무것도 스스로 할 수 없노라"(요한복음 5:30)라고 말씀하셨습니다. 그분은 완전히 아버지를 의지하고 계셨으며, 그분은 스스럼없이 그리고 기꺼이 그 사실을 인정하셨습니다. 마지못해 반 마음으로 의지하신 것이 아니었습니다. 전심으로 그렇게 하셨습니다. 열정적으로 의지하셨습니다. 이는 우리는 하나님을 의지하도록 만들어졌다는 것을 알고 계셨고, 그래서 이에 대한 본을 보이기 위함이었습니다. 그러므로 거룩해지기를 원한다면, 독립적인 태도가 아니라 의지하는 태도를 가져야 합니다. 그리고 이를 위해 하나님께서 주신 가장 좋은 수단이 기도의 훈련입니다.

비행기의 두 날개를 생각해 보십시오. 훈련과 의지입니다. 이 두 가지가 당신 삶에서 동일한 비중을 차지하고 있습니까? 사실, 우리는 아직까지 복음에 나타나 있는 그리스도를 바라보는 훈련과 지금까지 살펴본 기도의 훈련 외에는 훈련을 시작도 하지 않았습니다. 끝내기에 앞서, 몇 가지 훈련을 더 살펴볼 것이며, 당신 비행기의 "훈련" 날개에 대략 여섯 개의 훈련 목록을 얹는 것으로 마무리할 것입니다. 농부가 행해야 하는 여섯 가지의 훈련이 있었고, 그가 절대로 할 수 없는 단 한 가지가 있었습니다. 그러나 그 하나가 모든 것 중에서 가장 핵심적인 것이었습니다. 당신의 한쪽 날개에는 여섯 개의 훈련이 놓이고, 다른 날개 위에는 의지라는 단 하나가 놓이게 될 것입니다. 그러나 의지는 모든 것 가운데 가장 중요한 것이며, 다른 훈련들을 합친 것과 균형을 이룹니다.

의지는 단지 몇 개의 훈련들로 이루어진 목록에 포함되어 있는 것이 아닙니다. 오히려, 그것은 그 훈련들에 생명과 활기를 주는 것입니다. 씨가 곡식으로 자라게 하는 생명의 원리가 농부의 모든 노력이 결실을 맺게 하는 것과 같이, 우리 안에 계신 성령께서 능력을 주시는 것이 우리의 모든 훈련으로 결실을 맺게 합니다. 그러므로, 거룩한 삶을 위한 훈련들을 계속 공부해 나갈 때, 성령을 의지하는 것이 그 모든 것 속에 스며들어 있어야 한다는 것을 명심하도록 하십시오.

9
헌신하는 훈련

주의 의로운 규례를 지키기로 맹세하고
굳게 정하였나이다.
시편 119:106

최근에 어떤 일간 신문에 실린 만화는 한 사람이 높은 아파트의 발코니에서 뛰어 내리려고 하고 있는데, 손에는 유서를 들고 있고, 등에는 낙하산을 달고 있는 것을 보여 주고 있었습니다. 그런데, 그의 아내가 창문에서 내다보며, "여보, 어느 한 가지에 헌신할 수 없어요?"라고 말하고 있었습니다.

비록 웃기려고 한 것이긴 해도, 그 만화는 오늘날 우리 사회의 일면을 잘 꼬집고 있었습니다. 헌신이라는 오래 된 미덕은 한때는 높이 평가되었지만, 형편없는 취급을 당하고 있습니다. 요즘 사람들은 앞에서 소개한 만화의 주인공처럼 어떤 일에 자신을 헌신하기를 싫어하는 것 같습니다.

헌신하기를 싫어하는 사회에서 한 가지 주목할 만한 예외가 있다면 바로 올림픽 선수들일 것입니다. 올림픽 선수로 선발될 만한 성적을 내기 위해 강도 높은 훈련에 헌신하지 않으면, 올림픽에 나갈 수

조차 없다는 것이 분명합니다. 사도 바울이 디모데에게 경건에 이르기 위해 자신을 훈련하라고 할 때(디모데전서 4:7), 그 당시 체육계의 용어를 쓴 것도 다 이유가 있었습니다. 바울은 경건한 삶에서 훈련하는 것, 거룩한 삶을 추구하는 것, 혹은 기타 어떤 영적인 훈련이라도 하려면 운동 선수들과 동일한 수준의 헌신이 필요하다는 것을 알고 있었습니다. 만약 거룩한 삶을 추구하는 데서 조금이라도 진보하려면, 헌신은 반드시 필요한 요소입니다. 거룩한 삶에서 더 이상의 진보를 이루지 못하는 것은 대부분 헌신의 필요성을 알지 못하기 때문입니다.

당신 자신을 하나님께 헌신하라

바울은 로마서 1-11장에서 복음에 대한 훌륭한 해설을 한 후 그리스도인의 삶의 실제적인 면으로 관심을 돌렸을 때 제일 먼저 헌신을 요구했습니다.

> 그러므로 형제들아, 내가 하나님의 모든 자비하심으로 너희를 권하노니, 너희 몸을 하나님이 기뻐하시는 거룩한 산 제사로 드리라. 이는 너희의 드릴 영적 예배니라.(로마서 12:1)

헌신에 대한 바울의 요구를 살펴볼 때, 올림픽 선수들의 헌신과 바울이 요구한 헌신 사이에는 분명한 차이가 있음을 알 수 있습니다. 운동 선수의 헌신은 자신 자신이나 팀에 대한 것입니다. 바울이 촉구한 헌신은 하나님께 대한 것입니다. 당신 자신을 하나님께 헌신하십시오. 당신의 몸을 하나님께서 기뻐하시는 거룩한 산 제사로 그분께 드리도록 하십시오.

거룩한 삶을 추구하는 데 우리 자신을 헌신할 때, 그 헌신이 단지 거룩한 생활 양식이나 일련의 도덕적 가치들에 대한 헌신이 아니라 실제로 하나님께 대한 헌신이 되도록 해야 합니다. 우리 아버지 세대의 사람들은 일반적으로 정직하고, 품위 있고, 근엄하고, 검소했습니다. 그들은 그러한 가치들에 헌신되어 있었지만, 반드시 하나님께 헌신된 것은 아니었습니다. 그들 가운데 많은 이들이 뛰어난 도덕가들이요, 교인들이기도 했으나, 하나님께 헌신되어 있지는 않았습니다. 그들은 하나님이 아니라 그들의 가치관에 헌신되어 있었습니다.

비슷한 실수를 저지르지 않도록 조심해야 합니다. 우리는 하나님께는 헌신되지 않은 채 기독교적 가치관이나 제자다운 생활 양식에만 헌신될 수가 있습니다. 그러나 바울은 당신 자신을 하나님께 헌신하며, 그분을 기쁘시게 하기 위해 거룩한 삶을 추구하는 데 헌신하라고 권면하고 있습니다.

우리는 자신에 대해 좋은 느낌을 갖기 위해, 혹은 다른 그리스도인들과 잘 어울리기 위해, 혹은 우리 삶 가운데 존재하는 끈질긴 죄를 지음으로 말미암은 수치심과 죄책감을 피하기 위해 거룩한 삶을 추구해서는 안 됩니다. 흔히 죄와의 관계에서 우리는 죄가 어떤 느낌을 불러일으키느냐에 관심을 기울입니다. "끊임없이 따라다니는 죄"라고 흔히 부르는 죄된 습관들은 우리로 하여금 패배감을 느끼게 하는데, 우리는 탁구 경기에서든, 죄와의 싸움에서든, 어떤 일에서 지는 것은 좋아하지 않습니다.

어떤 수양회에서, 그리스도를 닮은 성품을 입는 동시에 죄악 된 습관들을 벗어 버리는 일의 중요성에 대해 말씀을 전한 적이 있습니다. 말씀을 전하고 나자 너덧 명의 사람들이 나에게 와서는 자신들의 삶에 있는 특정한 죄들을 다룰 수 있도록 개인적으로 도와 달라고 했습니다. 좋은 일이긴 합니다. 하지만 나를 놀라게 한 것은, 그리스도를 닮은 성품을 입는 일에서 도움을 청하는 사람은 한 사람도 없었다는 점입니다. 왜 그럴까 그 이유를 깊이 생각해 보고 깨달은 것은, 죄된 습관들은 우리에게 죄책감과 패배감을 안겨 준다는 것이었습니다. 그리스도를 닮은 성품은 없어도 죄책감이나 패배감을 느끼지는 않기 때문에, 우리 삶의 그러한 면에서는 변화를 추구하고자 하는 동기력이 부족한 것입니다.

거룩한 삶에 대한 헌신은 자신의 자존심에 대한 헌신이 아니라 하나님께 대한 헌신이 되어야 합니다. 19세기 영국의 작가인 프레드릭 페이버는 이러한 경향에 대해 놀라운 통찰력을 보여 줍니다. 또 다시, 보다 쉽게 이해할 수 있도록 풀어 써보도록 하겠습니다.

> 죄를 범했을 때, 우리는 하나님을 모욕했다는 데 대해 슬퍼하기보다는 우리의 자존심이 상한 데 대해 더 화를 낸다. 우리는 무가치한 습관들에 우리 자신을 내줌으로써 자신을 다스리지 못한 것을 놀라워하며, 속상해 하는 것이다.… 이에 대한 첫 번째 원인은 자존심인데, 이 자존심은 우리 자신이 시험을 당했을 때 아름답고 꿋꿋하고 칭찬할 만한 자로 드러나지 못한 데 따른 실망을 견디지 못한다.

사도 바울은 이미 로마서 6:13에서 하나님께 대한 헌신을 요구했습니다. 거기서 그는 "또한 너희 지체를 불의의 병기로 죄에게 드리지 말고, 오직 너희 자신을 죽은 자 가운데 다시 산 자같이 하나님께 드리며, 너희 지체를 의의 병기로 하나님께 드리라"라고 했습니다. 이 구절에서 바울은 우리 지체를 불의의 병기로 죄에게 주는 것과 의의 병기로 하나님께 드리는 것을 명확하게 대비시키고 있습니다. 그러나 지체를 누구에게 드리느냐에서 이러한 변화의 기초는 우리 자신

- 우리의 존재 전체 - 을 하나님께 드리는 것입니다. 우리 마음과 생각을 비롯한 존재 전부를 하나님께 드리지 않는 한 우리 눈이 보는 것과 우리 입이 하는 말과 우리 손과 발이 하는 일을 다스릴 수가 없습니다.

로마서 12:1에 나오는 "드린다"라는 단어는 "단호하게, 단번에 드린다"라는 의미가 있습니다. 우리는 자신의 몸을 하나님께 드리되, 이스라엘 사람들이 죽여 하나님께 제사로 드리기 위해 동물을 성전으로 끌고 오는 것과 똑같은 단호함으로 하나님의 처분에 자신을 맡겨야 합니다. 동시에, 그것은 살아 있는 제사, 즉 결코 등한시되거나 철회되지 않는 끊임없는 헌신이 되어야 합니다. 그러므로 거룩한 삶에 대한 헌신은 계속적으로 다시 확인되는 단호한 헌신이 되어야 합니다.

예외가 없음

거룩한 삶을 추구하는 데 헌신하는 것은 무엇보다도, 하나님을 기쁘시게 하는 삶의 방식을 추구하기 위해 하나님께 헌신하는 것입니다. 간단히 말해서, 그것은 순종의 삶에 헌신하는 것입니다. 그러한 헌신은 어떠한 예외도 허락지 않습니다. 즉 우리가 붙잡고 있기를 원하는 어떠한 죄, 우리가 버리기를 즐거워하지 않는 어떠한 죄된 습관을 위한 여지도 남기지 않습니다. 죄를 전혀 짓지 않는 것을 우리의 목표로 삼아야 합니다.

이것은 우리가 이생에서 죄없고 흠없는 삶을 살 수 있다는 것을 의미하지는 않습니다. 우리의 최선의 행동들마저도 죄로 오염되어 있기 때문입니다. 그러나 의도적으로 죄를 짓지는 않겠다는 굳은 의지를 가져야 한다는 의미입니다. 유혹을 당할 때의 선택 문제에 대하여

11장에서 다루게 되겠지만, 여기서는 지속적으로 올바른 선택을 하기 위해서는 예외가 없는 거룩한 삶에 헌신해야 한다는 사실을 명심하도록 합시다. 예외 없는 순종의 삶에 헌신하지 않았다면 유혹을 당하여 하나님의 도우심을 요청하는 기도를 해보았자 헛일입니다.

시편 기자는 다음과 같이 말했습니다.

> 주의 의로운 규례를 지키기로 맹세하고
> 굳게 정하였나이다.
> (시편 119:106)

순종하는 데 강하게 헌신하고 싶었기 때문에 그는 하나님의 의로운 규례를 지키기로 맹세를 했습니다. 이 문맥에서 맹세란, 자신이 말한 바를 행하려는 진지한 의도를 가지고 있다는 것을 증언해 달라고 하나님께 엄숙하게 요청하는 것입니다. 그것은 또한 어떤 서약을 이행하겠다고 선언하거나 약속하는 것입니다. 그것은 가장 높은 수준의 헌신입니다. 시편 기자는 맹세를 했을 뿐만 아니라 굳게 정하기도 했습니다. 즉 그 말이 사실임을 확인하고 확증하기도 했습니다. 그는 자신이 할 수 있는 가장 강한 헌신을 하고 싶었습니다.

청교도 목사요 작가였던 스티븐 차노크는 이 구절에 대해 다음과 같이 설명했습니다: "이미 했던 거룩한 결단들을 자주 새롭게 하라. 싸우기로 결단하지 않은 군인은 쉽게 패배한다.… 우리의 강점들은 취약하고, 우리에게 오는 유혹은 강하며, 우리의 영적 대적들은 부지런하기 때문에 강한 결단이 필요한 것이다."

이미 8장에서 조나단 에드워즈가 했다는 70가지의 결단들에 대해 언급한 바 있습니다. 그 결단들 가운데 하나는 "나의 죽음이 이르렀을 때 나는 어떻게 인생을 살았기를 바랄 것인가? 나는 그 바람대로 현재를 살기로 결단한다"였습니다. 에드워즈는 거룩한 삶을 추구하는 데 대한 자신의 헌신에서 예외가 있기를 원하지 않았습니다. 그는 건강할 때는 죄를 조금 즐기는 것이 매력적으로 보이지만 죽을 때가 되었을 때는 그렇게 한 것이 깊은 후회를 낳을 것이라는 것을 알고 있었습니다.

우리 몸을 산 제사로 드리며, 하나님의 의로운 규례들을 지키기로 맹세하며, 순종에 어떤 예외도 허락지 않기로 결단하라는, 헌신에 대한 도전에 우리는 어떻게 반응합니까? 우리 모두는 먼저 그러한 헌신을 온전히 이행하는 것은 불가능하다고 생각할 것 같습니다. 그리고 우리는 지키지 않을 것 같은 헌신은 하기 싫어합니다. 그러나 여전히 스스로에게 물어야 합니다. 나는 기꺼이 그것을 나의 삶에서 목표로 삼을 것인가?

"자동 속도 조정"식 순종과 "경주차 운전자"식 순종의 비유가 생각납니까? 우리는 경주차 운전자와 같은 방식으로 순종의 삶을 사는 데 기꺼이 자신을 헌신하겠습니까? 아니면, 아주 수치스런 죄나 피하는 식의 평범한 삶에 안주하겠습니까? 자신의 삶에 있는 "세련된" 죄나, 그리 심각하게 여기지 않는 사소한 죄들도 기꺼이 다루겠습니까? 우리는 예외 없는 순종이라는 목표에 자신을 기꺼이 헌신하겠습니까? 거룩한 삶을 추구하는 데서 진보를 나타내려면 그러한 헌신을 할 필요가 있습니다.

당신의 의도는 어떻습니까?

윌리엄 로는 거룩한 삶에 관한 그의 저서에서, 불경스럽거나 모독적인 말 혹은 맹세에 대해 말했습니다. 그는 "사람들이 맹세를 남발하는 이유는 자신들의 모든 행동에서 하나님을 기쁘시게 하고자 하는 의도조차 가지고 있지 않기 때문이다"라고 했습니다. 오늘날의 우리는 어떻습니까? 모든 행동에서 하나님을 기쁘시게 하고자 합니까? 이것이 바로 바울이 우리 몸을 하나님께 산 제사로 드리라고 촉구할 때 우리에게 요구한 헌신입니다.

로는 계속해서 다음과 같이 말합니다.

> 그리고 여기서 잠시 멈추어, 당신이 왜 초대교회의 그리스도인들처럼 거룩한 삶을 살고 있지 못한지 스스로에게 물어보면, 당신의 마음은, 그것이 무지 때문도 아니요 능력이 없어서도 아니며, 순전히 당신이 그런 삶을 살고자 하는 온전한 의도를 갖고 있지 않기 때문이라고 답변할 것이다.… 이 말은 거룩한 은혜가 필요하지 않다는 것을 암시하는 것이 아니다. 또한 우리 자신의 능력으로 온전해질 수 있다는 말도 아니다. 이는 단지, 모든 행동에서 하나님을 기쁘시게 하고자 하는 진정한 마음이 없기 때문에 우리는 삶에서 그러한 실패를 맛본다는 것이다. 일상적인 은혜의 수단들을 통해 우리는 이러한 삶을 피하기 위한 힘을 길러야 한다.

거룩한 삶에 이르는 열쇠는 모든 행동에서 하나님을 기쁘시게 하고자 하는 의도입니다. 예외 없는 순종의 삶에 헌신하지 않는다면, 우리는 끊임없이 예외를 만들어 낼 것입니다. 삶에서 "딱 한 번만 더" 증후군에 빠지게 되는 것입니다. 그러나, "딱 한 번만 더" 식의 사고방식은 우리의 헌신을 무너뜨리게 됩니다. 사소하고 별로 심각해 보이지 않는 유혹일지라도 그런 유혹에 굴복할 때마다 우리는 다음 번의 굴복을 더 쉽게 만들고 있습니다.

죄는 저항을 받지 않으면 우리에게 점점 더 큰 힘을 발휘하는 경향이 있습니다. 바울은 로마서 6:19에서 "…전에 너희가 너희 지체를 부정과 불법에 드려 불법에 이른 것같이 이제는 너희 지체를 의에게 종으로 드려 거룩함에 이르라"라고 했습니다. 이 구절에 대해서는 11장에서 더 자세히 다루게 될 것입니다. 바울은 우리가 유혹에 굴복할 때마다 점점 더 강하게 우리를 끌어당기는 죄의 능력과 경향을 말하고 있었습니다.

우리를 유혹하고 있는 그 죄가 커 보이느냐 작아 보이느냐는 중요하지 않습니다. 우리가 지금 살펴보고 있는 원리는 어떤 경우에나 해당됩니다. 즉 어떠한 유혹이든 그것에 굴복하면 죄에 저항하고자 하는 우리의 헌신을 약화시키는 것입니다.

고의적인 죄를 짓지 않기 위해서 헌신을 할 필요가 있는 것처럼, 그리스도인의 긍정적인 성품을 입기 위해서도 헌신을 할 필요가 있습니다. 바울은 "그러므로 너희는 하나님의 택하신 거룩하고 사랑하신 자처럼 긍휼과 자비와 겸손과 온유와 오래 참음을 옷 입고"(골로새서 3:12)라고 했습니다. 2장에서 우리는 입어야 할 이러한 성품이 최소한 27가지가 있다는 것을 보았습니다. 그것들과 관련하여 여기서 뜻하는 바는 무엇합니까? 우리가 성품에서 그리스도를 닮아 가기를 원한다면, 그분이 가진 것과 같은 덕목들을 옷 입는 데 우리 자신을 헌신해야 합니다.

소득세를 신고할 때 속이지 않는 것만으로는 충분치 않습니다. 궁핍한 사람들과 나누는 것도 배워야 합니다. 우리에게 잘못한 사람들을 향해 쓴 뿌리를 품지 않는 것만으로는 충분치 않습니다. 하나님께서 우리를 용서하시듯이 그들을 용서할 필요가 있습니다. 우리의 불 같은 성품을 다룰 수 있게 해달라고 기도하는 것만으로는 충분치 않습니다. 긍휼과 자비를 옷입게 도와 달라고 기도해야 합니다.

그리고 예외 없이 우리 삶 가운데 있는 모든 죄를 다루기 위해 헌신이 필요하듯이, 성령의 열매들을 맺는 데 부지런해지기 위해서도 헌신이 필요합니다. 이 점에서도, 윌리엄 로의 말이 도움이 됩니다.

> 상인(商人)이 이러한 목표를 갖게 하라. 그러면 가게에서 성인(聖人)이 될 것이다. 매일 장사하는 일은 지혜롭고 합리적인 행동들로 이루어질 것이며, 하나님께 거룩할 것이다. 하나님의 뜻과 기뻐하시는 바를 따라 순종함으로 행하기 때문이다.… 그러므로 그는 어떤 요령이나 방법을 동원해야, 혹은 어떤 행동을 해야 가장 빨리 다른 사람보다 더 부유하고 더 성공한 사람이 될 것인가, 혹은 좁은 가게에서 벗어나 호화롭고 즐기는 삶을 살 수 있게 될 것인가를 깊이 생각지 않을 것이다. 오히려 그는 어떤 요령이나 방법, 혹은 행동이 세속적인 장사 업무를 하나님께서 가장 열납하실 만하게 하며, 장사하는 삶을 거룩하고, 헌신적이고, 경건한 삶으로 만들어 줄 것인가를 깊이 생각할 것이다. 이것은 모든 상인의 성향과 태도가 될 것이다. 언제든 모든 행동에서 하나님을 기쁘시게 하는 것이 자신의 목표라면, 그에게는 그것이 세상에서 가장 좋고 즐거운 일일 것이며, 약간의 경건함으로는 만족하지 않을 것이다.

물론, 윌리엄 로는 "의도" 또는 헌신의 원리를 당시의 사회, 특히 상업의 영역에서 적용하고 있었습니다. 그가 말하고 있는 상인은 혼자서 하는 직종에서 일하고 있었습니다. 그는 구두 만드는 사람이거나, 가죽을 만드는 사람이거나, 양복을 만드는 사람, 혹은 그 밖에 그와 비슷한 직종을 가진 사람일 것입니다. 그리고 윌리엄 로는 상인은 돈을 가장 많이 벌 수 있는 방법으로 가게를 운영하는 것이 아니라 하나님을 가장 기쁘시게 하는 방법으로 가게를 운영해야 한다고 말하고 있습니다. 그러므로, 원리는 우리는 자신이 하고 있는 일에 헌신하되, 가장 많은 이익을 남길 수 있는 방법이나 개인적인 목표를 가장 잘 이룰 수 있는 방법이 아니라, 하나님께 가장 기쁨을 드릴 수 있는 방법으로 일을 해야 한다는 것입니다.

이러한 원리는 공부를 할 때, 물건을 사거나 팔 때, 게임이나 운동경기를 할 때, 집을 장식하거나 잔디를 가꿀 때, 그리고 심지어 운전을 할 때도 적용되어야 합니다.

내가 살고 있는 도시에는 여름에 관광객들이 많이 몰려옵니다. 그래서 내가 사무실로 갈 때 이용하는 도로는 관광객들로 인해 종종 혼잡해집니다. 우리 도시에 익숙지 않은데다 자기가 방향을 제대로 잡았는지 확신도 없다 보니 그들은 흔히 현지인인 우리보다 더 천천히 차를 모는 경향이 있습니다. 그러한 상황에서 그들에 대해 짜증이 나기 쉬우며, 그러한 기분이 내가 운전하는 방법에도 영향을 미치게 됩니다. 때때로 사무실로 들어서기 위해 어떤 사람 앞을 추월하면서 기분 나쁜 표정으로 그 사람을 휙 돌아보고 나서는 그 사람이 내가 기독교 기관으로 들어서는 것을 보지 않았으면 하고 생각하곤 합니다.

그러나 실상은, 하나님께서는 내가 그리스도인이라는 것을 알고 계시며, 내가 기독교 기관에서 일하고 있다는 것도 알고 계신다는 것입니다. 내가 그리스도인으로서 그렇게 짜증스럽게 운전을 한다는 것을 낯선 관광객이 아는 것이 부끄럽다면, 하나님 앞에서야 얼마나 더 부끄러움을 느껴야 하겠습니까? 어쨌든, 나는 모든 생각과 말과 행동에서 그분을 기쁘시게 하겠다고 헌신하지 않았습니까? 그러므로 거룩한 삶을 추구하기로 한 우리의 헌신은 삶의 모든 영역을 포괄해야 하며, 중요해 보이는 일과 그렇지 않은 일 모두에서 그렇게 해야 합니다. 그러한 헌신은 옛 사람의 생활 방식을 벗어 버리기 위한 헌신이요, 또한 새 사람의 덕목들을 입기 위한 헌신이어야 합니다.

구체적인 헌신들

삶의 모든 영역에서 거룩함을 추구하기 위한 전체적인 헌신에 덧붙여, 자신이 특히 취약하거나 죄를 짓기 쉬운 영역들에서는 구체적인 헌신을 하는 것이 도움이 된다는 것을 알았습니다. 예를 들면, 한담을 하기 좋아하거나 다른 사람에 대해 비판적으로 말하는 경향이 있다면, 이러한 것들을 중단하기 위한 구체적인 헌신을 하는 것이 좋습니다. 그 방법은 다음에 나오는 두 장에서 다루게 될 것이지만, 여기서는 우리가 가장 죄를 범하기 쉬운 영역들을 알아 내고 그러한 영역들에서 구체적인 헌신을 하는 일의 가치를 강조하고 싶습니다. 그러한 죄로는, 우리가 행함으로 짓는 것이 있고(예를 들면, 한담 등), 우리가 행하지 않음으로 짓는 것이 있습니다(예를 들면, 그리스도께서 교회를 사랑하시듯이 아내를 사랑하지 않는 것 등).

구체적인 헌신을 한 두 가지 예를 욥과 다니엘의 삶에서 찾아볼 수 있습니다. 욥의 헌신은 여성을 정욕적으로 바라보는 것에 관한 것으로서, 이는 남성들에게 흔한 유혹이요, 날마다 경계할 필요가 있는 것입니다. 욥은 다음과 같이 말했습니다:

"내가 내 눈과 언약을 세웠나니,
어찌 처녀에게 주목하랴."(욥기 31:1)

욥은 하나님으로부터 "순전하고 정직하여 하나님을 경외하며 악에서 떠난 자"(욥기 1:8)로 인정받았습니다. 그럼에도 그에게는 이러한 특별한 유혹의 영역을 골라 내어 이와 관련한 헌신을 하는 것, 즉 그가 묘사했듯이 "자기 눈과 언약을 세우는 것"이 도움이 되었습니다.

다니엘의 헌신은 음식에 관한 것이었습니다. 그는 하나님께서 이스라엘 백성들을 위해 세워 주신 음식에 관한 법을 어기게 만드는 음식을 먹지 않기로 헌신했습니다. 다니엘은 바벨론으로 포로로 잡혀간 유대 사람들 가운데 하나요, 바벨론 왕을 섬기기 위한 훈련을 받기 위해 왕족들과 귀족들 가운데서 뽑힌 젊은이들 가운데 한 명이었습니다. 훈련 기간에 그들은 왕의 상에 올라갔던 음식을 먹어야 했습니다. 그러나, 바로 그것이 문제였습니다. 그 음식 중에는 하나님께서 유대인들에게 금하신 음식도 들어 있었기 때문이었습니다.

다니엘 1:8에서는 다음과 같이 말하고 있습니다: "다니엘은 뜻을 정하여 왕의 진미와 그의 마시는 포도주로 자기를 더럽히지 아니하리라 하고, 자기를 더럽히지 않게 하기를 환관장에게 구하니." 다니엘은 음식과 관련한 법을 어김으로 하나님께 죄를 범하지 않기 위해 구체적인 헌신을 했습니다. 성경을 보면, 그는 왕의 명령을 어기면 생명을 잃을 수도 있다는 것을 잘 알면서도 그렇게 한 것을 짐작할 수 있습니다. (10절을 보십시오. 다니엘의 식사 문제로 환관장의 머리가 위태하다면 다니엘에게도 그런 위험이 있음을 추측할 수 있습니다.)

정욕적인 시선으로 처녀를 바라보고자 하는 욥의 유혹은 그의 죄악 된 마음으로부터 왔습니다. 반면 다니엘의 유혹은 그가 처한 환경으로부터 왔습니다. 우리는 이 두 종류의 유혹에 다 취약합니다. 어떤 유혹은 우리 마음 가운데 여전히 내재하고 있는 죄로부터 오고, 어떤 유혹은 우리가 살고 있는 곳이나 일하고 있는 곳으로부터 옵니다.

자동차 판매상 하나가 몇 년 전에 예수님을 믿게 되었습니다. 당시에 자동차 판매상들 사이에는 들어온 중고차의 주행 거리를 보여 주는 계기를 조작하여 주행 거리를 줄여 놓는 것이 널리 행해지고 있던 하나의 관행이었습니다. 예를 들면, 만약 계기에 4만 킬로를 운행한 것으로 되어 있으면, 3만 킬로로 줄여 놓는 것입니다. 그리스도인이 되자마자 그는 이것이 윤리에 어긋난 관행이라는 것을 깨달았고, 그래서 중단하기로 결심했습니다. 그는 물론 여전히 그런 관행을 일삼는 다른 판매상에 비해 불이익을 받을 것이라는 것을 잘 알고서도 그렇게 했습니다. 그러나, 자신이 처한 특정 사업 환경으로 말미암아 그러한 관행을 지속하고자 하는 유혹은 계속 왔습니다.

큰 회사의 중역 한 사람은 출장비를 불려서 타내는 것에 대해 죄의식을 느끼게 되었습니다. 그러나, 그는 "문제는 회사에 있는 모든 사람이 그렇게 한다는 현실일세"라고 했습니다. 그는 자신이 정직하게 보고를 하면, 상대적으로 다른 동료들이 나쁜 사람으로 보이기 때문에 그들로부터 큰 압력을 받을 것이라는 것을 알고 있었습니다. 그러나 그는 그 상황에서 정직하게 행하기로 자신을 헌신했습니다.

이것은 자신이 처한 환경 때문에 죄된 관행을 지속하고자 하는 유혹을 받는 두 가지 예에 지나지 않습니다. 현재의 사회 분위기에서는 어떤 종류든 사업을 하는 사람은 거의 예외 없이 언젠가는 윤리적인 면에서 이러한 유혹에 직면하는 것 같습니다. 심지어 나는 기독교 기관에서 일하고 있는데도, 여행사에서 불법적으로 항공료를 절약하는 방법을 권해 오기도 합니다. 당신이 사업 수행에 있어서 온전히 정직하기로 헌신하지 않았으면, 사람들은 당신이 온전성에서 타협을 하도록 도우려 할 것입니다.

에스겔 14:14에서 욥과 다니엘에 대한 매우 흥미롭고 도전이 되는 통찰을 얻을 수 있습니다. 그 구절의 전후 문맥을 보면, 하나님께서는 자신을 거스려 죄를 범하는 나라에 대한 그분의 심판에 대해 선지자 에스겔에게 말씀하고 계셨습니다. 14절에서 하나님께서는 "비록 노아, 다니엘, 욥, 이 세 사람이 거기 있을지라도, 그들은 자기의 의로 자기의 생명만 건지리라"라고 말씀하셨습니다. 하나님께서는 자신의 진노가 극심하여, 아브라함에게 소돔과 고모라에서 의인 10명만 찾아도 그곳들을 멸하지 않겠다고 말씀하실 때와는 달리, 비록 노아, 다니엘, 그리고 욥이 그 나라에 있다 해도 그 나라를 아끼지 않으실 것이라고 말씀하고 계셨습니다. 그들은 자신들의 의로 말미암아 오직 자신들만을 구원할 것입니다.

하나님께서는 의인 세 사람이 있다 해도 그 나라를 그분의 진노로부터 구하지 못할 것이라는 점을 강조하고자 하셨습니다. 그래서 하나님께서는 그때까지의 인류 역사를 살펴보아 그 가운데서 주목할 만한 의인 세 명을 고르셨습니다. 그 가운데 두 사람, 즉 노아와 욥은 고대의 사람이었고, 다니엘은 에스겔과 거의 동시대의 사람으로서, 70년간 포로 생활을 할 때의 사람이었습니다. 이 세 사람 가운데 두 사람은 구체적인 헌신을 하는 데 대한 간단한 사례 공부를 할 때 소개했습니다. 여기서 얻을 수 있는 교훈은, 그토록 의로웠다는 욥과 다니엘도 어떤 유혹의 영역에서 이기기 위해 헌신을 할 필요가 있었다면 하물며 우리야 얼마나 그러한 헌신을 필요로 하겠는가 하는 것입니다.

이 장을 마무리하기에 앞서 나는 당신이 잠시 멈추어 구체적인 헌신을 할 필요가 있는 유혹의 영역들을 목록으로 만들어 보기를 촉구하는 바입니다. 당신이 바라보는 것들에 대해 눈과 언약을 맺을 필요가 있습니까? 혹은 당신이 하는 말들에 관하여 입과 언약을 맺거나 생각하는 것과 관련하여 마음과 언약을 맺을 필요가 있습니까? 거기에 대항하기 위해서는 헌신이 필요한, 당신의 직장, 학교, 그리고 직업상의 환경에서 다가오는 유혹, 혹은 죄악 된 관행이 있습니까? 차후에 볼 수 있도록 이러한 헌신을 기록해 둠으로써 날마다 그것을 다시 살펴보며 기도하도록 하십시오.

당신의 결혼 생활에나, 자녀들과의 관계에나, 혹은 부모, 친구, 혹은 직장 동료와의 관계에서 성령의 열매인 사랑, 오래 참음, 혹은 온유를 나타내지 못하는 특별한 영역이 있을 것입니다. 당신에게 능력을 주시는 성령을 의뢰하는 가운데 그 각 개인을 향해 그 특정한 "열매"를 나타내 보이기로 헌신을 할 필요가 있습니까? 그렇다면, 그러한 헌신을 하도록 권하는 바입니다. 사실, 당신은 몇 가지의 헌신을 할 필요가 있을 것입니다. 벗어 버리거나 피해야 할 죄들과 입어야 할 그리스도인의 성품들이 한 가지만 있지는 않을 것입니다. 삶의 이러한 구체적인 영역에서 거룩한 삶을 추구하는 데 자신을 헌신하지 않는다면, 이러한 유혹에 직면할 때 흔들리는 경향이 있을 것입니다.

동기와 동기 부여

이 장의 전체 분위기는 어떤 사람들에게는 엄격하고 심지어 율법적으로 느껴지기도 할 것입니다. 그들은 "거룩한 삶을 위한 헌신을 사소한 죄에서까지 예외 없이 지킬 수 있는 사람이 도대체 있겠는가? 그리고 예외가 하나도 없다면, 은혜가 들어갈 자리는 어디인가? 하나님께서는 정녕 그렇게 엄격하신가?"라고 물을 것입니다.

그렇습니다. 하나님께서는 그렇게 엄격하십니다. 거룩함에 대해 그분은 조금도 타협을 하실 수 없기 때문입니다. 하나님의 목표는 우리가 예수님처럼 사는 것입니다. 예수님은 우리와 한결같이 모든 일에 유혹을 받으셨지만 전혀 죄가 없으셨습니다(히브리서 4:15). 우리는 이러한 헌신들을 완벽하게 지킬 수는 없겠지만, 그렇게 하는 것을 목표로 삼아야 합니다. 전쟁에서 총에 맞는 군인들이 언제나 있게 마련이지만, 모든 군인들은 총에 맞지 않는 것을 목표로 합니다. 군인이 그보다 못한 것을 목표로 삼는 것은 어리석음의 극치요 위험 천만한 일입니다. 마찬가지로 죄와의 전쟁에서도 그러한 낮은 목표를 갖는 것은 위험합니다.

　은혜를 위한 여지가 있습니까? 물론입니다. 사실, 사도 바울은 하나님의 자비와 은혜에 토대를 두고 그러한 단호한 헌신을 요구했습니다. 다시 한번 로마서 12:1을 살펴보십시오: "그러므로 형제들아, 내가 하나님의 모든 자비하심으로 너희를 권하노니, 너희 몸을 하나님이 기뻐하시는 거룩한 산 제사로 드리라. 이는 너희의 드릴 영적 예배니라."

　하나님의 자비하심에 토대를 두고 바울은 로마 교인들에게, 그리고 오늘날의 우리에게, 우리 몸을 하나님이 기뻐하시는 거룩한 산 제사로 드리라고 촉구했습니다. 틀림없이 바울은 앞장들에서 설명한 것과 같은 하나님의 자비를 염두에 두고 있었을 것입니다. 즉 우리를 구원하시기 위해 보여 주신 그분의 자비입니다. 그는 믿음으로 얻는 하나님의 의, 그리스도 예수 안에 있는 구속으로 말미암아 값없이 은혜로 얻는 칭의, 또는 자신의 공의롭고 거룩한 진노를 가라앉히는 화목 제물로 예수님을 보내 주신 하나님을 생각했을 수도 있습니다.

　물론 바울은 다음과 같은 로마서 4:8의 놀라운 진리를 깊이 생각해 왔을 것입니다.

"주께서 그 죄를 인정치 아니하실 사람은 복이 있도다."

　그는 우리가 믿음으로 말미암아 의롭다 하심을 받았으므로 이제 하나님과 화목한 가운데 있으며, 지금 우리는 날마다 은혜로 그분 앞에 선다는 사실들을 생각해 왔을 것입니다. 그는 또한 우리가 예수님의 죽으심에 연합함으로써 죄의 지배로부터 벗어났다는 것을 즐거워해 왔을 것입니다. 또한 "이제 그리스도 예수 안에 있는 자에게는 결코 정죄함이 없다"라는 로마서 8:1에 있는 진리에 대해 다시 한번 환희를 느꼈을 것입니다.

그는 장차 누리게 될 영광에 대한 약속, 그리고 이생에서 그 아무것도 그리스도 예수 안에 있는 하나님의 사랑에서 우리를 끊을 수 없다는 사실을 다시 음미해 보았을 것입니다. 그는 또 이방인들에 대한 하나님의 자비와 훗날 유대인들에게 자비를 베푸신다는 약속을 경이감 가운데 묵상해 왔을 것입니다. 간단히 말해서, 바울이 하나님의 자비라는 말을 쓸 때는 예수 그리스도의 놀라운 복음을 생각했을 것입니다.

복음에 나타나 있는 것이 바로 이러한 자비이며, 우리는 이 자비가 헌신의 토대가 된다는 것을 경험해 왔습니다. 바울이 요구한 바와 같은 그러한 헌신은 하나님께 대한 사랑에 토대를 두고 있지 않으면 율법적이고 고된 것이 됩니다. 그리고 하나님께 대한 사랑은 오직 자비와 은혜를 통해 우리에게 표현된 그분의 사랑을 상기할 때라야 자라날 수 있습니다. 바울이 우리에게 요구한 것은 오직 사랑과 감사의 반응이며, 그것은 사랑으로 말미암은 헌신으로 표현됩니다.

존 칼빈은 로마서 12:1에 대해 다음과 같이 설명했습니다:

> 바울의 권면이 우리에게 가르쳐 주는 바는, 사람들은 얼마나 하나님의 자비를 누리고 있는지를 제대로 알 때까지는 진실된 마음으로 하나님을 예배하거나, 충분한 열정으로 그분을 경외하거나 순종하지도 않을 것이라는 것이다.… 바울은 우리가 노예가 느끼는 것 같은 두려움이 아니라 의로 말미암은 자발적이고 즐거운 사랑에 의해 하나님께 헌신하도록 하기 위해, 우리를 구원하신 그 은혜의 달콤함을 사용하여 우리를 이끈다.

그러므로 우리는 다시 한번 은혜와 훈련의 관계를 보게 됩니다. 바울이 요구한 헌신을 위한 동기로서, 하나님께 용납될 만한 단 한 가지는 은혜와 자비의 하나님께 대한 사랑입니다. 그리고 그분의 은혜와 자비를 계속적으로 상기할 때 그러한 헌신을 지속할 수 있는 동기를 얻게 되며, 그럴 때라야 강압적인 헌신이 되지 않습니다. 이 때문에 우리는 날마다 자신에게 복음을 전해야 하는 것입니다.

로마서 6:13의 전후 문맥을 통해 헌신에 대해 더 격려를 받을 수 있습니다.

로마서 6:13은 로마서 12:1과 비슷한 구절입니다. 두 구절 모두에서 바울은 거룩한 삶을 추구하기 위해 우리 몸을 하나님께 드리라고 권하고 있습니다. 로마서 6:13의 문맥을 살펴보면, 이러한 헌신을 실행할 수 있는 능력을 하나님께서 주신다는 확신을 줍니다. 로마서 6:11에서는 우리 자신을 죄의 지배에 대해서는 죽은 자요, 우리에게 능력을 주시는 하나님께 대해서는 산 자로 여기라고 요구합니다. 14절에서는, "죄가 너희를 주관치 못하리니, 이는 너희가 법 아래 있지 아니하고 은혜 아래 있음이니라"고 확신시켜 줍니다. 다른 말로 하면, 하나님께서는 거룩한 삶을 추구하는 데 헌신하라고 요구하실 뿐만 아니라, 그 헌신을 실행할 수 있도록 은혜도 공급해 주십니다. 우리가 5장에서 보았던 바와 같이 하나님께서는 우리에게 날라고 명령을 하시고는 날개를 달아 주십니다.

물론, 여기서 쓰고 있는 은혜라는 낱말은 하나님께서 성령을 통해 주시는 능력을 의미합니다. 그러므로, 로마서 12:1에서 생각할 수 있는바 하나님의 과분한 은총이라는 의미의 은혜이든, 혹은 로마서 6:13의 문맥에서와 같이 하나님께서 주시는 능력이라는 의미의 은혜이든, 거룩한 삶에 대한 우리 헌신의 토대는 은혜입니다.

이처럼, 거룩한 삶을 추구하는 데 전폭적으로 헌신하는 삶은 쉬운 것은 아니나, 은혜에 토대를 두고 있으면 강압적인 것이 되지 않습니다. 하지만 은혜에 토대를 두려면, 끊임없이 복음으로 되돌아가야 합니다. 그러므로 날마다 당신 자신에게 복음을 전하되, 단지 당신의 양심을 정결케 하기 위해서만 그리하지 않도록 하십시오. 물론 그것도 필요합니다. 그러나 당신 자신에게 복음을 전할 때, 하나님께 대한 사랑과 감사로 말미암아 그분께 대한 헌신을 새롭게 하십시오. 그리고 당신의 헌신을 실천해 나갈 수 있는 능력을 하나님께서 은혜로 성령을 통해 공급해 주신다는 사실을 의지하도록 하십시오.

그런데, 아직도 그러한 헌신을 하지 않았습니까? 당신이 유혹에 약한 영역들이 있을 것입니다. 그 구체적 영역들을 목록으로 만들어 보는 것을 소홀히 하지 마십시오. 당신을 향한 그분의 자비를 잘 인식하는 가운데 그러한 유혹의 영역들을 주님 앞으로 가지고 나아가, 이를 다루기로 결심하십시오.

10

확신을 계발하는 훈련

너희는 이 세대를 본받지 말고,
오직 마음을 새롭게 함으로 변화를 받아,
하나님의 선하시고 기뻐하시고 온전하신 뜻이
무엇인지 분별하도록 하라.
로마서 12:2

1990년대 초반, 현대 미국 사회에 관한 책에서 저자들은 "1950년대와 심지어 1960년대 초까지만 해도, 미국에는 도덕적인 통념에 가까운 뭔가 있었다.… 1990년대에는 도덕적 통념이란 것은 전혀 존재하지 않는다. 모든 사람은 각자 자기 나름대로의 도덕 규정 – 자기 나름의 십계명 – 을 만들고 있는 것이다"라고 쓰고 있습니다.

사회가 대체로 고대 이스라엘과 같은 방향으로 변화되고 있다는 것이 그리 놀랄 일은 아닙니다. "…사람이 각각 그 소견에 옳은 대로 행하였더라"(사사기 21:25). 서구 문화는 도덕적 권위와 표준인 성경으로부터 의도적으로 등을 돌려 왔습니다. 이제 우리는 그 열매를 맛보고 있습니다.

그러나, 더욱 어리둥절하게 하는 사실은 복음주의자들마저 같은 방향으로 변화되고 있다는 것입니다. 한 조사에 따르면, 복음주의자로 자처하는 사람 10명 중 4명은 절대적인 진리는 없다고 믿고 있습니다. 이 말은, 이 40%는 옳고 그름을 결정하기 위해 성경으로 나아가는 대신 자신의 생각에 의지한다는 말이 됩니다. 그 결과, 그리스도인으로 자처하는 사람들과 그렇지 않은 사람들이 윤리적 관점과 행동에서 별로 차이가 나지 않게 되었는데, 이는 놀라운 일이 아닙니다. 도덕은 단지 개인적인 견해에 달린 문제로 전락하고 말았습니다. 실제로, 그리스도인들에게 삶 가운데 있는 죄에 대해 지적하면 "그건 단지 당신의 견해일 뿐입니다"라고 대꾸하는 적이 있습니다.

그러나, 좀더 자세히 살펴봅시다. 절대적인 진리라는 것이 있다고 믿는 나머지 60%의 복음주의자들은 어떻습니까? 그러한 믿음이 행동에 영향을 미치거나 성품을 변화시키고 있습니까? 성경이 절대적인 진리를 말해 주고 있다는 믿음이 어느 정도나 우리 삶의 방식을 결정하고 있습니까? 대부분의 경우, 그 대답은 "매우 적게"입니다. 이는 단지 너무나 많은 그리스도인들이 매일 성경의 진리들을 섭취하지 않기 때문입니다.

복음적인 많은 그룹에서, 통념에 의한 도덕 기준을 가지고 있습니다. 우리는 세상 사람들처럼 자기 의견에 좋은 것을 따라 행하고 있지는 않을 것입니다. 그러나 성경의 표준을 따라 살고 있지도 않습니다. 그 대신, 우리는 주위에 있는 그리스도인들의 행동 표준을 따라 살고 있습니다. 통념에 의한 도덕 기준을 가지고 있을 뿐만 아니라, 통념에 의한 성화를 하고 있는 것입니다. 우리는 동료 그리스도인 그룹의 윤리적 가치관들을 흡수함으로 거룩해지기를 기대합니다.

거룩한 삶을 추구하는 데서 진보를 이룩하고자 한다면, 마땅히 성경의 가르침에 따라 사는 것을 목표로 해야 합니다. 주위의 문화에 따라, 심지어는 기독교 문화에 따라 사는 것이 아닙니다. 그러나 성경의 가르침을 알지 못한다면 어떻게 그렇게 살 수 있겠습니까? 일주일에 한두 번 30분짜리 설교를 듣는 것만으로는 불충분합니다. 성경의 권위 하에서 살기 바란다면 날마다 성경 말씀을 섭취해야 합니다.
 거룩한 삶을 추구하려면, 성경에 기초를 둔 확신을 계발하는 데 익숙해져야 합니다. 이것도 하나의 훈련입니다. 확신이란 아주 굳게 믿고 있어서 삶의 방식에 영향을 미치는 것입니다. 믿음은 당신이 붙잡고 있는 것이요, 확신은 당신을 붙잡고 있는 것이라고 한 사람도 있습니다. 당신은 자신이 믿고 있는 바와 어긋나게 살 수는 있으나, 당신의 확신에 어긋나게 살 수는 없습니다. (이 말은 당신이 확신에 상반되게 행동하는 적이 결코 없다는 의미는 아닙니다. 그러나 당신은 줄곧 그렇게 행동하지는 않을 것입니다.) 그러므로 우리는 단순한 믿음이 아니라 확신을 계발하는 훈련에 대해 알아보고자 합니다. 물론 확신은 선한 것일 수도 있고 악한 것일 수도 있습니다. 그래서 우리는 자신의 확신들이 성경에 토대를 둔 것이요, 개인적으로 성경 말씀을 통해 얻은 것인지 확인해 보아야 합니다.

두 가지 영향

지난 장에서 살펴보았듯이, 로마서 12:1에서 바울은 거룩하고 하나님을 기쁘시게 하는 삶을 살기 위해 하나님께 헌신하도록 촉구했습니다. 그 다음 구절들에서, 그는 어떻게 이를 실행하는지 설명했는데, 제일 먼저 성경에 기초를 둔 확신을 계발하라고 했습니다. 그는 다음과 같이 말했습니다:

> 너희는 이 세대를 본받지 말고, 오직 마음을 새롭게 함으로 변화를 받아, 하나님의 선하시고, 기뻐하시고, 온전하신 뜻이 무엇인지 분별하도록 하라.(로마서 12:2)

로마서 12:2을 읽을 때 우선 알 수 있는 것은, 바울은 이 세상의 방식을 본받는 것과 마음을 새롭게 함으로 변화를 받는 것을 대비시키고 있다는 것입니다. 오직 두 가지 대안 중에 하나를 선택해야 합니다. 우리의 확신과 가치관은 주위의 사회(세상)에 의해 형성되든지, 아니면 우리 마음을 하나님의 말씀으로 새롭게 함으로 형성될 것입니다. 세 번째 대안은 없습니다.

시편 기자는 이러한 진리를 비슷한 방식으로 기술하고 있습니다.

> 복 있는 사람은
> 악인의 꾀를 좇지 아니하며,
> 죄인의 길에 서지 아니하며,
> 오만한 자의 자리에 앉지 아니하고,
> 오직 여호와의 율법을 즐거워하여,
> 그 율법을 주야로 묵상하는 자로다.
> 저는 시냇가에 심은 나무가
> 시절을 좇아 과실을 맺으며,
> 그 잎사귀가 마르지 아니함 같으니,
> 그 행사가 다 형통하리로다.
> (시편 1:1-3)

시편 기자는 두 개의 대안, 혹은 두 그룹의 사람들을 머리에 떠올렸습니다. 1절에서 묘사된 것과는 반대로 행하는 사람들, 즉 악인의 꾀를 좇으며, 죄인의 길에 서는 사람은 점점 더 그 악하고 죄 많은 사람들의 영향을 받는 삶을 살게 되며, 마침내는 자기도 다른 사람에게 그러한 나쁜 영향을 미치는 삶을 살게 될 것입니다. 또 "오만한 자의 자리에 앉는다"라는 것은 아마도, "모세의 자리에 앉았던"(마태복음 23:2) 서기관들처럼, 영향력과 권위를 발휘하는 자리에 앉는 것을 가리킬 것입니다. 이러한 사람들은 죄에 사로잡힐 뿐만 아니라, 다른 사람들이 죄를 짓도록 영향을 미칩니다.

두 번째 그룹의 사람들은 하나님의 법을 즐거워하며, 묵상하고, 계속적으로 생각하는 사람들입니다. 주목해 보십시오. 시편 기자는 두 가지의 서로 정반대 되는 영향을 대비시키고 있습니다. 이는 죄악 된 사회에서 스며드는 영향과, 하나님의 말씀에서 나오는, 삶을 변화시키는 영향입니다. 중립적 영역의 영향은 없습니다. 우리는 죄악 된 사회의 영향을 받고 있든지 아니면 하나님의 말씀의 영향을 받고 있을 것입니다.

물론, 실제로는 아마도 사회와 하나님의 말씀 둘 다로부터 영향을 받고 있을 것입니다. 우리는 이러한 두 가지의 영향을 다음과 같이 직선(편의상 "영향 직선"이라고 부르겠습니다)의 양극단을 나타내는 것으로 생각할 수 있습니다:

●───────────────────────────●
죄악 된   하나님의
사회   말씀

우리 그리스도인들은 모두 이 직선상의 어딘가에 위치하고 있으며, 부분적으로는 죄악 된 사회로부터, 부분적으로는 하나님의 말씀으로부터 영향을 받습니다. 사회의 영향을 받으면 받을수록 우리는 왼쪽 끝을 향해 움직일 것이며, 하나님의 말씀의 영향을 받으면 받을수록 더 오른쪽으로 움직일 것입니다. 우리가 어느 쪽으로 움직일지를 결정하는 것은 무엇입니까? 시편 기자가 답해 줍니다. 바로 하나님의 말씀에 대한 우리의 태도와 그 말씀을 묵상하는 데 보내는 시간의 양입니다. 이것 외에 당신이 그 직선상의 어디에 위치할지를 결정하는 것은 아무것도 없습니다.

직선의 오른쪽 근방에서 사는 사람은 하나님의 말씀을 즐거워하는 사람입니다. 사도 바울처럼, 이 사람은 하나님의 율법은 "거룩하고, 의롭고, 선하다"(로마서 7:12)고 믿습니다. 그는 하나님의 법은 성가시거나 부담스런 것이 아니라, 우리로 하나님을 기쁘시게 하고 생산적이고 만족스런 삶을 살도록 도와주는 것임을 알고 있습니다(시편 1:3). 하나님의 법을 즐거워하는 사람은 성경을 단지 지키기 어려운 규칙들을 모아 놓은 책으로 여기는 것이 아니라, 은혜의 하나님이요 자신을 늘 은혜로 대해 주시는 하늘에 계신 아버지의 말씀으로 여깁니다.

직선의 오른쪽 부근에 사는 사람은 또한 하나님의 법을 주야로 묵상합니다. 묵상한다는 말은 그 의미를 파악하고 자신의 삶에 적용하기 위해 어떤 진리에 대해 곰곰이 생각하는 것을 뜻합니다. 하나님께서 여호수아에게 말씀하셨듯이 "그것(하나님의 말씀)을 주야로 묵상하여 그 가운데 기록한 대로 다 지켜 행해야 합니다"(여호수아 1:8). 묵상의 목표가 되어야 하는 것은 바로 적용, 혹은 "행하는 것"입니다. 이러한 묵상에는 자신의 성품과 행동이 성경적 진리에 얼마나 일치하는지를 알기 위해 자신의 삶을 돌아보는 것도 포함됩니다. 시편 기자는 다음과 같이 말했습니다.

> 내가 내 행위를 생각하고
> 주의 증거로 내 발을 돌이켰사오며.
> (시편 119:59)

그는 단지 성경 말씀을 생각만 하지 않았습니다. 그는 자신의 삶에 대해, 그리고 그 삶이 어느 정도나 성경 말씀에 합치되는지에 대해 생각했습니다.

"주야로"는 "계속적으로"를 뜻합니다. 만약 영향 직선의 오른쪽 끝 부근에서 살기를 원한다면, 우리 마음이 성경 말씀으로 흠뻑 젖어야 합니다. 우리 마음을 끊임없이 하나님께 향하게 해야 하며, 말씀의 의미가 무엇인지, 우리 삶에 어떻게 적용되는지를 깊이 생각해야 합니다. 여러 가지 책임들에 마음을 집중시켜야 하는 요즘같이 바쁜 시대에, 그런 식으로 계속 묵상을 한다는 것은 비현실적이요 성취 불가능한 이야기처럼 들릴 수 있습니다. "하루 종일 업무 생각을 해야 하는데, 어떻게 성경 말씀을 계속 묵상할 수 있겠습니까?"라고 당신은 반문할 것입니다.

"계속적으로"는 매순간을 의미하는 것으로 생각지 말아야 합니다. 오히려 "꾸준히 그리고 습관적으로"라는 의미로 받아들여야 합니다. 당신의 마음이 아무 데나 향해도 될 때 어디로 향합니까? 그때 성경 말씀을 묵상하기 시작합니까? 나는 사람들에게 "당신이 원하는 것을 생각할 수 있을 때 무엇에 대해 생각합니까?"라고 종종 물어 보곤 합니다. 당신의 문제들을 생각합니까? 아니면 누군가와 마음속으로 토론을 벌입니까? 아니면, 어느새 불경건한 생각의 황무지를 배회하고 있습니까? 생각하는 것은 우리가 가장 쉴새없이 하는 활동이라고 볼 수 있습니다. 끊임없이 생각합니다. 생각 없이 있는 경우는 없습니다. 우리는 그 생각의 방향과 내용을 고를 수 있습니다.

성경 말씀을 묵상하는 것은 하나의 훈련입니다. 핵심이 되는 구절들에 대해 언제 어디서나 생각할 수 있도록 그것들을 암송하거나 카드에 기록하여 가지고 다녀야 합니다. 하루를 살아가면서, 마음을 하나님의 말씀으로 향하게 할 수 있는 기회들에 깨어 있어야 합니다. 그리하여 그런 시간이 나면, 하나님의 말씀을 묵상해야 합니다. 성경의 진리들에 대해 하루 종일 아무 묵상도 없이 지나간다면, 매일 성경을 읽는 습관마저도 불충분한 것이 됩니다. 우리는 다른 어떤 것을 생각하거나, 라디오를 듣거나, 텔레비전을 보거나 하는 대신 말씀 묵상하기를 선택해야 합니다. 우리는 영향 직선 위 어느 쪽 끝에서 살기를 원하는지 결정해야 하며, 그에 따라 조처를 취해야 합니다.

확실한 것은, 적극적으로 하나님의 말씀의 영향 아래서 살고자 노력하지 않는다면, 우리를 둘러싸고 있는 죄악 된 사회의 영향 아래 놓일 수밖에 없다는 것입니다. 물질주의를 중시하며, 자아와 즉각적인 만족을 위해 살고 있는 우리 문화의 영향은 너무나 세고 침투성이 강하기 때문에 그 영향을 받지 않을 수가 없습니다. 다시 한번 말하거니와, 영향 직선상에서 중립적인 입장이나 태도는 존재하지 않습니다. 우리는 성경 말씀의 변화시키는 영향 아래로 점점 더 나아가고 있거나, 아니면 주위 불경건한 사회의 영향이라는 거미줄에 걸려들고 있습니다.

변화를 받아

로마서 12:2에서 배울 수 있는 또 다른 것은, 마음을 새롭게 함으로 변화를 받아야 한다는 것입니다. 우리는 6장에서 고린도후서 3:18을 공부하면서, 이미 변화라는 단어에 대해서 살펴보았습니다. 그것은 외적 행동의 변화를 낳는 내적 성품의 변화를 가리키는 것이었습니다. 예수님께서는 악한 생각과 행동은 "속에서 곧 사람의 마음에서" 나온다고 하셨습니다(마가복음 7:21). 바울이 언급하고 있는바 변화는 마음속에서 일어나며, 악한 생각과 행동을 하지 않도록 우리 마음을 변화시킵니다.

우리는 또한 고린도후서 3:18에서 말하는 변화는 수동태이며, 그러므로 외적 요소에 의해 우리에게 이루어지는 것이며, 성령에 의해 이루어지는 것임을 보았습니다. 또한 성령께서는 변화시키는 혹은 성화시키는 주체라는 것도 알았습니다. 우리는 자신을 변화시킬 수 없습니다. 다만 그 과정에서 일익을 담당할 수 있을 뿐입니다.

로마서 12:2에 나오는 "변화를 받아" 또한 수동태입니다. 그럼에도 그것은 또한 명령문입니다 - 이 경우에는 권면입니다. 영어에서 수동태로 명령문을 만드는 경우는 흔치 않은 일입니다. 명령을 하거나, 누군가에게 뭔가를 하라고 촉구할 때는 대개 능동태를 사용합니다. 어린 야구 선수 토미의 아버지는 아들에게 "애야, 공을 쳐라"라고 외칠 것입니다. 그는 아들이 뭔가를 하기를 원하지, 아들에게 뭔가가 행해지기를 원하지 않습니다.

그럼에도, 바울은 우리에게 "변화를 받으라"고 권면합니다. 그는 우리에게 어떤 것을 하라고 촉구하지 않고, 어떤 것이 우리에게 행해지게 하라고 촉구합니다. 또 다시 토미를 예로 들면, 바울이 우리에게 말해 주는 바를 이해하는 데 도움이 됩니다. 토미가 게임을 하고 집으로 들어오는데, 2루에 슬라이딩을 하는 바람에 땀과 먼지가 뒤범벅이 된 모습을 하고 있습니다. 그날 저녁에 올 손님을 위해 음식을 장만하고 있던 어머니는 토미를 한 번 쳐다보고는 "가서 씻어라"라고 말합니다.

그것은 명령입니다. 그것은 명령문이며, 능동적인 의미를 담고 있는 동사를 사용했습니다. 어머니는 토미가 어떤 일을 하기를 원했습니다. 그러나 토미의 어머니가 원했던 최종 결과는 무엇입니까? 어머니는 아들이 깨끗해지기를 원했고, 그래서 씻으라고 한 것입니다. 어머니는 토미가 스스로를 깨끗하게 할 수 없다는 것을 알고 있습니다. 그 애가 시도를 한다면, 고작 먼지나 때의 형태를 바꾸는 정도밖에 못할 것입니다. 그러므로, 어머니는 토미에게 비누와 물로 씻으라고 한 것입니다. 땀과 먼지를 씻어 내는 것은 비누와 물이지만, 토미가 마땅히 비누와 물의 세척 기능을 의지해야만 하는 것입니다. 그래서 어머니는 그 애에게 "가서 씻어라" 하고 말한 것입니다.

 토미가 자신을 깨끗하게 할 수 없는 것과 똑같이 우리는 자신을 변화시킬 수 없습니다. 오직 성령만이 하실 수 있습니다. 그러나 토미가 자신을 비누와 물의 세척 기능 하에 두어야 하듯, 우리는 마땅히 자신을 성령의 변화시키는 기능 하에 두어야 합니다. 물론, 이것은 우리가 계속적으로 자신의 마음을 하나님의 말씀에 굴복시켜야 한다는 것을 의미합니다. 하나님의 말씀은 성령께서 우리를 변화시키기 위해 사용하시는 주된 도구이기 때문입니다.

 그러므로 바울이 "마음을 새롭게 함으로 변화를 받으라"고 촉구할 때, 사실상 "당신 자신을 하나님의 말씀의 변화시키는 영향 아래 두라"고 말하고 있는 것입니다. 바로 이러한 방법으로 우리는 성경에 토대를 둔 확신들을 계발하기 시작합니다.

 변화를 받으라는 바울의 권면은 또한 현재 시제입니다. 이는 우리가 계속 변화를 받도록 해야 한다는 것을 의미합니다. 그것은 계속적인 과정으로서 날마다 우리 삶에서 진행되고 있어야 합니다. 존 머리는 "우리는 줄곧 우리의 생각과 이해의 중추를 새롭게 함으로 변화의 과정에 있어야 한다"고 했습니다. 변화되어야 하는 것은 우리의 생각과 이해만이 아닙니다. 우리의 감정과 의지도 변화되어야 합니다. 그러나 그것은 진리를 이해하는 것으로부터 시작됩니다. 19세기의 스코틀랜드의 주석가인 존 브라운은 다음과 같이 쓰고 있습니다:

> 성령의 영향으로 진리가 이해되고 믿어질 때, 마음은 새로워지고 이전의 무지와 오류에서 벗어나게 된다. 세상을 향한 사랑으로부터 우리 마음을 정결케 해주는 것은 이해되고 믿어진 진리이며, 진리가 이해되고 믿어지는 데 비례하여 사람들은 변화된다. 올바른 방식으로 생각하게 됨으로써,

사람들은 이생과 내생 – 하나님 – 과 그리고 다른 사람들에 관해 올바로 느끼고 행동하게 된다.

성경 말씀을 탐구하라

물론, 성경 말씀과 그리고 말씀을 우리 삶에 적용하는 것에 대해 생각할 때, 우리는 하나님의 진리를 생각하고 있지, 사람의 의견을 생각하고 있는 것이 아님을 확신해야 합니다. 즉 성경이 하나님의 말씀이라는 것, 즉 성경에서 말하고 있는 바는 하나님께서 말씀하시는 바라는 절대적인 확신을 가져야 한다는 말입니다. 성경은 우리 삶에 대한 하나님의 생각과 뜻을 정확하게 보여 주고 있습니다. 우리는 이 사실에 대해 깊고 흔들리지 않는 확신을 가지고 성경을 대할 필요가 있습니다.

이 점에 대해 두 마음을 품고 있다면 거룩한 삶을 추구하는 데 치명적일 수 있습니다. 어떤 것이 거룩한 삶인지에 대해 하나님께서 최종 권위를 가지고 계시기 때문입니다. 만약 성경이 하나님의 완전하고 권위 있는 말씀이 아니라면, 절대적인 도덕적 진리는 없게 되며, 우리는 자기 나름의 의견에 따라 살 수밖에 없습니다.

그러나, 성경은 그것이 참으로 하나님의 말씀이라는 점을 계속 확증하고 있습니다. 사도 바울은 "모든 성경은 하나님의 감동으로 되었다"(디모데후서 3:16)고 했습니다. 사도 베드로는 "성령의 감동하심을 입은 사람들이 하나님께 받아 말한 것"이라고 했습니다(베드로후서 1:21). 다윗이나 모세나 선지자들의 입을 통해 성령께서 말씀하셨다는 표현이 신약성경에 자주 나옵니다(사도행전 1:16 참조). 베드로는 바울의 글을 성경이라고 했습니다(베드로후서 3:16).

우리는 어떻게 성령께서 성경을 쓴 사람들의 마음을 움직이셨는지,

어떻게 성령께서 그분이 말씀하기 원하는 바를 다윗과 같은 사람들이 말하거나 쓸 수 있도록 하셨는지 잘 이해할 수 없을지 모릅니다. 그러나 이것은 성경이 일관되게 주장하고 있는 바입니다. 이것이 당신에게 생소한 이야기이거나, 이 점에 대해 의심이 있으면, 이 문제에 대해 기도하는 가운데 겸손하게 공부를 해보기 바랍니다. 당신의 모든 의심을 제거하여 주시고, 성경이 실로 하나님의 말씀이요, 완전하고 권위가 있으며, 절대적인 진리라는 흔들리지 않는 확신을 주시도록 기도하십시오.

그러나, 모든 성경 말씀이 하나님께로부터 나왔다는 것을 믿는 것만으로는 불충분합니다. 최선을 다해 그것을 이해하기 위해 노력해야 합니다. 영적 진리에 대한 우리의 이해는 아무래도 불완전하고 어느 정도는 부정확하다는 것을 인정하는 가운데 겸손한 태도로 날마다 성경으로 나아가야 합니다.

그 누구도 모든 진리를 다 알고 있지는 않습니다. 한번은 예수님께서 "천지의 주재이신 아버지여, 이것을 지혜롭고 슬기 있는 자들에게는 숨기시고, 어린아이들에게는 나타내심을 감사하나이다. 옳소이다. 이렇게 된 것이 아버지의 뜻이니이다"(누가복음 10:21)라고 말씀하셨습니다.

아무리 성경 말씀을 잘 이해하고 박식하다 해도, 날마다 성경으로 나아갈 때에는 어린아이와 같은 마음으로, 성령께서 우리를 가르쳐 주시기를 기도하는 가운데 나아갈 필요가 있습니다. 우리가 이미 이해하고 있거나 알고 있는 것이 얼마나 되는지에 상관없이, 여전히 성경에는 우리가 하나님에 대해 더 이해해야 할 것이 무진장 남아 있습니다. 40년 이상 성경을 공부해 오면서, 나는 성경 말씀을 더 많이 배우고 이해할수록 성경에 대한 나의 이해가 참으로 보잘것없다는 것을 점점 더 깨닫게 되었습니다. 그러므로 오직 당신이 이전에 가지고 있던 견해를 강화시키거나, 당신이 선호하는 교리들을 주장하기 위해서만 성경을 읽거나 공부하지 않도록 하십시오. 오히려, 성령께서 당신을 가르쳐 주시도록 기도하십시오.

시편 기자처럼, 하나님께서 당신의 눈을 열어 하나님의 법의 기이한 것을 보게 해주시며, 주님의 법을 준행할 수 있도록 깨닫게 해달라고 기도하십시오(시편 119:18,34). 당신이 믿고 있는 교리나 가지고 있는 확신이 성경의 가르침과 일치한다는 것을 알게 될 때, 그 교리에 대한 믿음이 강화되고, 확신은 더 깊어질 것입니다. 하나님께서는 또한 그분의 뜻에 온전히 순종하지 않고 있는 당신 삶의 영역들을 알게 해주시거나, 혹은 당신과는 다른 교리적 입장을 취하는 사람들도 그들의 견해를 뒷받침해 주는 성경 말씀을 가지고 있다는 것을 알게 해주실 것입니다. 그러므로 우리는 겸손한 마음으로 성경 말씀으로 나아가야 하며, 계속 말씀을 통해 하나님의 가르침을 받을 때 성령께서 우리를 더욱 겸손케 해주실 것입니다.

다음, 우리는 훈련의 태도를 가지고 성경으로 나아가야 합니다. 8장에서, 거룩한 삶을 추구하는 데는 의지와 훈련 두 가지가 다 필요하다는 것을 알았습니다. 성경을 공부할 때도 마찬가지입니다. 성경을 공부하는 방법은 여러 가지이지만, 그 모든 것에 공통된 것은 의지하는 가운데 부지런한 태도를 지녀야 한다는 것입니다. 이러한 태도는 잠언 2:1-5에서 솔로몬이 잘 표현했습니다:

> 내 아들아, 네가 만일 나의 말을 받으며,
> 나의 계명을 네게 간직하며,
> 네 귀를 지혜에 기울이며,
> 네 마음을 명철에 두며,
> 지식을 불러 구하며,

명철을 얻으려고 소리를 높이며,
은을 구하는 것같이 그것을 구하며,
감추인 보배를 찾는 것같이 그것을 찾으면,
여호와 경외하기를 깨달으며,
하나님을 알게 되리니.

여기서 우리는 다시 한번 겸손의 태도가 있어야 함을 봅니다: "네가 만일 나의 말을 받으며"(1절). 이러한 태도는 미련한 자의 태도와는 대조적입니다.

나의 교훈을 받지 아니하고,
나의 모든 책망을 업신여겼음이라.
(잠언 1:30)

부지런히 공부하는 태도는 "네 마음을 명철에 두며," "은을 구하는 것같이 그것을 구하며," 그리고 "감추인 보배를 찾는 것같이 그것을 찾으면"이라는 표현에 잘 나타나 있습니다. 감추인 보배를 찾는 것같이 성경 말씀을 탐구해야 한다는 것은 성경의 가르침에 얼마나 가치를 두고 있는지를 보여 줍니다. 솔로몬은 "내 법을 네 눈동자처럼 지키라"(잠언 7:2)라고 할 때도 이 가치에 대해 보여 줍니다.

스스로 물어 보아야 할 것은 이것입니다: "나는 하나님의 말씀에 얼마나 가치를 두고 있는가?" 우리는 감추인 보배를 찾는 것처럼 말씀을 대합니까? 아니면, 우리가 마땅히 해야 하는 것이기 때문에 마지못해 성경을 읽거나 공부합니까?

부지런한 태도와 아울러 3절에서 나타나 있는 것과 같은 의지의 태도가 필요합니다:

지식을 불러 구하며,
명철을 얻으려고 소리를 높이며.

"구하며"와 "소리를 높이며"는 거의 필사적으로 의지하는 태도를 나타냅니다. 이러한 태도는 우리가 주간 성경공부를 시작할 때 흔히 하는, 하나님께서 가르쳐 주시기를 구하는 형식적인 기도와는 판이합니다. 성경을 공부할 때 우리는 깨달음을 주시도록 진정으로 성령을 의지하고 있습니까? 아니면 우리의 지적인 능력을 의지하고 있습니까? 입술로는 성령을 의지한다고 하지만, 실제로는 자신의 지능을 의지하고 있지 않나 하는 생각이 듭니다.

부지런함과 의지의 태도 둘 다를 유지하는 것이 어렵기는 하나, 성령으로부터 배우고자 한다면 마땅히 그렇게 해야 합니다. 성령께서는 게으름이나 죄악 된 자기 신뢰를 축복하시지 않습니다. 그분을 진정으로 의지하는 가운데 부지런한 태도를 취할 때 복을 주십니다. 지금 우리는 단지 성경의 진리를 더 많이 습득하는 것에 관해서가 아니라, 성경에 기초한 확신을 계발하는 것에 관해 이야기하고 있습니다. 그러한 확신은 우리 삶의 토대가 됩니다.

우리는 과학이나 역사 지식을 습득하는 것과 동일한 방식으로 성경 지식을 증가시킬 수 있습니다. 불행히도, 너무나 많은 그리스도인들이 저러한 것을 공부하는 것과 같은 방식으로 성경공부에 임하고 있습니다. 그렇게 할 때는 겸손해지기보다는 교만해지는 경향이 있습니다. 우리는 성경이 가르치는 바대로 살지 못하고 있는 데 대해 겸손해지기보다는, 성경의 진리를 더 많이 알고 있다는 데 대해 으스대게 됩니다. 다시 한번, 시편 기자처럼 기도할 필요가 있습니다:

여호와여, 주의 율례의 도를 내게 가르치소서.

> 내가 끝까지 지키리이다.
> (시편 119:33)

즉, 우리는 단지 머리만 커지게 하는 지식이 아니라 우리 삶을 변화시켜 줄 지식을 위해 기도해야 하는 것입니다.

간직하라

어떤 성경 말씀을 잘 묵상하려면, 먼저 그 구절이 말하고 있는 바를 단지 머리로만 아니라 가슴으로도 정확하게 이해할 필요가 있습니다. 우리는 어떻게 살아야 하는지에 대해 하나님께서 우리에게 말씀해 주시는 바를 알 필요가 있습니다. 이를 위해서는 겸손한 가운데 성령을 의지하면서 훈련된 성경공부를 해야 합니다. 그리고 하나님의 진리를 우리의 머리와 가슴에 간직해야 합니다.

솔로몬은 잠언 2:1과 7:1에서, "나의 계명(또는 명령)을 네게 간직하라"라는 표현을 사용합니다. "간직하다"라는 말은 앞으로 필요할 것으로 내다보고 보관해 둔다는 의미가 있습니다. 내가 어렸을 때, 어머니께서는 과일과 채소가 많이 나오는 여름에 많은 양을 깡통에 보관하곤 하셨습니다. 밭에서 더 이상 그러한 과일과 채소들을 거둘 수 없는 계절이 온다는 것을 미리 내다보고 이를 간직하고 계셨던 것입니다.

시편 119:11은 잘 알려진 구절입니다.

> 내가 주께 범죄치 아니하려 하여
> 주의 말씀을 내 마음에 두었나이다.

여기서 둔다는 말은 간직한다, 또는 더 정확하게 말하면, 소중히 간수한다는 것을 의미합니다. 그러므로 그것은 잠언 2:1과 7:1에서처럼 간직한다는 의미도 있지만, 더 나아가 간직하는 그것이 매우 가치가 있는 것이며, 소중한 것이라는 것을 암시합니다.

이와 같은 방식으로 하나님의 말씀을 다루어야 합니다. 다시 한번 잠언 2장으로 돌아가 봅시다. 의지하는 가운데 부지런히 말씀을 공부하라는 1-4절의 강력한 권면에 이어 하나님께서 지혜와 지식과 명철을 주신다는 6절이 나옵니다. 문맥을 통해 볼 때, 우리가 1-4절에 나와 있는 그러한 태도로 성경 말씀을 탐구할 때 하나님께서 이러한 것들을 주시는 것이 분명합니다.

잠언 3:13-15에서는 하나님의 방식으로 성경 말씀을 탐구하는 사람들에게 하나님께서 주시는 지혜와 명철의 가치를 보여 줍니다.

지혜를 얻은 자와 명철을 얻은 자는 복이 있나니,
이는 지혜를 얻는 것이 은을 얻는 것보다 낫고,
그 이익이 정금보다 나음이니라.
지혜는 진주보다 귀하니,
너의 사모하는 모든 것으로 이에 비교할 수 없도다.

솔로몬이 묘사하고 있는 지혜와 명철은 단순한 인간적인 지혜와 명철과 대비되는 소위 "영적인" 지혜와 명철입니다. 기본적으로 솔로몬은 하나님을 기쁘시게 하는 삶을 위한 원리들을 언급하고 있습니다. 사도 바울은 골로새 교인들을 위해 "너희로 하여금 모든 신령한 지혜와 총명에 하나님의 뜻을 아는 것으로 채우게 하시고, 주께 합당히 행하여 범사에 기쁘시게 하고, 모든 선한 일에 열매를 맺게 하시며"(골로새서 1:9-10)라고 기도할 때, 이러한 종류의 지혜에 대해 언급했습니다.

솔로몬은 영적인 지혜에 높은 가치를 부여했습니다. 그것은 은보다 더 이익을 주고, 정금보다 더 귀중하며, 진주보다 더 값진 것입니다. 사실, 그는 지혜와 견줄 만한 것은 아무것도 없다고 했습니다. 우리는 왜 시편 기자가 하나님의 말씀을 마음에 간직했는지를 알 수 있습니다.

하나님 말씀을 어떻게 마음에 간직할 수 있습니까? 지속적으로 말씀을 묵상함으로 그렇게 할 수 있습니다. 그러나 지속적으로 성경 말씀을 묵상하려면 그것이 우리 마음속에 보관되어 있어야 합니다. 이를 위한 가장 좋은 방법은 핵심이 되는 구절을 암송하는 훈련을 하는 것입니다. 성경암송은 오늘날 여러 가지 오락에 의해 구석으로 밀려나고 있습니다. 그러나 확신 있게 말씀드리고 싶습니다. 우리는 하나님의 말씀을 마음속에 보관하여 성령께서 우리를 변화시키시는 데 사용하실 수 있게 하지 않고는 효과적으로 거룩한 삶을 추구할 수가 없습니다.

기억하십시오. 우리는 자신의 마음을 새롭게 함으로 변화를 받아야 합니다. 우리는 주위의 사회와 하나님의 말씀으로부터 영향을 받고 있다는 것을 이미 살펴보았습니다. 영향 직선의 "하나님의 말씀" 쪽으로 옮아가기 위해서는 성경암송보다 더 좋은 방법이 없습니다. 그것은 상당한 노력을 요하며, 애써 암송한 것을 정확하게 기억할 수 없을 때 실망이 되기도 합니다. 그러나 사실상, 훈련치고 노력을 요하지 않거나 때로 실망을 안겨 주지 않는 것은 없습니다. 많은 노력을 요하고, 때로 실망이 되기도 하지만, 어떤 훈련을 꾸준히 행하는 사람은 그 훈련으로 말미암아 보상을 얻게 됩니다.

예수님께서 광야에서 마귀에게 시험을 받으실 때 성경 구절을 사용하신 본은 성경 말씀을 암송하도록 도전을 줍니다. 세 번이나 시험을 받으실 때 예수님께서는 "기록되었으되"라고 말씀하시고 성경 말씀을 인용하심으로 마귀의 유혹에 대처하셨습니다(마태복음 4:1-11). 분명 예수님께서는 이러한 구약성경 말씀을 암송하고 계셨기 때문에 사탄의 공격을 물리치기 위해 효과적으로 사용하실 수 있었을 것입니다. 그리고 또한 분명한 것은, 예수님은 모세의 율법에 나오는 몇 개의 구절 그 이상을 알고 계셨습니다. 그분의 마음은 성경 말씀으로 흠뻑 젖어 있었습니다. 우리는 마땅히 하나님의 말씀이 우리 속에 풍성히 거하게 해야 합니다(골로새서 3:16).

그리스도께서 사탄의 공격을 이기기 위해 구체적인 성경 말씀을 사용하셨다는 것은 우리에게 교훈을 줍니다. 앞에서 당신이 유혹에 취약한 영역을 알아내어 그것을 개인 기도 노트에 열거해 보라고 했습니다. 그리고 나서 지난 장에서는 당신이 취약한 영역에 대해 구체적인 헌신을 하도록 촉구했습니다. 그리스도께서는 유혹들을 이기기 위해 구약성경의 특정한 구절을 사용하신 것을 알 수 있습니다. 이처럼 당신도 특히 취약한 영역의 유혹을 이길 수 있는 성경 말씀들을 찾아 암송하기 바랍니다. 그리고 나서 당신이 유혹을 받을 때 성령께서 그 구절들을 상기시켜 달라고 기도하십시오.

당신의 삶에 적용하라

하나님의 말씀의 변화시키는 영향 아래 우리 자신을 둔다는 것은 단지 성경 지식을 습득하는 것 그 이상이라는 것을 알았습니다. 사실, 단지 성경의 사실들이나 교리들만 배우고 삶에 적용을 하지 않으면 영적 교만에 이를 수 있습니다. 바울은 "지식은 교만하게 하며, 사랑은 덕을 세우나니"(고린도전서 8:1)라고 말했습니다. 이와 대조적으로, 바울은 또한 "믿음과 경건함에 속한 진리의 지식"(디도서 1:1)에 대해서도 말했습니다.

　이 두 가지 성경 지식의 차이는 무엇입니까? 먼저의 경우, 고린도 교인들은 자신들의 지식을 이기적이고 교만한 방법으로 사용하고 있었습니다. 그들은 자기와 다른 확신들을 가진 사람들을 경멸의 눈초리로 보았습니다. 다른 한편, 경건함에 이르게 하는 지식은 자신의 삶에 적용하며 경건한 성품을 낳는 성경 지식입니다.

　오늘날 기독교계의 폐단 가운데 하나는, 매주 하나님의 말씀을 듣고, 개인적인 경건의 시간도 가지며, 심지어 성경공부 그룹에 참여하기도 하지만, 배우는 진리에 순종하고자 하는 진지한 마음은 없이 그렇게 한다는 것입니다. 하나님께서는 에스겔에게 유대인들의 잘못에 대해 말씀하셨는데, 오늘날도 해당됩니다:

> 백성이 모이는 것같이 네게 나아오며, 내 백성처럼 네 앞에 앉아서 네 말을 들으나, 그대로 행치 아니하니, 이는 그 입으로는 사랑을 나타내어도 마음은 이욕을 좇음이라. 그들이 너를 음악을 잘하며 고운 음성으로 사랑의 노래를 하는 자 같이 여겼나니, 네 말을 듣고도 준행치 아니하거니와.
> (에스겔 33:31-32)

　우리는 어떤 진리를 배우고 이에 동의하는 것을 이에 순종하는 것과 같은 것으로 여기는 경향이 있습니다. 야고보는 이렇게 하는 것은 자신을 속이는 것이라고 했습니다(야고보서 1:22). 특히 우리가 범하는 보다 "세련된" 죄는 무시하고 사회에 널리 퍼져 있는 보다 수치스런 죄에만 초점을 맞출 때 그렇게 될 가능성이 많습니다.

　단지 우리 머리 속에 성경 지식을 쌓는 것으로 성경에 기초한 확신을 계발할 수 있는 것이 아닙니다. 비록 개인적인 성경공부나 성경암송이 이를 시작하는 데 도움이 되는 것은 사실이지만, 그 자체가 확신을 계발시키는 것도 아닙니다. 꾸준히 성경 말씀을 묵상함으로 보다 확신에 가까이 갈 수 있습니다. 그러나 확신들은 성경의 가르침들을 실제 삶의 상황에 적용하기 시작할 때 진정으로 계발됩니다.

아내와 나는 최근에 커피 테이블을 사러 나갔습니다. 우리는 원하는 모양에 대해서는 의견의 일치를 보았고, 예산의 한도 내에서 살 수 있는 것을 쉽게 찾아냈습니다. 나는 원하는 것과 비슷한 것이 눈에 띄기만 하면 사버리는 편이지만, 아내는 "쇼핑"을 즐기는 사람입니다. 아내는 상점에 있는 모든 물건들을 돌아보기를 좋아합니다. 아니나 다를까, 아내는 자신이 "꿈에 그리던" 커피 테이블을 하나 찾아냈습니다. 그것은 디자인이 예사롭지 않았고, 아내가 오랫동안 꿈꾸어 왔으나, 가지게 될 것으로는 생각지 못했던 그러한 것이었습니다. 짐작할 수 있겠지만, 그런 건 늘 그렇듯이 값이 조금 비쌌습니다.

나는 이에 대하여 기도로 하나님의 뜻을 구하였습니다. 나는 하나님께서 주신 물질에 대한 선한 청지기가 되는 것에 대해 하나님께 말씀드리기 시작했으나, 하나님께서는 (확신을 주시는 성령의 역사를 통해) 그리스도께서 교회를 사랑하시듯 아내를 사랑하는 것에 대해 "말씀해" 주시기 시작했습니다(에베소서 5:25). 이러한 상황에 대해 생각할 때, 나는 아내를 사랑하는 구체적인 방법 가운데 하나는 아내의 꿈과 열망에 대해 민감해지는 것이라는 것을 깨달았습니다. 이 상황에서 하나님께서는 내가 하나님의 자원들에 대한 좋은 청지기가 되는 것보다는 아내를 사랑하는 것을 더 배우기를 원하셨습니다. 나의 이야기의 골자는 이것입니다. 나는 에베소서 5:25을 알고 있었고, 믿고 있었으며, 암송했으며, 묵상도 했습니다. 그러나 그 말씀을 실제 삶에서 적용함으로 그 말씀에 대한 확신을 깊게 할 수 있었다는 것입니다. 그 일이 있고 나서부터, 나는 그리스도께서 희생적으로 자신을 드려 가면서 교회를 사랑하시듯이 나의 아내를 실제적으로 사랑한다는 의미를 더 잘 알게 되었습니다.

그러므로, 우리가 성경에 기초한 확신을 계발하는 것은 성경 말씀을 알고, 묵상하고, 그리고 매일의 실제적인 삶에서 적용하는 것을 통해서입니다. 그리고, 이러한 확신들을 계발해 나갈 때, 성령에 의해 점점 더 그리스도의 형상으로 닮아 갈 것입니다.

은혜가 들어갈 여지는?

우리는 이 장에서 어려운 훈련들 가운데 몇 가지를 살펴보았습니다. 즉 부지런하면서도 의지하면서 하는 성경공부, 성경암송, 지속적인 묵상, 그리고 실제 상황에서의 말씀 적용 등. 사실, 이러한 훈련들은 그리 어려운 것이 아닙니다. 그러나 이전에 이러한 훈련을 해본 적이 없는 사람들에게는 어려운 것처럼 보일 것입니다. 그러므로 성경에 기초한 확신을 계발하는 훈련에는 은혜가 들어갈 여지는 없는지 궁금한 사람이 있을 것입니다. 예를 들면, 내가 성경암송을 하는 데서 비틀거리고 있으면 어떻게 됩니까?

이러한 훈련들을 실행하는 데서 실패하면 어떻게 됩니까? 먼저 알아야 할 것은, 하나님께서는 그렇다고 해서 결코 덜 사랑하시는 것이 아니라는 점입니다. 우리를 향한 하나님의 사랑은 어디까지나 그분의 아들 그리스도와 우리가 연합하고 있다는 사실에 토대를 두고 있습니다. 그것이 바로 복음입니다. 그리스도의 의는 우리의 의가 되었습니다. 우리의 죄는 그분께로 다 옮겨졌습니다. 그리고 그 죄들에 대한 형벌은 예수님께서 십자가에서 다 치르셨습니다. 날마다 그분의 보혈은 우리를 모든 죄로부터 정결케 합니다. 하나님의 은혜, 그분의 과분한 은총은 우리의 성취나 성과를 전제로 하지 않습니다. 그것은 오직 주 예수 그리스도의 변치 않는 공로에 토대를 두고 있습니다.

그러나, 거룩한 삶을 추구하는 일에서 우리의 진보는 하나님께서 우리에게 주신 훈련을 실행하는 데 달려 있습니다. 우리가 성령에 의해 조금씩 조금씩 더 예수 그리스도의 형상으로 변화되어 간다는 것은 사실입니다. 그러나, 성령께서 사용하시는 주된 수단 가운데 하나는, 사실상 유일한 수단은, 우리의 마음을 새롭게 하는 것입니다. 그리고 로마서 12:2은 하나님의 말씀에 굴복시키는 것을 통해 우리 마음이 새로워진다는 것을 강조하고 있습니다.

그러므로, 우리가 하나님 아버지께 받아들여지는 것은 오직 그리스도를 통한 그분의 은혜에 기초하고 있다고 말할 수 있습니다. 그분의 은총은 우리가 어떤 것을 행함으로 얻을 수도 없고, 어떤 것을 행치 않음으로 잃어버릴 수도 없습니다. 그러나, 거룩한 삶을 추구하는 데서 우리의 진보는 하나님께서 주신 훈련들을 얼마나 실행하는가에 상당한 영향을 받습니다. 그리고 그 훈련들은 하나님께서 주신 것들입니다. 그러한 훈련은 제자도를 훈련하기 위해 사람들이 처음으로 만들어 낸 것이 아니라 하나님께서 만드신 것입니다.

내가 성경공부, 성경암송, 지속적인 묵상, 그리고 날마다 삶에서 말씀을 적용하는 것 등과 같은 훈련들에 대해 말한 모든 것은 모두 성경에 기초를 두고 있습니다. 나는 그리스도인의 성장에 관한 무슨 세상적인 이론을 확립해 온 것이 아닙니다. 내가 말해 온 모든 것은 이러한 훈련들에 대해 성경 말씀은 무엇이라 하는지를 보여 주는 것입니다. 그리고, 이 장의 첫머리에서 살펴본 바와 같이 성경 말씀이 말하고 있는 바는 하나님께서 말씀하시는 바입니다. 만약 우리가 이러한 훈련들을 무시한다면, 이는 하나님을 무시하는 것이 됩니다.

그러나 이러한 훈련들을 행한다고 해서 하나님으로부터 무슨 은총을 획득하는 것은 아니라는 것을 늘 기억해야 합니다. 하나님의 축복을 얻기 위한 공로의 측면과 도구의 측면을 구분하는 것이 도움이 됩니다. 우리는 언제나 예수 그리스도의 공로에 의해서만 하나님의 축복을 받습니다. 그리스도께서 우리 삶에 하나님의 축복이 임하도록 하기 위해 이미 해두신 것에 우리는 아무것도 첨가할 수가 없습니다. 그러나, 도구의 측면에서는 하나님께서 지정해 주신 수단 혹은 통로를 통해 축복이 임합니다. 하나님께서는 이미 거룩한 삶을 추구하는 데서 우리가 실행해야 할 훈련들을 분명히 보여 주셨습니다. 우리가 그러한 것들을 실행할 때 하나님께서는 그것들을 우리 삶에 축복을 주시는 데 사용하실 것입니다. 이는 우리가 이를 행함으로 하나님의 축복을 획득했기 때문이 아니라, 그분이 정해 주신 축복의 통로를 사용했기 때문입니다.

우리는 또한 변화를 받으라는 로마서 12:2의 명령은 우리 몸을 거룩하고 하나님께 기쁨이 되는 산 제사로 드리라는 1절의 명령에 바로 뒤이어 나온다는 것을 명심해야 합니다. 두 번째의 권면도 첫 번째와 마찬가지로 하나님의 자비에 근거하고 있습니다. 그러므로, 성경에 기초를 둔 확신을 계발하는 것도 그리스도를 통해 베푸시는 하나님의 자비와 은혜에 대한 응답이 되어야 합니다. 만약 진정으로 하나님의 은혜를 누리는 삶을 산다면, 그 은혜에 보답하기 위하여 하나님을 기쁘시게 하는 삶을 살려고 노력할 것입니다. 그런데 성경에 근거한 확신들을 계발하는 훈련들을 하지 않는다면 하나님을 기쁘시게 하는 삶을 살 수가 없습니다.

11

선택하는 훈련

> 전에 너희가 너희 지체를 부정과 불법에 드려
> 불법에 이른 것같이,
> 이제는 너희 지체를 의에게 종으로 드려
> 거룩함에 이르라.
> 로마서 6:19

나의 삶의 분기점은 어느 날 저녁 처음으로 참석한 한 성경공부 그룹에서 조용하게 찾아왔습니다. 그 성경공부의 인도자는 "성경은 당신의 지식을 증가시키기 위해 주어진 것이 아니라, 당신의 행동을 변화시키기 위해 주어진 것이다"라고 했습니다. 이 말이 지금도 나에게 도전을 주곤 하지만, 그 당시에는 나에게 전혀 새로운 내용이었습니다. 그 말을 들은 것은 문자 그대로, 누가 내 마음속에 불을 킨 것과 같았습니다. 나는 이전에 전혀 염두에 두지 않았던 것을 분명히 깨닫게 된 것이었습니다.

내가 죄악 된 삶을 살고 있었던 것은 아니었습니다. 사실, 그 정반대에 가까웠습니다. 나는 어릴 때부터 교회에 다녔고, 그리스도를 자신의 구세주로 믿고 있었으며, 날마다 성경을 읽고 있었고, 심지어 성경 몇 구절 정도는 암송도 하고 있었습니다. 그럼에도 성경 말씀을 나의 삶의 구체적인 상황에 적용한다는 것은 한 번도 생각해 보지 않은 생소한 것이었습니다. 그날 나는 간단한 기도를 드렸습니다: "하나님, 오늘 저녁부터 주님께서 성경을 사용하사 저의 삶을 변화시켜 주시옵소서." 하나님의 말씀에 대한 나의 태도는 근본적으로 바뀌었고, 성경 말씀은 갑자기 나의 매일의 삶과 큰 관련이 있는 것이 되었습니다. 그것이 바로 나의 "거룩한 삶의 추구"의 시작이었습니다.

성경은 실로 우리의 일상 생활을 위한 교훈과 지침을 주는 책이요, 우리 삶과 밀접한 관련이 있는 책입니다. 그러나, 이러한 지침을 따르는 데 있어서, 우리는 끊임없이 일련의 선택에 직면하게 됩니다. 물론, 삶이란 아침에 눈을 뜰 때부터 저녁에 잠자리에 들 때까지 선택의 연속입니다. 이러한 선택들 가운데 많은 것이 도덕적인 면을 동반합니다. 예를 들면, 당신이 아침에 직장으로 차를 몰 때 선택하는 길은 아마도 도덕적으로는 별 의미가 없겠지만, 당신이 차를 몰 때 하는 생각과 차를 모는 방법은 도덕적인 선택입니다.

한 번에 선택 하나씩

우리는 5장에서, 벗어버리고 입는 원리를 설명해 주는 에베소서 4:25-32을 살펴보았습니다. 이제 우리가 마땅히 해야 하는 선택에 비추어서 그 구절을 살펴보도록 합시다. 편의상 그 구절을 다 옮겨 적도록 하겠습니다.

> 그런즉 거짓을 버리고, 각각 그 이웃으로 더불어 참된 것을 말하라. 이는 우리가 서로 지체가 됨이니라. 분을 내어도 죄를 짓지 말며, 해가 지도록 분을 품지 말고, 마귀로 틈을 타지 못하게 하라. 도적질하는 자는 다시 도적질하지 말고 돌이켜 빈궁한 자에게 구제할 것이 있기 위하여 제 손으로 수

고하여 선한 일을 하라.

　무릇 더러운 말은 너희 입 밖에도 내지 말고, 오직 덕을 세우는 데 소용되는 대로 선한 말을 하여 듣는 자들에게 은혜를 끼치게 하라. 하나님의 성령을 근심하게 하지 말라. 그 안에서 너희가 구속의 날까지 인치심을 받았느니라. 너희는 모든 악독과 노함과 분냄과 떠드는 것과 훼방하는 것을 모든 악의와 함께 버리고, 서로 인자하게 하며 불쌍히 여기며, 서로 용서하기를 하나님이 그리스도 안에서 너희를 용서하심과 같이 하라.

이 행동 지침들의 목록을 죽 훑어보면 다음과 같은 것들 중에서 선택을 할 수 있다는 것을 알게 됩니다.

* 진실을 말하거나 거짓말을 한다.
* 분노를 다루거나 그것을 폭발시킨다.
* 재정 문제에 있어서 철저히 정직하거나, 사실상 도적질을 한다(예를 들면, 정부나 고용주로부터).
* 궁핍한 사람과 나누거나 우리 자신을 위해서만 자원들을 사용한다.
* 다른 사람에게 도움이 되는 말을 하거나, 해로운 말을 한다(비판, 한담, 불평 등).
* 인자하게 하며, 불쌍히 여기며, 용서하거나, 쓴 뿌리와 분노와 원망을 품는다.

다른 말로 하면, 죄된 태도와 행동을 벗어 버리고, 그리스도를 닮은 성품들을 입는 것은 늘 일련의 선택을 수반합니다. 각 상황에서 우리는 어느 방향으로 갈지를 선택합니다. 우리가 그리스도를 닮은 삶의 습관을 계발하는 것도 바로 이러한 선택을 통해서입니다. 습관은 반복의 산물입니다. 그리고 우리는 도덕적인 면의 선택을 통해 영적인 습관을 계발합니다.

로마서 6:19에서, 이러한 영적 습관의 계발을 보여 줍니다: "전에 너희 지체를 부정과 불법에 드려 불법에 이른 것같이, 이제는 너희 지체를 의에게 종으로 드려 거룩함에 이르라." 로마의 그리스도인들은 이전에는 자신의 지체를 부정과 불법에 드려 왔습니다. 그들은 죄를 지으면 지을수록, 더욱 죄를 짓는 경향을 지니게 되었습니다. 그들은 죄악 된 선택을 함으로 말미암아 자신들의 죄된 생활 습관을 계속적으로 강화시키고 있었습니다.

로마 그리스도인들에게 사실이었던 것은 오늘날 그리스도인들에게도 사실입니다. 죄는 우리의 판단력을 흐리고, 양심을 무디게 하며, 죄악 된 욕망을 부추기며, 우리의 의지를 약화시킵니다. 이 때문에, 우리가 범하는 각각의 죄는 죄를 짓는 습관을 강화시키며, 다음 번에 우리가 유혹에 직면할 때 굴복하기 쉽게 만듭니다.

바울은 로마의 그리스도인들이, 그리고 오늘날의 그리스도인들이, 방향을 바꾸어 경건한 삶의 습관을 계발하기를 원했습니다. 그는 "이제는 너희 지체를 의에게 종으로 드려 거룩함에 이르라"고 했습니다. 이 구절에서, 의란 우리가 그리스도 안에서 가지게 된 의를 지칭하는 것이 아니라(로마서 3장처럼), 우리가 날마다 실행해야 하는 윤리적인 의, 즉 올바른 행동을 가리킵니다. 이 구절에서 의는 우리의 행동을 가리키는 반면, 거룩함은 우리의 성품을 가리킵니다. 그러므로 우리가 거룩한 성품을 계발하는 것은 거룩한 행동을 통해서입니다. 거룩한 성품은 우리가 하루를 살아가면서 만나는 모든 상황과 환경 가운데서 올바로 행동하기를 선택하는 것을 통해 조금씩 계발되는 것입니다.

　이전 몇 장에 걸쳐 공부해 온 모든 것이 이 요점에 도달하게 했습니다. 우리는 훈련을 하거나 혹은 의지를 하는 것을 통해 더 거룩해지는 것이 아닙니다. 또한 우리 자신을 하나님께 헌신하는 것을 통해서나, 성경에 토대를 둔 확신들을 계발함으로 더 거룩해지는 것도 아닙니다. 우리는 하나님의 말씀에 순종함으로, 즉 우리 삶의 다양한 환경 가운데서 성경에 나타나 있는 하나님의 뜻에 순종하기로 선택함으로 더 거룩해지는 것입니다.

　그러나, 훈련과 의지(依支), 그리고 헌신과 확신이 올바른 선택을 하는 데 필수적입니다. 우리는 아무런 근거도 없이 선택을 하지는 않습니다. 선택들은 우리가 계발해 온 확신들이나, 우리가 해온 의식적이거나 무의식적인 헌신들에 의해 이루어집니다. 그리고 내주하는 죄의 존재를 감안하면, 우리는 성령께서 주시는 능력을 통해서만 올바른 선택을 할 수 있습니다. 그러나, 우리가 그때 그때의 선택을 통해 하나님의 명령들에 순종할 때만 이러한 원리들과 영적 성장의 수단들은 우리가 원하는 궁극적 결과를 낳습니다. 그리고 한 번에 한 가지의 선택을 통해 순종해 나갈 때, 의로운 행동들은 거룩한 성품으로 발전해 갑니다.

　이 책을 쓰고 있는 동안, 아내는 누비이불을 만들기 시작했습니다. 아내가 하는 일을 관찰해 보니, 아내는 먼저 수많은 누비용 "정사각형"을 만드는데, 각각 1평방 피트 정도의 넓이였습니다. 누비이불의 전체 모양을 결정하는 것은 각각의 정사각형의 디자인이었습니다. 각각의 정사각형은 아름다웠고 그리고 아내의 바느질 솜씨를 잘 나타내 주고 있었습니다. 그러나 각 정사각형은 아름답기는 해도, 누비이불이 되지는 않습니다. 각 정사각형의 열 사이를 좁고 긴 천으로 함께 이어 붙일 때라야 그것들은 하나의 누비이불이 되었습니다.

거룩한 삶을 추구하는 것도 그 누비이불을 만드는 것과 비슷합니다. 우리는 훈련이라는 정사각형을 가지고 있으며, 그 정사각형은 의지, 헌신, 확신, 그리고 복음에 나와 있는 그리스도의 영광을 바라보는 것 등입니다. 이 "정사각형"들은 그 자체가 아름답습니다. 그러나 이러한 거룩한 삶의 원리들과 수단들 개개만 본다면, 거룩한 삶이라는 "누비이불"이 되지 못합니다. 이 모든 원리들과 수단들을 함께 꿰매어 "거룩한 삶의 누비이불"을 만드는 것은 순종입니다. 그리고 우리는 한 번에 하나씩의 선택을 통해 순종을 합니다.

올바른 방향으로 당신을 훈련하라

앞에 있는 장에서 디모데전서 4:7을 간단히 살펴보았는데, 그 구절에서 바울은 디모데에게 "경건에 이르기를 연습하라"고 권면했습니다. 바울이 사용한 연습이라는 단어는 체육 용어로서, 젊은이들이 당시의 운동 경기에서 겨루기 위해 자신을 준비하는 훈련 활동을 묘사하는 단어라는 것을 보았습니다. 운동 경기에서 겨루기 위해 젊은이들이 자신의 신체를 훈련하듯 바울은 디모데에게, 그리고 우리에게, 경건한 삶을 위해 자신을 영적으로 훈련하기를 원했습니다. 비록 경건함이 거룩함보다는 더 넓은 개념을 지니고 있지만(경건함과 불경건함에 대해서는 5장을 살펴보십시오), 거룩한 삶은 그러한 삶의 주요한 부분이며, 경건에 이르도록 우리를 훈련하는 것은 거룩한 삶에서 우리를 훈련하는 것을 포함합니다.

그러나 중요한 점은 이것입니다. 우리는 연습을 통해 자신을 훈련한다는 것입니다. 영적인 영역에서 어떻게 연습합니까? 선택을 통해서 합니다.

우리가 하나님의 말씀에 순종하지 않고 죄를 짓기로 선택했을 때,

즉 그릇된 선택을 했을 때 무슨 일이 일어납니까? 그릇된 방향으로 우리 자신을 훈련하는 셈이 됩니다. 이미 계발해 온 죄악 된 습관들을 강화시키며 우리 영혼 속에서 그것이 더 큰 힘을 갖도록 해주는 격이 됩니다.

베드로후서 2:14을 살펴봅시다: "음심이 가득한 눈을 가지고 범죄하기를 쉬지 아니하고, 굳세지 못한 영혼들을 유혹하며 탐욕에 연단된 마음을 가진 자들이니, 저주의 자식이라." 이 말은 거짓 교사들을 묘사하며, 그들을 통렬하게 비난하는 가운데 나옵니다. 그리고 14절은 그 중심을 이루고 있으며, 그중에서도 우리의 토의에서 핵심이 되는 말은 "탐욕에 연단된 마음"이라는 말입니다. 여기서의 연단이라는 말은 바울이 "경건에 이르기를 연습하라"고 할 때의 연습과 동일한 단어입니다. 베드로는 거짓 교사들은 탐욕적이 되도록 자신을 훈련해 왔다고 말하고 있는 것입니다. 그들은 "탐욕의 전문가"가 되는 데까지 이른 것입니다.

올림픽 경기를 텔레비전을 통해 본 적이 있을 것입니다. 각 경기가 끝나면, 가장 성적이 좋았던 세 사람은 시상대 위에 서게 되고, 올림픽 위원회의 대표로 나온 사람이 그들의 목에, 금메달, 은메달, 그리고 동메달을 걸어 줍니다. 그들은 그 특정한 경기에 있어서 "전문가"입니다. 거짓 교사들에 대한 베드로의 묘사는 올림픽 경기 후의 그 장면을 연상하게 합니다. 그는 마치 이러한 거짓 교사들의 목에 "탐욕의 전문가"라고 새겨진 메달을 걸어 준 것과 같습니다.

이러한 교사들은 어떻게 탐욕에서 전문가가 되었을까요? 아마도 그들은 자신들의 거짓된 가르침을 통해 경제적인 이익을 얻는 데 몰두했던 게 분명합니다. 그러나, 이에 그치지 않고 그들은 자신의 호주머니를 채우는 데 도움이 되는 거짓 교리를 가르치기로 일련의 선택들을 계속 해왔을 것입니다. (3절에서, "저희가 탐심을 인하여 지은 말을 가지고 너희로 이(利)를 삼으니"라고 말해 줍니다.) 그들은 그러한 선택들을 아주 오랫동안 해오다가 탐욕에 전문가가 되었습니다. 그들은 탐심에 의한 선택을 하는 데 훈련이 되었습니다.

이 거짓 교사들은 전문가가 되기는 했으나, 그릇된 방향으로 그렇게 되었습니다. 후하게 주며, 자신을 주는 희생적 삶에서 전문가가 된 것이 아니라, 그들은 탐욕에서 전문가가 되었습니다. 경건에 이르도록 자신을 훈련하는 대신, 그들은 탐욕에 이르도록 자신을 훈련했습니다. 이 거짓 교사들은 훈련은 되어 있었으나, 그릇된 방향으로 훈련이 되어 있었습니다.

베드로전서 2:14에 함축된 메시지는 정신이 번쩍 들게 합니다. 우리는 그릇된 방향으로 자신을 훈련할 수도 있다는 것입니다. 우리는 대개 훈련된 사람이란 어떤 일을 해야 할 때 그것을 잘 행하는 사람으로 생각합니다. 그러나, 실제로는, 우리는 모두 어느 정도로는 훈련된 사람들입니다. 문제는, 어떤 방향으로 훈련되어 있는가 하는 것입니다. 날마다의 삶 속에서, 우리는 자신이 하는 선택에 의해 어떤 방향으로든 자신을 훈련하고 있습니다.

이기기 어려운 죄

하나님께서는 올바른 방향으로 우리가 자신을 훈련하기 원하십니다. 하나님께서는 우리가 올바른 선택을 하기 원하십니다. 솔직히 말해서, 이것이 가장 어려운 일입니다. 우리는 어떤 특정한 죄에 대한 성경의 가르침에 동의하기도 하고, 우리 삶에서 그러한 죄를 제하기 위해 어떤 종류의 헌신을 하기도 합니다. 그러나, 그 죄를 탐닉하고자 하는 유혹이 다시 오면, 그 유혹을 물리치려는 마음이 생기지 않습니다. 그러한 어려운 선택을 하는 데 마음이 내키지 않는 것입니다. 그러한 죄를 제하기를 원하고, 그것을 멀리 해달라고 하나님께 기도하기도 했지만, 실제로 유혹이 왔을 때 우리는 그 죄에 대해 기꺼이 "아니오"라고 합니까?

기억하십시오. 우리는 날마다 어떤 방향으로든 스스로를 훈련하고 있습니다. 매일 우리는 다음과 같은 두 가지 가운데 하나로 향하도록 자신을 훈련합니다:

거짓 혹은 진실
이기적 혹은 이타적
분노 혹은 용서
부정 혹은 순결
짜증 혹은 인내
탐심 혹은 후함
교만 혹은 겸손
물질주의 혹은 검소한 삶

당신의 삶 가운데 있는 끈질긴 죄에 대해 생각해 보십시오. 당신은 이미 그 죄의 존재를 알아 냈고, 이를 물리치기 위한 어떤 헌신을 했을 것이며, 날마다 이를 이기기 위해 기도하고 있고, 아마 그 죄와 싸우는 데 도움을 얻기 위해 성경 구절을 암송하기도 해왔을 것입니다. 우리에게 필요한 것은 이러한 영역들에서 올바른 선택을 하기 위해 늘 깨어 있는 것입니다. 우리는 이미 너무나 많이 그릇된 선택을 해 왔습니다. 이 때문에, 이러한 죄된 습관은 우리 속에 깊이 뿌리를 박고 있습니다. 하나님의 말씀에 순종하는 올바른 선택을 하는 것을 통해서만 죄된 습관을 깨고 거룩한 습관을 들일 수 있습니다. 이러한 과정에서 우리는 올바른 선택을 하기 위한 힘을 얻기 위해 성령의 능력을 절실히 필요로 합니다. 그러므로 그날을 위한 도우심을 위해 매일 하나님께 부르짖도록 하십시오. 그리고 순종을 할 것인지 죄를 지을 것인지의 선택에 직면할 때마다 다시 한번 도움을 요청하십시오.

네비게이토 선교회의 창시자인 도슨 트로트맨은 "당신은 현재 어떤 사람이 되어 가고 있는가? 당신은 바로 그런 사람으로 바뀌게 될 것이다"라고 말하곤 했습니다. 그리고 당신이 현재 어떤 사람이 되어 가고 있는가는 당신의 선택에 달려 있습니다. 그러므로 올바른 선택을 하는 데 헌신하며, 그 헌신을 실행함에 있어서 성령께서 당신 속에서 역사하사 "소원을 주시고 행하시도록"(빌립보서 2:13) 성령을 의뢰하도록 하십시오.

육신의 행위를 죽이는 훈련

우리의 죄된 본성(혹은 육신)의 욕망을 따르지 않고 하나님께 순종하는 올바른 선택을 하는 데는 죄를 죽이는 훈련을 수반합니다.

그러면 거룩한 삶과 죄를 죽이는 것이 무슨 관계가 있습니까? 왜 죄를 죽이는 것이 우리가 올바른 선택을 할 때 수반됩니까? 사도 바울이 로마서 8:13에서 답변합니다: "너희가 육신대로 살면 반드시 죽을 것이로되, 영으로써 몸의 행실을 죽이면 살리니."

이제 우리는 올바른 선택을 하기 위해서는 몸의 행실을 죽이는 것이 필요하다는 것을 알게 됩니다. 몸의 행실이란, 우리가 생각과 말과 행동으로 범하는 죄를 의미합니다. 이러한 몸의 그릇된 행실에 대해 골로새서 3:5에서 더 명쾌하게 보여 줍니다: "그러므로 땅에 있는 지체를 죽이라. 곧 음란과 부정과 사욕과 악한 정욕과 탐심이니, 탐심은 우상 숭배니라." 죄된 행동에 대한 이 목록은 완전한 것이 아니고, 다만 그러한 것들을 죽이라고 말할 때 바울의 마음에 떠오른 대표적인 죄들입니다.

로마서 8:13에서 우리가 분명히 알 수 있는 것 한 가지는 죄를 죽이는 것은 우리의 책임이라는 것입니다. 바울은 "몸의 행실을 죽이라"고 했습니다. 이것은 우리가 마땅히 해야 할 어떤 것이요, 하나님께 맡겨 드릴 것이 아닙니다. 이것은 바울이 골로새서 3:5에서 강조하고 있듯이, 우리의 책임입니다.

우리는 또한 "너희가 육신대로 살면 반드시 죽을 것이로되"라는 말씀에도 주목해야 합니다. 바울은 육체적인 죽음이 아니라 영적인 죽음에 대해 말하고 있습니다. 그 반대 또한 사실입니다. 즉 우리가 성령을 따라 살면, 즉 "영으로써 몸의 행실을 죽이면" 우리는 영적인 의미에서 살 것입니다. 다시 한번, 바울은 자주 그렇게 하듯이, 칭의와 성화 사이의 불가분의 관계를 강조하고 있습니다. 바울은 우리가 믿음으로 말미암아 은혜로 구원을 받는다고 분명하게 가르치지만(에베소서 2:8), 그는 또한 우리가 두렵고 떨림으로 우리의 구원을 이루어 가야 한다고 강조했습니다(빌립보서 2:12). 즉 하나님의 은혜에 맡겨 버리는 것이 아닙니다.

로마서 8:13은 건전하게 그리고 솔직하게 자신을 돌아보게 하는, 정신이 번쩍 들게 하는 또 하나의 구절입니다. 거룩함을 추구하는 우리의 삶은 우리가 은혜로 구원받았다는 것을 잘 나타내고 있습니까? 이 질문은 우리가 언젠가는 육신과 싸울 필요가 없는 상태에 이를 것이라는 것을 암시하지는 않습니다. 오히려, 육신의 죄를 죽이려는 진정한 열망과 진지한 노력이 그리스도인의 삶의 특성이 되어야 한다는 의미입니다.

죄를 죽이는 것이 우리의 책임이기는 하지만, 성령께서 주시는 능력에 의해서만 가능합니다. 바울은 "영으로써 몸의 행실을 죽이면 살리니"라고 했습니다. 존 오웬은 "다른 방법으로 하는 훈련은 다 헛일

이다. 다른 모든 도움은 무익하다. 죽이는 것은, 오직 '성령에 의해서
만' 가능하며… 성령에 의해서만 성취된다. 다른 어떤 능력도 그것을
이룰 수 없다"라고 했습니다.

우리가 하는 훈련과 성령을 의지하는 것의 관계에 대해서는 8장에
서 이미 공부했습니다. 성경 말씀은 이 둘 다를 강조하고 있으나, 우
리는 둘 중 어느 하나는 강조하고 나머지는 무시하는 경향이 있다는
것을 알았습니다. 어떤 사람들에게는, "단지 하나님께 맡겨 버리고"
그 죄를 죽여 달라고 그분을 의지하는 것이 더 영적인 것처럼 보입니
다. 우리의 책임에 대해 말하면, 이는 "육신의 노력"에 의지하는 것으
로 여겨 거부합니다.

훈련을 강조하는 사람들에게 있어서는, "단지 그 일을 행하는 것"
이 책임입니다. 그러나 오직 인간적인 의지력에 의해 죄악 된 행위를
죽이고자 하면, 자기 의나 좌절감을 가져옵니다. 천성적으로 훈련된
사람은 자기 의에 빠지는 경향이 있으며, 죄악 된 행위를 죽이는 일
에서 왜 다른 사람은 자기만큼 성공적이지 못한지 이상하게 여깁니
다. 그러나 그 사람은 한 가지 죄를 다른 죄로 바꾼 것에 불과합니다.
예를 들면, 순결하지 못한 생각을 하는 죄를 교만과 자기 의라는 죄
로 바꾼 것입니다. 어떤 특정한 죄를 자기 의지력으로 죽이려고 하는
사람은 실패하게 되고 좌절감과 죄책감에 싸이게 됩니다. 그러므로
성령께 온전히 의지하지 않고 죄를 죽이려고 하다 보면 언제나 교만
이나 좌절감을 낳게 됩니다.

어떻게 죄를 죽이는가

육신의 죄악 된 행위를 죽인다는 것은 무엇을 의미합니까? 먼저, 바
울은 내재하는 죄가 아니라 죄들을 죽이는 것에 대해 말합니다. 이

죄들이란, 내재하는 죄의 다양한 표현입니다. 이생에서는 내재하는 죄를 죽일 길이 없습니다. 그것은 우리가 죽는 날까지 우리와 함께할 것입니다.

죄를 죽인다는 것은 그것을 압도하는 것, 그것으로부터 권세를 빼앗는 것, 그 특정한 죄의 유혹에 지속적으로 항복함으로 말미암아 형성된 습관을 끊어 버리는 것을 의미합니다. 죽이는 목적은 죄의 습관들을 약화시켜 우리가 올바른 선택들을 하기 위함입니다.

죄를 죽이는 데는 알고 있는 모든 죄를 우리 삶에서 다루는 게 포함됩니다. 하나님의 모든 말씀에 순종하려는 목적은 없이, 단지 어떠한 특정한 죄를 죽이려고 시도하는 것은 아무 도움이 되지 않습니다. 삶의 모든 영역에서 다 순종하겠다는 태도가 필수적입니다. 바울은 고린도 교인들에게 "육과 영의 온갖 더러운 것에서 자신을 깨끗케 하자"(고린도후서 7:1)라고 했습니다. 예를 들면, 분노를 죽이기를 꺼린다면, 순결하지 못한 마음을 죽일 수도 없습니다. 우리는 불 같은 성품 뒤에 흔히 대개 도사리고 있는 교만을 죽이지 않으면 그 불 같은 성품을 죽일 수가 없습니다. 어떤 특정한 죄를 미워하는 것만으로는 불충분합니다. 모든 죄를 미워해야 합니다. 그것들은 모두 하나님께 대한 반역의 표현이기 때문입니다.

어떤 사람이 나에게 찾아 와서는 자신의 생각과 습관으로 나타나는 성적인 정욕을 다루는 데 도움을 달라고 했습니다. 그러나, 나는 그가 대인 관계에서 커다란 문제가 있는 것을 알고 있었습니다. 그는 비판적이고 판단을 잘 하며, 비판적인 생각을 스스럼없이 떠들고 다니는 경향이 있었습니다. 그는 정욕으로 말미암은 죄책감과 패배감 때문에 괴로워하고 있었습니다. 그의 판단하는 태도나 비판적인 말은 그를 괴롭히지는 않았기 때문에 그러한 죄를 다루는 데는 아무 노력도 기울이지 않고 있었습니다. 그는 자신이 좋지 않게 느끼는 죄뿐 아니라 모든 죄를 죽이는 것을 배울 필요가 있었습니다.

모든 죄와 싸워야 할 뿐만 아니라, 언제나 싸워야 합니다. 우리는 죄를 계속적으로, 매일 죽여야 합니다. 이는 육신은 우리 삶에서 여러 가지 방법으로 자신을 나타내려고 하기 때문입니다. 아무리 영적으로 성숙하다 해도, 육신의 행위를 죽일 필요가 없을 정도로 성숙한 사람은 없습니다. 존 오웬은 "정죄하는 죄의 권세로부터 자유를 추구하는, 아무리 뛰어난 성도일지라도 살아 있는 한 내재하는 죄의 권세를 죽이기 위해 힘써야 한다"라고 했습니다.

죄를 죽이기 위해서는 그것의 본성에 초점을 맞추어야 합니다. 흔히 우리가 끈질긴 죄로 인해 괴로움을 느끼는 것은 단지 그것이 우리 마음의 평안을 깨뜨리며 죄책감을 느끼게 하기 때문입니다. 우리는 하나님께 대한 반역 행위로서의 죄에 초점을 맞추어야 합니다. 우리의 반역은 물론 절대주권을 지니신 하나님의 권위에 대한 반역입니다. 그러나 그것은 또한 우리를 지극히 사랑하시고, 우리를 위해 자기 아들을 보내 주시기까지 하신 사랑의 아버지께 대한 반역이기도 합니다. 하나님 아버지께서는 우리 죄로 인해 슬퍼하십니다. 창세기는 "여호와께서 사람의 죄악이 세상에 관영함과 그 마음의 생각의 모든 계획이 항상 악할 뿐임을 보시고 땅 위에 사람 지으셨음을 한탄하사 마음에 근심하시고"(창세기 6:5-6)라고 말해 줍니다. 당신의 죄와 나의 죄는 단지 반역의 행위일 뿐 아니라, 하나님으로 한탄하고 근심하시게 하는 행위입니다. 그럼에도, 하나님께서는 그분의 마음을 고통으로 차고 넘치게 하는 바로 그 죄들을 위해 아들을 보내 주셨던 것입니다.

죽인다는 단어는 신약성경에 열한 번이나 나옵니다. 그 가운데 아홉 번은 문자 그대로 사람을 죽이는 것을 가리킵니다. 그 아홉 번의 각각은 대상이 되는 사람을 향해서뿐 아니라 그 사람이 견지하는 것에 대한 적대감으로 인해 이루어집니다. 예를 들면, 마태복음 10:21에서 "장차 형제가 형제를, 아비가 자식을 죽는 데 내어 주며, 자식들이 부모를 대적하여 죽게 하리라"라고 되어 있습니다. 적대감은 부모를 향한 것일 뿐 아니라 또한 그들의 권위에 대한 것이기도 합니다. 오직 권위에 대해서만 반역할 수 있습니다. 아홉 개 중 몇 개는 예수님을 죽이는 것에 관한 것입니다(마태복음 26:59, 27:1). 예수님께서는 그분의 인품 때문에 죽임을 당하신 것이 아니라, 그분이 주장하는 바 때문에 죽임을 당하신 것입니다. 최초의 순교자인 스데반도 예수 그리스도에 대해 타협하지 않고 담대하게 증거하다가 죽임을 당했습니다(사도행전 7장).

자, 이제 이러한 적대감을 당신이 죽이고자 하는 죄로 향하게 해보십시오. 그 죄가 무엇이며, 무엇을 의미하는지를 생각해 보십시오. 그것은 하나님께 대한 반역이며, 그분의 법을 어기는 것이며, 그분의 권위를 무시하는 것이며, 그분의 마음을 슬프게 하는 것입니다. 죄에 대한 올바른 태도를 가지고 죄를 죽이기 시작하려면 바로 이러한 사실들을 먼저 알아야 합니다. 죄는 나 자신이나, 배우자나, 자녀들이나, 이웃들에게 미치는 영향 때문에 나쁜 것이 아니라, 우리 죄를 위해 화목제로 아들을 보내 주신, 무한히 거룩하시고 지존하신 하나님을 대항하는 반역의 행위이기 때문에 나쁜 것입니다.

당신의 삶 가운데 있는 특별히 끈질긴 죄에 대해 생각해 봅시다. 아마도 당신 자신만 아는, 당신의 마음속에 있는 은밀한 무슨 정욕 같은 것일 것입니다. 당신은 그것을 이길 수가 없다고 말합니다. 왜 이기지 못합니까? 그것은 당신이 자신의 은밀한 욕망을 하나님의 뜻 위에 두기 때문이 아닙니까? 죄를 죽이는 데 성공하려면, 우리가 다루고 있는 그 죄는 다름이 아니라 우리의 욕망을 우리가 알고 있는 하나님의 뜻 위에 놓이는 것이라는 것을 깨달아야 합니다.

당신의 죄된 욕망을 죽이라

죄를 죽일 때 자신의 욕망에 대해서 "아니오"라고 해야 합니다. 죄는 흔히 우리의 욕망을 통해 호소합니다. 이 욕망 혹은 욕심을 정(情)이라고 부르기도 합니다. 물론 모든 욕망이 죄는 아닙니다. 우리는 하나님을 알고, 그분께 순종하고, 그분을 섬기려는 욕망을 가질 수 있습니다. 선하고, 긍정적인 욕망들이 많이 있습니다.

그러나 성경은 유혹의 욕심(에베소서 4:22), 악한 욕심 또는 사욕(야고보서 1:14, 베드로전서 1:14), 정욕(베드로전서 2:11)에 대해 말합니다. 우리로 죄를 범하게 하는 것이 악한 욕망입니다. 죄를 짓기 전에, 그 죄를 원하게 되거나, 혹은 그 죄로 인한 유익이라고 생각되는 것을 원하게 됩니다. 사탄은 먼저 우리 욕망을 통해 우리에게 호소합니다. 하와가 "그 나무를 본즉 먹음직도 하고, 보암직도 하고, 지혜롭게 할 만큼 탐스럽기도(원함직도) 한 나무이기도 했습니다"(창세기 3:6). "지혜롭게 할 만큼 탐스럽다"라는 말이나 "먹음직도 하고," "보암직도 하고"라는 말에 욕망이 어떻게 암시되어 있는지 주목해 보십시오.

존 오웬은 이 주제에 대해 다음과 같이 썼습니다:

> 죄는 또한 감정(욕망)이 그것에 끌리게 하고, 죄로 향하는 감정들이 손을 잡고 마음(이성)을 거스리게 함으로써 싸움을 진행한다. 은혜가 마음의 왕좌에 있을지라도, 만약 죄가 감정을 제어하게 되면, 그것은 보루를 손에 넣은 것이요, 그곳으로부터 영혼에 맹공격을 퍼붓게 된다. 그러므로, 우리가 알게 되듯이, 주로 감정에서 죄를 죽여야 한다.

죽이는 데는 우리가 옳다고 알고 있는 바(우리의 확신)와 우리가 하기를 원하는 바 사이의 갈등이 수반됩니다. 이 갈등에 대해 사도 바울은 다음과 같이 묘사했습니다: "육체의 소욕은 성령을 거스리고, 성령의 소욕은 육체를 거스리나니, 이 둘이 서로 대적함으로 너희의 원하는 것을 하지 못하게 하려 함이니라"(갈라디아서 5:17). 단 것을 지나치게 탐닉하는 사람은 절제의 중요성에 대한 확신과 달콤하고 군침이 돌게 하는 그것을 먹고 싶은 욕망 사이에서 갈등하게 될 것입니다. 자기 눈을 지키는 훈련을 해오지 않은 사람은 순결의 중요성에 대한 확신과 정욕적으로 바라보고 싶어하는 욕망 사이에서 갈등할 것입니다. 우리가 죄에 취약한 영역이 어디이든, 죽이는 것은 그러한 영역에서 갈등을 수반합니다. 그것은 대개 심한 갈등입니다.

잠언 27:20은 이러한 갈등이 끊이지 않는다는 것을 암시합니다.

> 음부와 유명은 만족함이 없고,
> 사람의 눈도 만족함이 없느니라.

물론, 우리 눈이 흔히 욕망을 자극합니다. 그러나 우리의 욕망을 자극하는 것이 눈이든, 아니면 기억과 같은 다른 것이든, 우리의 욕망은 결코 만족함이 없습니다. 그러나 죽여야 하는 것은 이러한 죄악 된 욕망들입니다. 즉 우리로 죄를 짓게 하려고 꾀는 그것들의 세력을 누르고 약화시켜야 하는 것입니다.

그러한 욕망들에 대해 "아니오"라고 하는 것은 언제나 감정적으로는 고통스럽습니다. 특히 자주 반복되는 죄인 경우에 그렇습니다. 이는 그러한 욕망들이 깊이 뿌리를 박고 있고 강하기 때문입니다. 그러한 욕망들은 강하게 호소합니다. 그래서 바울은 "죽이라"와 같이 강한 용어를 사용한 것입니다.

두 사람이 한 사람보다 나음

죄를 죽이는 것은, 강한 욕망과 깊이 뿌리 박힌 습관을 누르는 것을 목표로 하는 어려운 일이기 때문에, 그 싸움에서 우리와 함께하며 도와줄 한두 명의 친구가 필요합니다. 그들은 우리처럼 거룩한 삶을 추구하는 데 헌신된 사람이어야 합니다. 또한 자신의 싸움과 갈등들에 대해 기꺼이 서로 마음을 열고 대화할 수 있는 사람이어야 합니다.

죄를 죽이는 데 도움이 되는 이러한 원리는 전도서 4:9-10에 표현되어 있습니다:

> 두 사람이 한 사람보다 나음은
> 저희가 수고함으로 좋은 상을 얻을 것임이라.
> 혹시 저희가 넘어지면
> 하나가 그 동무를 붙들어 일으키려니와
> 홀로 있어 넘어지고
> 붙들어 일으킬 자가 없는 자에게는
> 화가 있으리라.

쉽게 말해서, 두 사람이 함께 일을 하면, 따로 따로 일하는 것보다 더 많은 것을 성취할 수 있다는 것입니다.

죄를 죽이는 싸움을 할 때, 우리는 서로 격려하고, 도전하고, 기도로 지원해 주어야 합니다. 그래서 이 원리를 신약성경의 여러 곳에서 가르치고 있는 것입니다. 즉, 우리는 모든 지혜로 피차 가르치며 권면해야 하고(골로새서 3:16), 피차 권면해야 하며(히브리서 3:13), 서로 자신의 죄를 고해야 하고(야고보서 5:16), 서로의 짐을 져야 하며(갈라디아서 6:2), 서로를 위해 기도해야 합니다(야고보서 5:16).

영적으로 서로 돕는 이러한 원리가 그리스도인의 삶의 모든 영역에 적용되지만, 특히 거룩한 삶을 추구하는 데 도움이 됩니다. 우리는 같은 마음을 가지고 우리와 함께 기도하며, 우리를 격려해 주고, 그리고 필요하다면, 우리에게 권면을 해줄 사람이 필요합니다. 이 사람(혹은 사람들) 역시 자신의 삶에서 죄를 죽이기 위한 싸움을 하고 있어야 합니다. 그래야 우리의 싸움을 도와줄 수 있으며, 우리의 뿌리 깊은 죄로 인해 분개하지 않게 됩니다. 청교도들은 자신의 모든 것을 함께 나눌 수 있는 "비밀을 털어놓을 수 있는 절친한 친구"를 달라고 하나님께 기도했다고 합니다. 이러한 친구는 우리가 위해 기도해 주어야 하고, 또한 우리가 죄를 죽이기 위해 싸울 때 우리를 도와 달라고 부탁할 수 있는 그런 친구입니다. 그러나 기억하십시오. 그것은 상호간의 노력입니다. 이러한 관계에서 우리는 도와주는 일과 도움을 받는 일 둘 다에 적극적이어야 합니다.

죽이기와 소생시키기

몸의 죄악 된 행실을 죽이는 것의 중요성을 강조할 때, 우리는 그리스도를 닮은 성품으로 우리 자신을 입히는 것을 등한히 해서는 안 됩니다. 5장에 나오는 가위 예화를 기억하십니까? "벗어 버리는"(죽이는) 날과 "입는"(그리스도를 닮은 성품을 입는) 날이 함께 작용해야 합니다. 각각은 같은 중요성을 가집니다. 청교도 설교자들은 죽이기(죄를 죽이는 것)에 대해서뿐 아니라 소생시키기(그리스도 안에서 된 새 사람의 성품이 활기를 띠게 하는 것)에 대해서도 설교를 하곤 했습니다.

그리고 우리가 몸의 행실을 죽이는 것이 "성령에 의해서" 이루어지듯이, 그리스도를 닮은 성품을 입는 것도 마찬가지입니다. 그래서 바울은 골로새서 3:12-14에서는 우리가 그러한 자질들을 입어야 한다고 하고서는(우리의 책임을 강조함), 갈라디아서 5:22-23에서는 그러한 자질들을 "성령의 열매"라고 부른 것입니다(성령을 의지하는 것을 강조함). 죄를 죽일 수 있도록 능력을 주시는 성령께서 또한 경건한 성품을 입도록 능력을 주시는 것입니다.

선택과 하나님의 은혜

이미 8장에서 거룩한 삶을 추구하도록 능력을 주시는 성령을 의지하는 것의 필요성을 강조했습니다. 그런데 앞에서 "육체의 소욕과 성령의 소욕이 서로 거스른다"는 갈라디아서 5:17을 살펴보았는데, 바로 그 앞에 나오는 구절에 주의할 필요가 있습니다: "내가 이르노니, 너희는 성령을 좇아 행하라. 그리하면 육체의 욕심을 이루지 아니하리라"(16절). 성령을 따라 살 때, 즉 성령을 의지하고 성령에 순종하면서 살 때라야, 육체의 죄악 된 욕심을 채우지 않게 되는 것입니다.

우리를 지도하시고 능력을 주시기 위해 성령께서 내주하고 계신 것이 하나님의 은혜의 선물이라는 것을 깨달아야 합니다. 디모데후서 2:1에서, 바울은 디모데에게 "그리스도 예수 안에 있는 은혜 속에서 강하라"고 권면했습니다. 그러나 빌립보서 4:13에서는 "내게 능력 주시는 자"에 대해 말했습니다. 그리스도 안에 있는 은혜 속에서 강하게 되는 것은 성령의 능력 안에서 강해지는 것이요, 그 성령의 임재는 그분의 은혜의 선물입니다. 그러므로 우리의 죄된 행위를 죽이는 일과 경건한 성품을 입는 일에서 이룩한 모든 것은 우리를 향한 하나님의 은혜의 결과입니다.

죄를 죽이는 훈련에는 어느 정도의 실패가 따른다는 것을 알아야 합니다. 사실, 처음으로 무슨 죄를 죽이려고 해보면, 성공할 때보다는 실패할 때가 더 많을 것입니다. 그러므로 우리의 성취나 성적이 아니라 하나님의 은혜를 기초로 하나님 앞에 선다는 것을 늘 명심할 필요가 있습니다.

나는 죄를 짓는 데 대한 핑계로 은혜를 이용하는 것과 죄에 대한 치유책으로 은혜를 사용하는 것 사이에는 미묘한 구분선이 있다는 것을 깨닫습니다. 존 오웬은 은혜를 죄를 위한 핑계로 사용하는 것에 대해 예리한 통찰력을 제공해 줍니다. 그는 다음과 같이 썼습니다:

> 여기에 죄의 속임수가 끼어든다. 그것은 은혜의 가르침을 그 목적으로부터 떼어놓는다. 그것은 우리로 하여금 은혜의 개념만을 강조하게 한다. 그리고 거룩한 삶을 위한 은혜의 영향력으로부터는 관심을 돌리게 한다. 그것은 죄의 용서가 보장되었다는 가르침을 사용하여 은근히 죄에 부주의하도록 조장한다.… 영혼은 죄책감으로 말미암아 자주 복음의 은혜로 돌아갈 필요가 있음에도 은혜를 진부하고 평범한 것으로 전락하게 한다. 그 상처를 치유할 수 있는 좋은 약을 발견했어도, 그것을 예사로운 것으로 여기고 소홀히 한다.

은혜를 사용하는 것과 오용하는 것 사이의 구분선에서, 올바른 쪽에 머무르기 위한 해결책은 회개입니다. 회개에 이르는 길은 바로 경건한 근심 혹은 후회입니다(고린도후서 7:10). 죄책감을 느끼게 하는 것으로서가 아니라 하나님을 거역하는 것으로서의 죄의 진정한 본질에 초점을 맞출 때 경건한 후회를 하게 됩니다. 죄는 하나님의 거룩하심에 대한 모욕이요, 그분의 성령을 근심하게 하며, 주 예수 그리스도께 다시 상처를 입히는 것입니다. 그것은 또한 하나님의 원수 사탄을 기쁘게 합니다. 죄의 진정한 성격을 깊이 생각해 보면 경건한 후회에 이르게 되며, 이는 회개에 이르게 합니다.

그러나 회개에 이르렀으면, 우리는 마땅히 믿음으로 그리스도의 정결케 하는 피만을 의지함으로 우리 양심을 깨끗케 해야 합니다. 사실, 그리스도에 대한 믿음과 정결케 하는 보혈의 효력에 대한 확신이 우리로 하여금 회개에 이르게 합니다.

회개와 은혜의 관계를 이해하는 데 다윗의 경험이 매우 도움이 됩니다. 그는 다음과 같이 썼습니다:

> 허물의 사함을 얻고
> 그 죄의 가리움을 받은 자는
> 복이 있도다.
> 마음에 간사가 없고
> 여호와께 정죄를 당치 않은 자는
> 복이 있도다.
> 내가 토설치 아니할 때에
> 종일 신음하므로
> 내 뼈가 쇠하였도다.
> 주의 손이 주야로 나를 누르시오니
> 내 진액이 화하여
> 여름 가물에 마름같이 되었나이다.
> 내가 이르기를
> 내 허물을 여호와께 자복하리라 하고
> 주께 내 죄를 아뢰고
> 내 죄악을 숨기지 아니하였더니
> 곧 주께서 내 죄의 악을 사하셨나이다.
> (시편 32:1-5)

다윗은 먼저 1-2절에서 결론을 내리고 있는데, 거기서 그는 죄사함의 축복에 대해 말하고 있습니다. 그리고 나서 자신의 죄책감과 회개하기 전의 끔찍한 상황에 대해 말함으로써, 죄사함의 축복이 얼마나 큰 축복인지를 설명했습니다. 진정한 회개와 더불어 죄사함 받았다는 깊은 확신이 옵니다. 시간상으로는, 1절과 2절이 실제로는 5절 다음에 옵니다. 그러나 우리가 흔히 그러듯이, 다윗은 먼저 결과를 말하고, 그 다음에 어떻게 거기에 도달하게 되었는지를 설명했습니다.

죄를 죽이는 데 실패했을 때 하나님의 은혜를 경험하려면 다윗처럼 해야 합니다. 그러한 회개가 하나님의 용서를 얻어 내는 것은 아닙니다. 오직 그리스도의 피 때문입니다. 사랑이 많으나 엄격하기도 한 아버지가 자녀들을 다루듯이 하나님께서는 우리를 다루십니다. 하나님께서는 우리가 그리스도 안에서 그분의 아들이요 딸이기 때문에 조건 없이 용납하십니다. 그러나 우리의 유익과 선을 위해 훈련하고 징계하시기도 합니다. 그리고 우리를 징계하실 때, 우리가 회개함으로 용서를 받을 준비가 될 때까지는 용서에 대한 확신을 주기를 보류하실 수도 있습니다.

복음의 동기

그러나 우리는 끊임없이 하나님의 은혜로 돌아가야 합니다. 우리가 수없이 실패를 하고도 벌떡 일어나서 다시 계속할 수 있는 용기를 가질 수 있게 하는 것은 예수 그리스도의 복음에 나타나 있는 하나님의 은혜입니다. 오직 은혜에 의해서 우리는 다윗처럼 자신의 죄에 대해 정직할 수 있게 됩니다. "열망이 없는 훈련만큼 힘든 것은 없다"라는 말을 기억하십시오. 죄를 죽이는 훈련을 하고자 하는 동기는 어디로부터 나옵니까? 그 동기는 우리가 아무리 형편없이 실패해도 하나님의 은혜는 나의 죄보다 더 크다는 것을 앎으로 말미암은 감사와 기쁨으로부터 나옵니다.

100여 년 전 스코틀랜드의 목사였던 호레이셔스 보나는 다음과 같은 글을 썼습니다. 은혜와 용서라는 이 주제와 밀접한 관련이 있는 내용입니다.

어떤 사람으로 하여금 하나님을 위해 일하도록 하는 것은 죄사함이다. 그는 죄사함을 받기 위해 일하지는 않는다. 그러나 죄사함을 받았기 때문에, 자신의 죄를 용서받았다는 그 생각이 이전보다 더 그 죄를 완전히 제하고자 하는 큰 열망을 갖게 하는 것이다.

용서받지 않은 사람은 하나님을 위해 일할 수가 없다. 그는 그 의지도, 능력도, 자유도 없는 것이다. 그는 사슬에 매여 있다. 애굽에 있을 때의 이스라엘은 여호와를 섬길 수가 없었다. "내 백성을 보내라. 그들이 나를 섬길 것이니라"가 바로를 향한 하나님의 메시지였다(출애굽기 8:1). 먼저 자유를 얻고, 다음에 섬기는 것이다.

오직 용서받은 사람이 진정으로 하나님을 위해 일하는 자요, 진정으로 법을 지키는 자이다. 그는 하나님을 위한 일을 할 수 있고, 할 의지가 있고, 해야 한다. 그는 자신의 냉담한 마음을 따뜻하게 해주는 하나님의 성품을 접했다. 용서하시는 사랑이 그를 강권한다. 그는 자신의 죄를 동이 서에서 먼 것같이 멀리 옮기신 분을 위해 살지 않을 수가 없다. 용서는 그를 자유로운 사람으로 만들었고, 사랑이 많으신 새 주인을 모시게 했다. 우리 주 예수 그리스도의 하나님이자 아버지로부터 값없이 주어지는 용서는 신성한 능력을 위한 스프

링이요, 추진력이요, 자극제로 작용한다. 그것은 법보다도, 공포보다도, 위협보다도 더 거스릴 수 없는 것이다.

우리 모두는 보나가 말한바 이러한 용서로 말미암은 기쁨과 동기 부여를 경험해 왔습니다. 그러나 너무나 많은 사람들이 이를 모르고 성취를 토대로 한 하나님과의 관계로 빠져듭니다. 이를 위한 치유책은 복음으로 돌아가며, 날마다 우리 자신에게 복음을 전하는 것입니다. 우리로 하여금 계속 은혜로 살게 해주는 것은 오직 복음입니다. 그리고 죄를 죽이는 데 아무리 실패를 해도 올바른 선택을 하기 위해 노력할 수 있도록 용기와 동기를 주는 것도 오직 그 은혜입니다.

12

깨어 있는 훈련

시험에 들지 않게 깨어 있어 기도하라.
마음에는 원이로되 육신이 약하도다.
마태복음 26:41

1912년 4월 10일, 증기 여객선 타이타닉 호는 영국의 사우스샘프턴을 떠나 뉴욕을 향해 처녀 항해를 시작했습니다. 당시 세계에서 가장 큰 여객선이었던 그 배는 또한 가장 빠른 여객선일 것으로 생각되기도 했습니다. 선장은 대서양 횡단의 기록을 깨기 위해 최고 속도로 엔진을 가동시켰습니다. 뉴욕에 도착하기 이틀 전, 그리고 그 기록을 갱신하기 위해 순풍에 돛단 듯한 항해를 계속하고 있을 때, 그 배는 그만 빙산과 충돌하는 바람에 세상에서 가장 큰 해상 사고를 내고 말았습니다.

비록 그 충돌은 여러 가지 잘못이 복합된 원인으로 말미암은 것이긴 하지만, 그 사고의 전체 원인은 한마디로 요약될 수 있을 것입니다. 그것은 바로 깨어 있지 않았다는 것입니다. 선장은 커다란 얼음 덩어리가 떠다니는 위험한 영역으로 곧장 항해해 가고 있다는 것을 알고 있었는데도, 아무런 사전 대응책도 취하지 않았습니다. 빙산이 떠다니고 있다고 경고하는 다른 배들의 무선 연락도 모조리 가볍게 취급되거나 무시되었습니다. 결정적인 메시지 하나는 무선 전신 담당자가 그 배에 타고 있는 한 부유한 승객이 육지에 있는 자기 친구들과 가족들에게 보내는 개인적인 메시지를 보내느라 너무 바빠 받지도 못했습니다.

꼭대기의 전망대에 있는 사람은 쌍안경이 어디 갔는지 없다는 것을 굳이 보고하지도 않았습니다. 쌍안경이 있었더라면 그 빙산을 좀 더 일찍 발견할 수 있었을 것입니다. 선장은 속도 기록을 깨겠다는 일념으로, 적당한 속도로 줄이지 않았습니다. 한마디로 말해, 빙산을 피하기 위한 사전 조처가 하나도 취해지지 않았습니다. 북대서양을 항해하는 데 도사리고 있는 그러한 무시무시한 위험성에 대해 그렇게 무관심한 태도를 취했다는 것은, 어리석음과 무책임의 극치로 여겨지고 있습니다. 그러나, 많은 그리스도인들이 영적인 삶에서 바로 이와 같은 태도를 취하고 있습니다.

같은 비유를 사용하자면, 날마다 우리는 유혹의 빙산들이 곳곳에 떠다니는 바다를 항해하고 있습니다. 혹은, 다른 비유를 사용하면, 적이 지뢰를 깔아 놓은 지뢰밭을 매일 통과하고 있습니다. 그러나, 그러한 위험들에도 불구하고, 유혹에 대해 무심한 태도를 취하고 있는 것 같습니다. 우리는 별로 신경을 쓰지 않거나, 아니면 죄에 대해 "나에게는 그런 일이 일어날 수가 없어" 식의 태도를 취합니다. 우리는 사실상 "시험에 들지 않게 깨어 있어 기도하라"(마태복음 26:41)는 예수님의 경고를 무시하고 있는 셈입니다.

당신의 적을 알라

유혹에 대해 깨어 있으려면, 유혹이 어디서 어떻게 오는지를 알 필요가 있습니다. 전쟁 예화를 다시 들면, 우리는 적에 대한 정보가 필요합니다. 사실, 우리는 영적 전쟁을 하고 있습니다.

성경은 유혹의 세 가지 원천에 대해 말해 주고 있습니다. 그것은 바로, 세상과 육신과 사탄입니다. 비록 이 각각에 대한 언급이나 이들에 대한 경고는 신약성경에 흩어져 있지만, 이 세 가지를 한꺼번에 간결하게 표현하고 있는 곳은 에베소서 2:1-3입니다. 이 구절은 사실상, 우리가 구원받기 전에는 세상과 육신(혹은 죄된 본성), 그리고 사탄에게 굴복하고 있었다는 점을 말하고 있습니다. 그러나 그것들은 여전히 하나님의 자녀인 우리와 싸움을 벌이고 있습니다. 그러므로, 우리는 그것들이 어떤 식으로 작용하며, 어떻게 우리를 유혹하는지를 알 필요가 있습니다.

세상, 혹은 우리가 살고 있는 죄악 된 사회는 우리에게 세상의 가치관과 관행들을 따르도록 교묘하고도 무자비하게 압력을 가해 옵니다. 그러한 가치관과 관행은 조금씩 조금씩 우리 삶 속으로 침투해 들어옵니다. 한때는 생각할 수도 없던 것이, 생각은 해볼 수 있는 것이 되고, 그리고는 해볼 수 있는 것이 되고, 마침내는 대체로 받아들일 만한 것이 되고 맙니다. 죄는 나쁘지 않은 것으로 변하고, 그리스도인들도 마침내는 그것을 수용합니다. 내 생각에 그리스도인들은 대부분의 죄악 된 관행들을 수용함에 있어서 단지 5-10년 정도 거리를 두고 세상을 뒤쫓아가고 있을 뿐입니다.

죄악 된 세상은 교묘하고 무자비할 뿐만 아니라, 우리에게 미치는 영향에 있어서 서서히 스며들어 오는 경향이 있습니다. 광고들은 끊임없이 쾌락, 재물, 그리고 명예를 추구하는 것이 최고의 선이라는 생각을 심어 줍니다. 그리고 사람들은 자기 성취와 개인적인 행복 등을 추구하도록 촉구합니다. 분명 거룩한 삶을 추구하는 것과는 거리가 멉니다. 정욕을 자극하는 잡지, 영화, 그리고 텔레비전 프로그램들은 우리의 거실로, 그 다음에는 우리 마음속으로 들어옵니다.

그러는 동안, 세상은 죄에 대항하기 위한 우리의 무장을 해제시키고 있습니다. 한때는 죄악 된 것으로 여겨졌던 가치관들과 관행들을 단지 품위 있고 훌륭해 보이는 이웃 사람들이 받아들이고 있다는 단지 그 이유만으로 우리도 받아들이고 있습니다. 빙산이 널려 있는 바다보다 오늘날 우리가 살고 있는 사회가 더 위험스러운 곳입니다. 이 세상의 유혹에 대해 정신을 차리고 있지 않는 것만큼 어리석은 것은 없습니다.

사탄, 혹은 마귀는 이 세상의 신이며, 이 사회로부터 오는 모든 유혹들의 배후에 있는 조종자요 전략가입니다. 뿐만 아니라, 흔히 직접적으로 우리를 유혹하기도 합니다. 사탄은 "우는 사자같이 두루 다니며" 삼킬 자를 찾습니다(베드로전서 5:8). 어떤 유혹이 세상으로부터 온 것인지 사탄으로부터 온 것인지를 구분하는 것은 어렵기도 할 뿐 아니라 쓸데없는 일입니다. 그러나, 일반적으로, 세상으로부터 오는 유혹은 교묘하고, 점진적이고, 인지하지 못하는 경우가 많으나, 사탄의 직접적인 공격은 보다 급작스럽고, 격렬하고, 악랄합니다. 사탄은 우리의 눈을 멀게 하고 경계심을 앗아감으로 자신의 공격에 대해 무방비 상태로 만들려고 합니다.

예를 들면, 성적 부도덕이라는 죄를 생각해 봅시다. 사람들은 대개 어떤 이성(異性)과 관련한 사소하고 경솔한 행동을 통해 그러한 죄에 빠져듭니다. 그러한 죄는 대개 먼저 마음속에서 행해지고 마침내 행동으로 옮겨집니다. 그러나 때로, 사탄은 그 영역에서 대담하게 정면 공격을 가해 오기도 합니다. 주일학교 교사가 어느 주일날 아내가 몸져누워 있는 바람에 혼자 교회에 출석하여 앉아 있었습니다. 그와 같은 반에 속해 있는 한 여성은 분명 불행한 결혼 생활을 해오고 있었는데, 그날 바로 옆자리에 앉더니, 교묘하게 불순한 눈길을 보내오기 시작했습니다. 이러한 유혹은 아무런 경고도 없이, 그리고 전혀 예기치 않는 장소에서 옵니다. 이러한 것은 사탄으로부터 오는 직접적인 정면 공격입니다.

바로 우리 자신이 문제다

세상과 마귀가 아무리 위험하다 할지라도, 그것들이 우리의 가장 큰 문제는 아닙니다. 유혹의 가장 큰 원천은 바로 우리 속에 있습니다. 그것은 바로 사도 바울이 육신, 혹은 죄된 본성이라고 불렀던 것입니다. 그것은 비록 더 이상 지배권을 행사하지는 못하나 여전히 우리 속에 잔류해 있는 죄의 원리입니다. 존 오웬은 "죄의 지배로부터 자유를 얻었다는 것이 죄의 존재와 영향으로부터 자유를 얻었다는 것과 같은 것은 아니다. 실로, 지배가 막을 내린 곳에서도 죄의 권세는 여전히 존재하며, 죄의 권세가 약화되어도 그 본성은 변하지 않는다"라고 강조했습니다.

　이전에 나오는 장에서 지적한 바와 같이, 내재하는 죄는 우리를 대항하여 게릴라전을 벌이며, 군인들이라면 누구나 인정하듯이, 그러한 게릴라전에서는 방어하기가 아주 어렵습니다. 바울은 내재하는 죄를, 우리를 죄로 이끌기 위해 우리 속에서 끊임없이 역사하는 법, 혹은 원리라고 불렀습니다(로마서 7:21-25). 야고보는 다음과 같이 말할 때 이 죄의 원리에 대해 언급했습니다: "오직 각 사람이 시험을 받는 것은, 자기 욕심에 끌려 미혹됨이니"(야고보서 1:14). 그리고 이렇게 말한 사람도 있습니다: "우리는 적과 대치해 왔다. 그 적은 바로 우리 자신이다."

당신 자신을 알라

우리 안에 있는 악한 욕심은 끊임없이 그것을 발산할 기회를 찾습니다. 그것은 마치 레이더와 같아서, 그 안테나는 욕심을 발산할 유혹의 환경을 찾고자 끊임없이 작동합니다. 오래 전, 나는 아이스크림을 지나치게 좋아하여 거기에 빠진 적이 있었습니다(지금은 그렇지 않습니다). 길을 가다가도 내 눈은 저절로 아이스크림 가게로 끌리곤 했습니다. 그건 불가사의한 일이었습니다. 나는 의도적으로 몇 가게의 간판은 보지 않고 지나칠 수 있었지만, 한 가게의 간판은 반드시 보게 되고 결국은 가게로 들어가곤 했습니다.

최근에 나는 어떤 모델의 자동차에 흥미를 느끼게 되었습니다. 그것은 내가 타고 다니던 차와 동일한 회사에서 만든 것이지만, 훨씬 더 좋고 값도 비싼 것이었습니다. 그 모델에 관심을 갖게 되자마자 그런 차를 거리에서 지나칠 때마다 눈길이 머물게 되었습니다. 나는 내가 왜 그런 차를 원하는지 그 이유를 생각해 보았습니다. 그 모델은 차 안이 더 넓고, 장거리 여행을 할 때 더 편안했으며, 전동 장치가 더 좋았습니다. 나는 마침내, 좀 내키지는 않았지만, 내게 그런 차가 필요하지 않다는 결론을 내렸습니다. 말하고자 하는 바는, 그런 결론을 내릴 때까지는 내 안테나가 늘 그 모델의 차에 맞추어지더라는 것입니다.

아마도 아이스크림을 탐닉하는 것이나, 더 나은 모델의 차에 마음을 빼앗기는 것은 당신이 싸우고 있는 유혹들에 비하면 다소 부드러운 것으로 보일 것입니다. 당신은 이렇게 생각할지 모릅니다: '이봐요. 진짜 죄가 되는 것들에 대해 좀 이야기해 봅시다. 탐심, 음란함, 시기심, 원망, 고객들에게 거짓말을 하는 것, 시험에서 부정 행위를 하는 것 따위에 대해서 말입니다.' 그러나, 아이스크림을 탐닉하는 것이나, 더 좋은 차에 마음을 빼앗기는 것도 그렇게 다루기 쉬운 문제는 아니었습니다. 어쨌든, 이러한 문제들은 다음의 원리를 보여 줍니다. 즉 우리 육신은 각자가 가지고 있는 죄악 된 특정 욕망을 만족시키고자 언제나 기회를 엿보고 있다는 것입니다.

당신의 약점들을 연구하라

그러므로 우리는 죄에 대한 자신의 성향을 연구해야 합니다. 자기를 알지 못하고, 죄와 관련한 자기 나름의 약점들을 알지 못하면, 그러한 유혹들에 대항하여 깨어 있을 수가 없습니다. 잠언 27:12은 다음과 같이 말합니다:

> 슬기로운 자는 재앙을 보면 숨어 피하여도
> 어리석은 자들은 나아가다가 해를 받느니라.

타이타닉 호의 선장은 이 간단한 원리만 적용했어도 빙산을 피할 수 있었을 것입니다. 마찬가지로, 우리는 분명한 위험성을 알면 숨어 피함으로 유혹을 피할 수 있습니다.

호텔에 혼자 있을 때였는데, 혹시 재미있는 프로가 있을까 해서 텔레비전을 켜 보았습니다. 한 채널에서는 영화가 방영되고 있었습니다. 나는 그 영화를 도중에서부터 보기 시작했기 때문에, 어떤 영화인지 추측해 보려고 하고 있었습니다. 그런데 그때 느닷없이 낯뜨거운 장면이 나오는 것이었습니다. 나는 아연 실색하여 앉아 있었습니다. 나는 그런 영화가 있다는 말은 들었지만 본 적은 한 번도 없었습니다. 그러나 그때, 나에게도 대부분의 남자들처럼 정욕적인 마음이 있기에, 그 다음이 어떻게 되는지 보려고 계속 텔레비전을 켜두었습니다.

나는 교훈을 배웠습니다. 뉴스나, 스포츠나 기타 그와 같이 사전에 전체 흐름을 알고 있는 그런 프로그램을 볼 때가 아니라면, 호텔에 혼자 있을 때 텔레비전을 켜는 데 대해 나 자신을 신뢰할 수 없다는 것이었습니다. 나 자신의 정욕적인 마음을 알고 있으며, 그러한 정욕을 자극하는 텔레비전 프로를 볼 가능성이 있다는 것을 안 이상, 나는 잠언에서 말하고 있듯이, "재앙을 보면 숨어 피해야" 합니다. 내가 찾아 낸 숨어 피하는 길은, 혼자 호텔 방에 있을 때는 임의로 텔레비전을 켜지 않기로 결단하는 것이었습니다. (이것은 9장에서 언급한, 구체적인 헌신의 한 유형을 보여 줍니다.)

우리는 이미 우리 삶에 있는 끈질긴 죄의 영역에 대해 알아보았습니다. 그러한 영역에서 오는 죄의 유혹에 대해서는 우리가 특별히 취약합니다. 우리가 취약한 영역들을 알아내었으면, 그 영역들에서 이기기 위한 단호한 헌신과 결단을 하고, 기도하며, 그러한 유혹들을 이길 수 있도록 우리를 강화시켜 주는 성경 말씀을 암송해야 한다는 것도 알았습니다. 이제 우리는 도움이 되는 또 한 가지 방법을 첨가해야 합니다. 즉 그것들을 늘 경계하며 깨어 있도록 하라는 것입니다. 당신의 "유혹의 안테나"는 늘 그러한 죄의 영역들을 찾기 위해 당신의 환경을 살피고 있다는 것을 잊지 마십시오. 그러므로 그러한 영역들에 대해 늘 깨어 있으며, 유혹에 들지 않게 기도하십시오.

당신의 기질 때문에 생기는 유혹도 있을 수 있습니다. 당신은 화를 잘 내거나, 성미가 까다롭거나, 게으르거나, 혹은 다른 사람을 주장하려는 경향을 가지고 있을 수 있습니다. 은혜로 사는 삶의 큰 축복 가운데 하나는, 하나님께서는 더 이상 그러한 죄들로 인해 우리를 물리치시지 않기 때문에, 우리는 정직하게 그러한 죄들을 인정하고 직시하는 가운데, 성령의 도우심을 힘입어 그러한 죄들을 죽여 나갈 수 있다는 것입니다. 그러나, 그러한 죄들을 죽이기 위해서는, 그러한 죄들이 나타나고자 할 때 깨어 있어야 합니다.

우리는 직업으로 인해 다른 유혹들에 노출되기도 합니다. 광고 문안을 작성하는 카피라이터는 어떤 제품을 부풀려 선전하라는 압력을 받습니다. 세일즈맨들은 거짓말을 하라는 요구를 받을 수 있습니다. 건물을 지어 파는 사람은 건축 법규를 어기거나 다른 방식으로 겉만 번드르르하게 짓고자 하는 유혹을 받습니다. 회사의 경리를 담당하는 사람은 속임수를 쓰고자 하는 유혹을 받으며, 좋은 성적을 얻고자 경쟁을 벌여야 하는 학생들은 부정 행위를 하고자 하는 유혹을 받습니다.

각 사람은 수많은 유혹에 직면합니다. 우리는 자신이 취약한 영역을 알기 위해 자신과 자신의 형편을 연구해 보아야 하며, 어떻게 그러한 유혹들로부터 자신을 지킬 수 있을지를 결정해야 합니다.

스스로 강하다고 생각하는 영역

나는 어떤 전임사역자가 연루된 간통 사건에 대해 친구와 이야기하고 있었습니다. (나는 험담을 하고 있지는 않았습니다. 나는 연루된 그 사람이 누구인지 이름을 밝히지도 않았으며, 친구도 그가 누구인지 알지 못했을 것입니다.) 나는 친구에게 "난 그 소식을 들었을 때, 참으로 두려웠네. 난 '내게도 그런 일이 일어날 수 있을까?' 하고 생각해 보았다네"라고 했습니다. 내 친구는 자신에 대해 별로 염려를 하지 않는다고 했습니다. 자기는 오래 전에 여성들과의 관계에 대해 하나의 지침을 만들어 실행해 왔노라고 했습니다.

그의 자신감이 나를 놀라게 했습니다. 나는 그가 자신을 위해 만들었다는 지침들에 대해 듣고, 고린도전서 10:12 말씀을 생각했습니다: "그런즉 선 줄로 생각하는 자는 넘어질까 조심하라." 교회에 혼자 앉아 있다가 외로움을 느끼는 한 여인의 접근을 받았던 그 주일학교 교사를 기억하십니까? 내 친구의 지침들은 그런 상황은 고려하지 않고 있었습니다. 우리는 경계할 필요가 전혀 없는 그런 장소만 갈 수도 없고, 심지어 우리가 강하다고 생각하고 있는 영역에서도 경계를 게을리하지 말아야 합니다. 존 오웬은 "(내주하는 죄가) 가장 미약하게 느껴질 때, 사실은 가장 강한 것이다"라고 했습니다.

나는 재소자 선교회의 세미나에 참석한 적이 있는데, 간증을 한 재소자 중 하나는 전직 판사였습니다. 죄수에 대한 나의 고정 관념은 산산조각이 났습니다. 여기에, 법을 옹호하며, 정의를 집행하기로 서약했던 사람, 그러나 자신의 유죄를 인정한 한 사람이 있었습니다. 그때 나는 하나님의 마음에 합한 사람(사도행전 13:22)이었던 다윗을 생각해 보았습니다. 그는 성경에서 가장 아름답고 영감이 넘치는 책 가운데 하나인 시편의 대부분을 쓰도록 선택된 사람이었습니다. 그러나 그러한 영적인 특권을 지녔던 다윗이 간음죄를 짓고, 그 죄를 감추기 위해 살인까지 서슴지 않았습니다. 나는 마음속으로 '만약 다윗이 오늘날 그러한 죄를 범했다면, 그는 감옥으로 갔을 것이다. 나는 다윗보다 강한가?'라는 생각을 해보았습니다.

나는 한 유명한 그리스도인이 "내가 범하지 못할 죄란 없다"라고 하는 말을 자주 들었습니다. 나는 이 사람이 간음죄에 관해 자신감을 가지고 있던 그 친구에 비해 훨씬 더 유혹에 강할 것이라는 생각이 들었습니다. 우리의 유일한 안전 장치는 내재하는 죄가 여전히 얼마나 강력한지를 잘 아는 가운데 철저히 겸손의 마음을 갖는 것입니다. 유혹에 대비할 필요가 없는 영역이 있다고는 결코 생각지 마십시오. 그 영역이 당신을 파멸시킬 수 있습니다. 그러므로, 우리는 쉽게 유혹에 넘어가기 때문에 취약한 곳으로 알고 있는 영역에서 경계를 잘할 필요가 있습니다. 그러나 자신이 강한 영역이라고 생각하는 영역에서도 경계할 필요가 있습니다. 그곳이 바로 우리가 하나님을 의지하지 않고 자신을 신뢰하기 쉬운 영역이기 때문입니다.

존 오웬은 이 문제에 대해 다음과 같이 말했습니다.

> 영혼의 대적이 늘 우리 안에 거하고 있다는 것을 깨달을 때, 우리는 얼마나 부지런하며, 또한 경계를 게을리하지 말아야 하는지! 이러한 죄의 실재에 대해 눈이 어둡고, 잠에 취해 있는 수많은 사람들의 나태와 부주의함은 얼마나 슬픈 일인지. 그리스도인 속에 내주하고 있는 죄는 대단한 능력과 힘이 있다. 이는 끊임없이 죄악 쪽으로 마음이 기울게 하기 때문이다. 우리 마음이 하나님의 길을 알기 원한다면 우리는 경성할 필요가 있다. 우리의 적은 삼손의 경우처럼, 우리 밖에 있을 뿐만 아니라 우리 안에도 있다.

사소한 것들

우리가 경성하고 있어야 할 또 다른 영역은 일상 생활 가운데 있는 사소한 것들입니다. 즉 그리 중요해 보이지 않는 사소한 문제들입니다 – 조그만 거짓말, 약간의 교만, 약간 정욕적인 시선, 약간의 험담 등. 이러한 것들은 너무나 사소하여 그리 신경쓸 것이 아닌 것처럼 보이나, 성경은 "포도원을 허는 작은 여우"가 있다고 말합니다(아가 2:15).

호레이셔스 보나는 삶 속의 사소한 것들에 대해 다음과 같이 썼습니다:

> 사소한 악, 사소한 죄, 사소한 불일치, 사소한 취약점, 사소

하게 보이는 어리석은 짓, 사소하게 보이는 무분별한 행동, 사소하게 보이는 경솔한 언행, 사소한 결점, 자아와 육신의 사소한 방종, 사소하게 보이는 게으른 행위나 우유부단함, 단정치 못함, 혹은 비겁함, 약간 애매한 표현, 높은 수준의 온전성에서 약간의 벗어남, 누추한 것과 조잡한 것과의 사소한 접촉… 다른 사람의 감정과 원하는 것에 대한 약간의 무관심, 그리고 분노, 비뚤어진 마음, 혹은 이기심, 혹은 허영심의 사소한 발산을 피하는 것 – 이러한 사소한 것들을 피하는 것이 적어도 그러한 부정적인 것들을 거룩한 삶의 아름다움으로 변화시키는 데 도움이 되는 것이다.

아주 긴 목록입니다. 그러나 기도하는 마음으로 그것을 다시 한번 읽으면서, 보나가 언급한 사소한 것들 가운데 어느 것이 당신에게 문제가 되고 있는지 알아보기 바랍니다.

삶이란 주로 조그만 사건들과 사소한 행동들이 모인 모자이크와 같습니다. 우리가 정직한지 아닌지를 드러내는 것은, 슈퍼마켓의 점원이 우리에게 거스름돈을 약간 더 주었을 때, 혹은 레스토랑의 종업원이 음식값을 약간 덜 청구했을 때 우리가 내리는 결정입니다. 사람들이 그리 큰 문제가 아니라고 생각하는 죄들의 예를 자주 드니까 내가 마치 삶을 시시하고 째째한 것으로 만드는 것처럼 보일 수도 있습니다. 그러나 실상, 우리는 그러한 세세한 것들과 더불어 하루 하루를 살아갑니다. 우리가 무슨 간음죄의 유혹에 대해 '아니오'라고 해야 할 경우는 별로 없을 것입니다. 그러나 정욕적인 시선이나 생각에 대해 '아니오'라고 해야 할 경우는 흔합니다. 그리고 누군가가 말했듯이, "조그만 것을 무시하는 사람은 조금씩 조금씩 타락합니다."

청교도인 토머스 브룩스는 다음과 같이 말했습니다: "보다 큰 죄들은 보다 작은 죄들보다 더 빨리 영혼을 놀라게 하며, 영혼으로 하여금 깨어 회개에 이르게 한다. 작은 죄들은 영혼 속으로 흔히 슬며시 들어와 번식하며, 영혼 속에서 은밀하게 그리고 분별할 수 없게 역사한다. 그리하여 그것들은 아주 강해져서 영혼을 짓밟고, 영혼을 파멸시키기까지에 이른다."

몇 년 전, 나는 "주님, 저를 꽉 붙잡아 주옵소서"라고 기도하기 시작했습니다. 작은 죄들로 인해 곁길로 빠져들지 않게 되며, 작은 죄들을 인지하며 내 마음속에 경종을 울려 주는 민감한 양심을 갖게 해달라는 기도였습니다. 그 동안, 나는 이 간단한 기도를 하는 것을 등한히 해온 것 같아 이 장을 쓰면서 그러한 기도를 다시 시작하기로 적용했습니다. 당신도 해보시기 바랍니다.

그리스도인의 자유(자유 영역)

부유한 한 부인이 운전 기사를 고용하기를 원했습니다. 지원자들이 몰려오자, 그 부인은 각 운전자로 하여금 자기를 태우고 한쪽은 절벽인 좁고 꼬불꼬불한 산길로 차를 몰도록 했습니다. 모든 운전자들은 자기 운전 실력을 자랑하기 위해 최대한 절벽과 가까운 쪽으로 차를 몰았습니다. 단 한 사람만 달랐습니다. 그 사람은 할 수 있는 대로 절벽에서 먼 쪽으로 운전했습니다. 그 부인은 그 사람을 고용했습니다. 그 부인은 비록 기술이 뛰어나다 해도 모험을 좋아하는 그런 사람을 원치 않았습니다. 그는 최선을 다해 안전하게 운전하는 사람을 원했습니다.

이 이야기가 실화이든 꾸며 낸 이야기이든, 영적 각성에 대한 중요한 원리를 보여 줍니다. 그리스도인의 자유와 관련해서, 우리의 초점은 "내가 얼마나 대담해도 되는가?"가 아니라 "내가 얼마나 안전한

가?"가 되어야 합니다. 그리스도인의 자유에 속한 영역이란 성경이 구체적인 지침을 주지 않은 수많은 영역들을 포괄합니다. 그러한 영역들에서는, 어떻게 행할 것인지를 성경에 나오는 원리를 따라 우리 자신이 선택할 자유가 있습니다.

핵심이 되는 원리는 갈라디아서 5:13에 나와 있습니다: "형제들아, 너희가 자유를 위해 부르심을 받았으나, 그러나 그 자유로 육체의 기회를 삼지 말고, 오직 사랑으로 서로 종노릇하라." 원리는, 그리스도 안에서의 자유를 죄된 본성의 요구를 충족시키는 데 사용하지 말아야 한다는 것입니다.

실제로, 사도 바울의 경고는 죄악 된 본성에 탐닉하지 말라는 것보다는 죄악 된 본성이 우리 자유를 그 자체를 발산하기 위한 기회로 삼지 못하게 하라는 것입니다. 육신은 우리가 허락하기만 하면 우리 자유를 그 자체의 욕구를 충족시키기 위한 기회로 혹은 발판으로 삼으려고 노력하고 있습니다.

로널드 Y. K. 풍은 "'기회'라는 단어는… 군사적인 의미에서는 작전 기지라는 의미로 사용된다. 여기서 짐작할 수 있는 바는, '육신'은 악의에 찬 적이며, '자유'를 그 활동을 위한 기지로 삼는다는 것이다"라고 썼습니다. 우리 육신의 기만적인 본성은 그러합니다. 그것은 자유를 사용한다는 미명하에 우리를 조금씩 조금씩 죄의 절벽 가까이로 이끌려고 합니다.

헤르만 리더보스는 "이 자유는 육신, 즉 죄악 된 인간 본성, 악한 충동을 위한 기회(출발점, 교두보)가 되지는 않을지 모른다. 육신은 자기가 원하는 대로 자유가 표현되기를 바란다. 그리스도께서는 그러한 자유를 위해 그리스도인들을 부르신 것이 아니다"라고 썼습니다. 죄악 된 인간 본성에 깊이 배어 있는 악은 그리스도인의 자유를 죄를 위한 면허로 전락시키고자 합니다. 자유라는 것을 자기가 하고 싶어하는 것을 행할 수 있는 것으로 해석하기가 쉽습니다.

죄악 된 인간 본성에 이러한 경향이 있다는 것을 알 때, 우리는 그것에 대해 특히 경계를 게을리하지 말아야 합니다. 내가 젊었을 때 기독교계에서는 이러한 경계를 하기 원했고, 그러다 보니 "하지 말라"의 목록들을 고안해 내게 되었습니다. 그 결과 현대판 바리새주의가 탄생했고, 특정 행동 규칙, 혹은 피해야 할 "죄들"이 성경에 첨가되었습니다.

최근에는 그러한 율법주의에 대항하는 움직임이 일어났습니다. 아마도 올바른 일일 것입니다. 그러나 자유를 주장할 때, 우리를 죄의 절벽 쪽으로 이끌 기회를 육신에게 주지 않도록 늘 경계해야 합니다. 운전 기사를 고용하는 그 이야기로 돌아가 봅시다. 우리는 자신이 얼마나 대담하게 절벽 쪽 가장자리로 가까이 갈 수 있는지를 알기 원합니까? 아니면, 영적 여행의 위험 요소들을 얼마나 안전하게 피해 갈 수 있는지를 알기 원합니까?

성경 말씀은 다음과 같이 말합니다:

> 만물보다 거짓되고 심히 부패한 것은 마음이라.
> 누가 능히 이를 알리요마는.
> (예레미야 17:9)

우리 마음은 본질적으로 거짓되다는 것을 아는 가운데, 특히 우리의 자유가 방종으로 흐르지 않도록 주의해야 합니다. 그러면 우리는 어떻게 그리스도인의 자유라는 영역에서 깨어 있을 수 있습니까? 바울은 그리스도 안의 자유를 주장하고 있던 고린도 교인들에게 구체적인 지침을 몇 가지 주었습니다. 다음에 있는 것들은 고린도전서 6:12과 10:23-24에 있는 것입니다:

모든 것이 내게 가하나 다 유익한 것이 아니요, 모든 것이 내게 가하나, 내가 아무에게든지 제재를 받지 아니하리라.

모든 것이 가하나, 모든 것이 유익한 것이 아니요, 모든 것이 가하나 모든 것이 덕을 세우는 것이 아니니, 누구든지 자기의 유익을 구치 말고 남의 유익을 구하라.

고린도전서의 주석자들은 "모든 것이 내게 가하다"라는 것은 고린도 교인들이 그리스도인의 자유라는 기치를 드높일 때 사용한 구호임이 분명하다고 생각합니다. 그들은 그 구호를 가급적이면 절벽 가까운 곳으로 운전하기 위한 논리적 근거로 삼았습니다. 그들은 유혹으로부터의 자유가 아니라 제재로부터의 자유에만 관심이 있었습니다. 바울은 자유에 대한 그들의 생각을 탓하지는 않았으나, 그들이 가지고 있는 자유를 가장 잘 통제하는 더 나은 원리를 보여 주고자 했습니다. "모든 것이 가하다"라는 그들의 주장에 대응하여, 그는 세 가지 원리를 제시했는데, 그것을 질문의 형태로 만들어 보겠습니다.

* 그것은 유익하며 나의 영적인 삶에 도움을 주는가?
* 그것은 나를 제재(지배)하는 경향이 있는 관행은 아닌가? 그것은 내가 제어하기가 어려울 어떤 욕망을 자극하지는 않을 것인가?
* 그것은 덕을 세우는가? 내가 행할 수 있는 이 관행을 다른 그리스도인들이 행했을 때 그들의 영적 생활을 향상시킬 것인가?

"모든 것이 내게 가하다"라는 주장에 대응하여, 바울은 고린도 교인들을 절벽 가까운 곳으로부터 그들이 안전하게 행할 수 있는 곳으로 이끌고자 했습니다. 더욱 중요한 것은, 그는 그들의 초점을 "내 맘대로 살 수 있게 하는 어떤 자유를 내가 가지고 있는가?"에서 "어떤 것이 나와 형제 자매들을 위해 가장 유익한가?"로 옮기려 하고 있었습니다.

마지막으로, 바울은 그리스도인의 자유에 관한 단락을 마무리하면서, 고린도전서 10:31에서 보편적인 원리를 제시합니다: "그런즉 너희가 먹든지 마시든지, 무엇을 하든지 다 하나님의 영광을 위하여 하라." 무슨 일을 하든지 하나님의 영광을 위하여 해야 한다는 이 원리만이 그리스도인의 자유를 남용하지 않게 하여 주는 충분한 기준이 됩니다.

최선의 방어

세상과 사탄으로부터 파송된 모든 적들이 우리 앞에 진을 치고 있고, 우리 속에 들어와 있는 육신이라는 게릴라가 활동 중인 때에, 끊임없이 몰려오는 유혹들을 어떻게 효과적으로 경계할 수 있습니까? "공격이 최선의 방어다"라는 옛 격언은 유혹을 경계하는 것에 관한 좋은 조언입니다. 최선의 공격은 하나님의 말씀을 묵상하는 것과 기도하는 것입니다. 이 두 가지는 성경에서 계속 행하라고 한 단 두 가지의 영적 훈련인데, 이는 우연이 아닙니다. 우리는 이미, 하나님의 말씀을 "주야로" 묵상해야 한다는 것과(시편 1:2), "쉬지 말고" 기도해야 한다는 것을(데살로니가전서 5:17) 알고 있습니다. 또한 우리를 죄로부터 지켜 주는 하나님의 말씀의 능력에 대해서도 시편 119:11에서 살펴보았습니다:

> 내가 주께 범죄치 아니하려 하여,
> 주의 말씀을 내 마음에 두었나이다.

당신이 당하는 어떠한 유혹에 대해서도, 그것에 대해 말해 주는 성경 구절들이 있습니다. 잘 모르겠으면, 이를 알기 위해 영적 지도자들이나 다른 성숙한 그리스도인들의 도움을 요청하십시오. 그리고 나서는 그러한 구절들을 암송하고, 묵상하며, 그 구절들을 가지고 날마다 기도하면서 필요시에 그 구절이 마음에 떠오르게 해달라고 요청하십시오. 또한 떠오르게 해주시는 그 말씀에 순종할 수 있는 능력도 성령을 통해 주시도록 기도하십시오. 10장에서 공부한 바 있는 영향직선을 기억하십시오. 우리 모두는 죄악 된 사회와 하나님의 말씀 이 둘 다로부터 영향을 받고 있습니다. 우리의 생각이 지속적으로 하나님의 말씀의 영향을 받아 그 직선의 "하나님의 말씀" 쪽으로 나아가도록 하기 위해, 우리가 할 수 있는 모든 것을 해야 합니다.

또한 예수님께서 "깨어 있어 기도하라"고 말씀하신 것을 잊지 마십시오. 우리 혼자 힘으로는 깨어 있을 수가 없습니다. 다시 한번 시편 127:1을 깊이 묵상해 보십시오:

> 여호와께서 성을 지키지 아니하시면
> 파수꾼의 경성함이 허사로다.

아무리 우리가 부지런해도, 우리에겐 주님의 도우심이라는 또 다른 차원이 필요합니다.

주님께서 가르쳐 주신 기도에는 다음과 같은 내용이 포함되어 있습니다.

"우리를 시험에 들게 하지 마옵시고,
다만 악에서 구하옵소서."
(마태복음 6:13)

이 기도는 실제로는 두 부분으로 나누어져 있습니다: 시험에 들지 않게 해주시는 것과 악에서 건져 주시는 것입니다. 우리는 야고보서 1:13을 통해 하나님께서는 아무도 시험하지 않으신다는 것을 압니다. 그러므로 이 기도의 첫 부분은 유혹을 받을 수 있는 길로 들어서지 않게 해달라고 요청하는 것으로 이해해야 합니다. 그것은 자신의 연약함을 알며, 그러한 유혹들을 만나지 않기를 원하는 그리스도인의 기도입니다.

물론, 우리가 유혹에 들지 않도록 해달라고 기도하고 있다면, 유혹의 길로 걸어 들어가지 않도록 조처를 취해야 합니다. 바울은 데살로니가전서 5:22에서 "악은 모든 모양이라도 버리라"라고 했습니다. 그는 고린도 교회에는 "음행을 피하라"(고린도전서 6:18)고 했고, 디모데에게는 "청년의 정욕을 피하라"(디모데후서 2:22)고 권면했습니다. 물론, 두 번째와 세 번째 구절에서 '피한다'는 말은 단지 '피한다'는 의미라기보다는 '도망간다'라는 강한 의미를 지니고 있습니다. 피하는 것과 도망하는 것, 둘 다가 필요합니다. 우리는 단지 텔레비전을 켜지 않거나 어떤 잡지를 펼치지 않음으로써 어떤 유혹을 피할 수 있습니다. 그러나 때때로 유혹이 올 때는 마땅히 도망해야 합니다. 이것이 바로 깨어 있는 것이요 경계하는 것입니다.

예수님께서 우리에게 기도하라고 하신 것의 후반부인 "다만 악에서 구하옵소서"에서, 악은 물론 사탄을 가리킵니다. 우리는 사탄의 공격에 대비하여 방어 기도를 할 필요가 있습니다. 그리스도께서는 사탄을 십자가에서 패배시키셨으며(골로새서 2:15), 그의 공격으로부터 건져 달라고 기도할 때 우리는 마땅히 그 승리를 믿음으로 주장해야 합니다.

안전을 생각하라

나는 이 장을 내가 수양회에서 말씀을 전하고 있는 도시의 모텔에서 써왔습니다. 매일 나는 산책을 나갔는데 새 건물이 올라가고 있는 건축 현장을 지나가곤 했습니다. 그 건축 현장의 입구에는 "안전을 생각하시오"라고 붉은 글씨로 크게 쓴 간판이 서 있었습니다.

그 간판을 처음 보았을 때 나는, '좋은 생각이야. 매일 그 현장에서 일하는 사람들은 작업상의 안전을 유지하는 것의 중요성을 상기하게 될 테니까 말이야'라고 생각했습니다. 그런데 다음 순간, '그들 가운데 이 간판에 주의를 기울이는 사람이 얼마나 될지 모르겠군. 그들 대부분이 그 간판의 내용에는 동의하겠지만, 그 간판이 있는지 신경도 쓰지 않고 좋든 싫든 자기 일을 별 생각 없이 수행하고 있을 거야. 그 간판이 도대체 도움이 되기나 할까?' 하는 생각이 들었습니다. 실제로 어떤지는 나는 잘 모릅니다. 그것은 얼마간은 어떤 안전 지침이 주어졌는지, 그리고 작업 공정상의 안전이 현장에서 얼마나 강조되고 있는지에 달려 있을 것입니다.

그러나 내가 아는 한 가지가 있습니다. 그 작업자들이 "안전을 생각하지 않는다면" 조만간 다칠 것이라는 점입니다. 건축 현장에서는 안전이라는 것을 당연한 것으로 여길 수 없습니다. 너무나 많은 위험 요소가 도사리고 있습니다.

그리스도인의 삶도 마찬가지입니다. 우리는 영적인 의미에서, "안전을 생각하는 것"을 배워야 합니다. 우리는 "영적인 건축 현장"에 있는 것이 아닙니다. 우리는 세상과 육신과 그리고 마귀와의 전쟁 중에 있습니다. 건축 현장에서의 위험은 "우리를 삼키려고" 있는 것이 아닙니다. 그것은 단지 진행되고 있는 작업의 성격상 존재할 뿐입니다. 그러나 우리의 영적인 대적은 우리를 삼키려고 합니다. 우리에게 있어서 "안전을 생각하는 것"은, 깨어 있어 경계하는 것과 기도하는 것입니다. 그 경고에 주의하지 않는다면 우리는 다치게 될 것입니다.

물론, 우리 모두는 날마다 죄를 짓기 때문에 매일 어느 정도는 "다칩니다." 그래서 우리는 그리스도 안에 있는 하나님의 은혜의 복음으로 돌아갈 필요가 있습니다. 그리스도의 죽으심으로 말미암아 하나님께서 우리 죄를 사해 주신다는 복음은, 솔직하게 그러한 죄들을 직시하며 스스럼없이 그 죄들을 십자가와 예수님의 정결케 하는 보혈이 있는 곳으로 가져갈 수 있게 합니다. 그러면 정결케 된 양심으로 말미암은 자유와 기쁨은 그러한 죄들을 다루고자 하는 열망과 올바른 동기를 줍니다. 거듭거듭 복음으로 되돌아가지 않고는 효과적으로 거룩한 삶을 추구할 수가 없습니다. 복음은 그 위에 거룩한 삶을 추구하는 데 필요한 훈련들을 쌓을 수 있는 유일한 토대입니다. 은혜와 훈련은 서로 분리시킬 수가 없습니다.

274 날마다 자신에게 복음을 전하라

13

역경이라는 훈련

> 너희가 참음은 징계를 받기 위함이라.
> 하나님이 아들과 같이 너희를 대우하시나니,
> 어찌 아비가 징계하지 않는 아들이 있으리요?
> 히브리서 12:7

몇 장에 걸쳐 우리는 거룩한 삶을 추구하는 데 필요한 훈련들을 공부해 왔습니다. 우리는 복음 속의 그리스도를 바라보아야 하며, 하나님을 의지하는 것과 개인적인 훈련을 하는 것의 올바른 관계를 알아야 하며, 거룩한 삶에 헌신해야 하고, 성경에 토대를 둔 확신을 계발해야 한다는 것을 알았습니다. 성경 말씀을 날마다 적용하는 가운데, 우리는 올바른 선택을 하며, 죄를 죽이며, 유혹에 대해 경계하는 것을 배워야 합니다.

앞 단락에서 "해야 한다"는 말이 여러 차례 나왔습니다. 그런 문체는 서투른 것으로 여겨지며, 작문 시험에서 F학점을 받을 것입니다. 그러나 나는 일부러 그 말을 반복해서 사용했습니다. 이는 거룩한 삶을 추구하는 데서 발전하려면 우리가 반드시 해야 할(또 해야 한다는 말을 썼습니다) 훈련들이 있음을 강조하기 위해서입니다. 비록 우리는 능력을 주시는 성령의 역사에 늘 의존하고 있지만, 우리는 또한 자신의 책임을 이행해야 합니다. 하나님께서 우리 대신 해주지 않으십니다.

그러나, 우리가 해야 할 것이 하나 더 있습니다. 이 모든 훈련들을 하나님의 은혜와 관련시켜야 합니다. 이는 그러한 훈련들을 행하다가 우리의 성취에 기초하여 하나님과 관계를 맺고 있다고 생각해서는 안 되기 때문입니다. 이러한 훈련들을 행하는 것이 털끝만한 하나님의 은총도 얻어 내지 못한다는 점을 계속 상기해야 합니다. 하나님의 은총은 엄밀히 말해서, 예수 그리스도의 공로를 통해서만 우리에게 주어집니다. 우리가 이러한 훈련들을 행하는 것은 하나님의 은총을 얻기 위함이 아니요, 이러한 것들이 우리가 거룩한 삶을 추구할 수 있도록 하기 위해 하나님께서 주신 수단들이기 때문입니다.

성화의 과정에서 반드시 필요한 또 하나의 훈련이 있는데, 바로 역경 혹은 고난의 훈련입니다. 역경의 훈련은 우리 스스로 하는 훈련이 아니요, 영적 성장을 위해 하나님께서 시키시는 것입니다. 히브리서 12:10에서는 이렇게 말하고 있습니다: "저희는 잠시 자기의 뜻대로 우리를 징계(훈련)하였거니와, 오직 하나님은 우리의 유익을 위하여 그의 거룩하심에 참예케 하시느니라." 그러므로, 역경의 목적은 우리가 보다 더 거룩해지는 것입니다.

본서에서는 훈련이라는 말을 두 가지 방식으로 사용해 왔습니다. 5장에서는 은혜가 우리를 훈련한다는 것을 보았는데, 그때는 하나님께서 하시는 자녀 훈련을 의미했습니다. 그 후의 장들에서는, 우리가 마땅히 해야 할 책임이 있는 영적 훈련을 지칭하기 위해 사용했습니다. 그러므로 하나님께서 우리를 훈련하시며, 또한 우리가 자신을 훈련한다고 말할 수 있습니다. 히브리서 12장에서는 훈련(징계)을 하나님의 영적 자녀 훈련이라는 의미로 사용하고 있습니다. 특히 자녀 훈련의 특정한 영역, 즉 역경을 지칭하기 위해 그 말을 사용합니다. 히브리서 12:4-13은 이 주제에 대한 중요한 말씀입니다. 5절부터 11절까지를 살펴보겠습니다.

격려의 말

> 또 아들들에게 권하는 것같이 너희에게 권면하신 말씀을 잊었도다. 일렀으되, "내 아들아, 주의 징계하심을 경히 여기지 말며, 그에게 꾸지람을 받을 때에 낙심하지 말라. 주께서 그 사랑하시는 자를 징계하시고 그의 받으시는 아들마다 채찍질하심이니라."(히브리서 12:5-6)

히브리서 기자는 격려의 말로 역경의 훈련에 관한 교훈과 권면을 시작했습니다: "또 아들들에게 권하는 것같이 너희에게 권면하신 말씀을 잊었도다." 어떤 사람을 격려한다는 것은 그 사람에게 용기를 북돋아 주는 것, 혹은 그 사람에게 용기를 주어 견고케 해주는 것입니다. 히브리서 기자는 그 편지를 읽는 독자들에게 용기를 북돋아 주되, 그들이 당하고 있는 고난과 역경의 목적을 설명함으로써 그렇게 했습니다. 이를 위해 그는 잠언 3:11-12을 인용했습니다.

그가 한 격려의 골자는, 하나님께서는 사랑하시는 사람들을 훈련하신다는 것입니다. 히브리서를 읽는 1세기의 그리스도인들은 훈련(징계)을 거칠기만 한 아버지의 특징이 아니라, 자녀의 복과 성숙에 진정한 관심을 가지고 있는 아버지의 특징으로 받아들였을 것입니다. 결과적으로, 우리는 역경이나 고난의 형태로 우리에게 주어지는 하나님의 훈련은, 하나님께서 베푸시는 사랑의 보살핌의 표시이지, 하나님으로부터 받는 냉대의 상징은 아니라는 것을 깨달아야 합니다.

5절과 6절에서는, 하나님의 훈련에 대해 두 가지의 온당치 못한 반응을 나타내지 않도록 경고하고 있습니다. 하나는 하나님의 훈련을 경히 여기는 것이요, 또 하나는 훈련을 받을 때에 낙심하는 것입니다. 우리가 하나님의 훈련을 경히 여긴다는 것은 생각하기 어려운 일로 보일지 모르지만, 우리가 하나님의 훈련을 별로 가치 없는 것으로 여길 때, 즉 우리의 유익을 위한 것이라기보다는 그냥 견디어 내어야 할 어떤 것으로만 생각할 때, 하나님의 훈련을 경히 여기고 있는 것입니다.

  우리는 또한 겪고 있는 고난 중에서 하나님의 손길을 보지 못할 때 하나님의 역경의 훈련을 경히 여기고 있는 것입니다. 우리는 그것이 하나님으로부터 온 것이라는 것을 인정하기보다는, 우연히 그렇게 된 것, 그래서 견디어야 하고 가능하면 빨리 지나가게 해야 할 어떤 것으로 여기는 경향이 있습니다. 그리고 그 훈련에서 하나님의 목적을 추구하지 않습니다. 그 대신, 벗어날 길을 찾는 데만 온통 우리의 관심이 쏠려 있습니다.

  그러나, 성경은 역경들이란 우연히 겪게 되는 것이 아니며, 우리가 축복이라고 부르는 것들과 마찬가지로 하나님의 손으로부터 왔다고 말해 줍니다. 이러한 진리는 성경 전체를 통해 발견할 수 있는데, 특히 도움이 되는 구약성경의 구절 네 개가 있습니다.

> 하나님의 행하시는 일을 보라.
> 하나님의 굽게 하신 것을
> 누가 능히 곧게 하겠느냐?
> 형통한 날에는 기뻐하고,
> 곤고한 날에는 생각하라.
> 하나님이 이 두 가지를 병행하게 하사
> 사람으로 그 장래 일을

능히 헤아려 알지 못하게 하셨느니라.
(전도서 7:13-14)

나는 빛도 짓고 어두움도 창조하며,
나는 평안도 짓고, 환난도 창조하나니,
나는 여호와라.
이 모든 일을 행하는 자니라.…
(이사야 45:7)

주의 명령이 아니면
누가 능히 말하여 이루게 하랴?
화, 복이 지극히 높으신 자의
입으로 나오지 아니하느냐?
(예레미야애가 3:37-38)

…여호와의 시키심이 아니고야
재앙이 어찌 성읍에 임하겠느냐?
(아모스 3:6)

이 진리에 대해 믿기 어려워하는 그리스도인들도 있고, 부인하기까지 하는 이들도 있습니다. 그들은 "사랑의 하나님"께서, 우리 개인에게 임하는 것이든 나라나 어떤 도시에 임하는 것이든, 재앙들에 대해 책임이 있으시다는 것을 믿지 못하는 것입니다. 그러나 성경은 분명하게 우리의 그런 생각과 다른 증언을 하고 있습니다. 그러므로 우리는 자신이 만나는 모든 역경들 속에는 하나님의 손이 개입하고 있다는 것을 인정하고, 그분의 훈련을 경시하지 않아야 합니다.

또 하나의 잘못된 반응은 "그분의 꾸지람을 받을 때에 낙심하는 것"입니다. 우리는 하나님께서 사랑에 의해서가 아니라 분노에 의해 우리를 징계하신다고 생각하고는 낙심하는 경향이 있습니다. 그러나, 히브리서 12:6은 "주께서 그 사랑하시는 자를 징계하신다"고 분명히 말하고 있습니다. 나는 우리가 훈련을 받고 있을 때, 하나님의 사랑을 느낀다는 것이 때로 쉽지 않다는 것을 압니다. 그러나 우리는 성경 말씀이 알려 주는 바를 믿음으로 받아들여야 합니다.

청교도인 새뮤얼 볼턴(1606-1654)은 이렇게 썼습니다: "하나님께서는 자기 사람들에게 하시는 모든 일에서 사랑을 생각하신다. 그분이 우리를 다루시는 근거는 사랑이요(죄를 범한 경우에도), 우리를 다루시는 태도도 사랑이요, 다루시는 목적도 사랑이다. 모든 일에서 하나님께서는 이생에서의 우리의 유익과, 우리로 그분의 거룩함에 참여하게 하는 일과, 우리가 장차 누릴 영광과, 그리고 우리로 그분의 영광에 참여하게 하는 데 주의를 기울이신다."

볼턴의 이 말은 우리에게 격려를 줍니다. 하나님께서는 절대주권을 가지고 우리 삶의 모든 환경을 주관하실 뿐만 아니라, 우리를 사랑하시며, 오직 사랑의 토대 위에서 우리를 다루십니다. 이러한 하나님으로부터 우리가 당하는 고난이 온다는 것을 깨달음으로 격려를 받아야 합니다. 하나님께서는 우주의 절대주권적인 지배자일 뿐 아니라, 주 예수 그리스도로 말미암아 우리의 아버지가 되신 분입니다.

그러므로, 역경 중에 있을 때, 그 속에 있는 하나님의 손길을 인정하기를 거부함으로 그것을 경시하지 말며, 그 가운데 있는 하나님의 사랑을 깨닫지 못함으로 낙심하지 않도록 하십시오.

사랑하시는 자를 훈련 혹은 연단하실 뿐만 아니라, 하나님께서는 또한 "받으시는 아들마다 채찍질하십니다." 채찍질 즉 징계는 두 가지 면에서 기여할 것입니다. 하나는 공의의 실행이요, 다른 하나는 성품을 바로잡는 것 즉 교정입니다. 죄를 저지른 사람을 감옥으로 보내면, 이는 공의를 실행하는 징계입니다. 부모가 아이를 징계하면, 그것은 적어도 그 아이의 성품을 교정하기 위한 것이어야 합니다.

요즘 우리는 연단 또는 훈련과 징계를 동일시하는 경향이 있지만, 우리가 이미 살펴보았듯이 훈련(discipline)이라는 말은 성경에서 폭넓은 의미를 가지고 있습니다. 징계는 자녀 훈련이라는 전반적인 계획의 한 부분이 되어 왔습니다. 그러나 하나님의 모든 훈련은, 불순종에 대해 역경의 형태로 주어지는 징계를 포함하여, 사랑과 우리의 유익을 위한 것입니다.

흔히 부모들은 사랑과 자녀의 유익을 위해 징계하는 것이 아닙니다. 종종 그들은 자녀들이 화나게 한다고 그 순간의 충동이나 죄된 감정에 의해 징계를 가합니다. 공의나 교정은 안중에 없습니다. 하나님께서는 감정에 따라 행하시지 않으므로, 우리를 향한 그분의 징계를 부모에게서 볼 수 있는 감정의 폭발과 같은 것으로 여겨서는 안 됩니다.

하나님께서는 공의를 실행하기 위해 징계하십니다. 성경에 의하면, 하나님은 공의로우십니다(데살로니가후서 1:7 참조). 그리고 "원수 갚는 것이 내게 있으니 내가 갚으리라"고 말씀하십니다(로마서 12:19 참조). 그러나 우리 믿는 자들에게 관한 한, 하나님께서는 우리에게 시행해야 할 공의를 십자가에서 예수님께 시행하셨습니다. 그리스도께서는 하나님의 공의를 완전히 충족시키셨으며, 우리로부터 하나님의 진노를 멀리 옮기셨습니다. 그러므로, 우리를 향한 하나님의 징계는 언제나 교정을 위한 것이며, 사랑 가운데, 우리의 유익을 위한 것입니다.

우리가 역경 가운데 있을 때 사탄은 하나님께서 우리에게 분노하셨으며, 분노로 말미암아 우리를 징계하고 계신다는 생각을 우리에게 심어 주려고 애를 씁니다. 이때 다시 우리는 자신에게 복음을 전해야 합니다. 복음이야말로 우리 죄에 대한 형벌은 실행되었고, 하나님의 공의는 완전히 만족되었다는 것을 우리에게 다시 확신시켜 줍니다. 복음은 우리를 고소하려는 사탄의 공격에 대항하여 굳게 서게 해주는 하나님의 전신갑주의 한 부분을 차지하고 있습니다(에베소서 6:13-17 참조).

모든 고난이 훈련이다

> 주께서 여러분을 훈련하시거든 그것을 견디어 내시오. 하나님께서는 여러분을 아들과 같이 다루십니다. 아버지의 훈련을 받지 않는 아들이 어떻게 아들일 수 있겠습니까? 아들이 받는 훈련을 여러분이 받지 않았다면 여러분은 사생자요 참 아들이 아닙니다.(히브리서 12:7-8, 새번역)

히브리서 기자는 우리에게 "훈련을 견디어 내라"고 권합니다. 훈련 앞에 무슨 제한을 두는 말이 없습니다. 예를 들면, "어떤 어떤 훈련을 견디어 내라"고 하지 않은 것입니다. 그러므로, 우리는 모든 훈련을 견디어 내어야 하는 것을 알 수 있습니다. 즉, 모든 종류의 고난은 우리를 훈련시키기 위한 목적으로 주어지는 것입니다. 그리스도인의 삶에서, 아무 목적도 없는 고통이란 존재하지 않습니다.

이것은 반드시 어떤 고난이 우리 삶 가운데 있는 어떤 죄된 행동이나 죄된 습관과 관계가 있다는 말은 아닙니다. 오히려 모든 훈련 즉 고난은 우리로 예수 그리스도를 닮아 가게 하고자 하는 궁극적인 목적 가운데 주어진다는 의미입니다. 역경과 하나님의 목적 사이의 관계에 대해 알 수 없을 때도 있습니다. 그러나, 하나님께서는 그 두 가지의 관련성과 그 역경의 최종 결과를 알고 계신다는 사실을 아는 것만으로 충분합니다.

어떤 역경이 우리 삶 가운데 있는 어떤 구체적인 죄와 관계가 있는지 그 여부를 알 수 있습니까? 확실한 것은 아니지만, 우리가 어떤 특정한 죄를 다루기 위해서 알 필요가 있다면 성령께서는 그 관련성을 깨닫게 해주실 것으로 믿습니다. 아무것도 떠오르는 것이 없으면, 우리가 배우기를 원하시는 어떤 것이 있는지 기도로 하나님께 여쭈어 볼 수 있습니다. 그러나, 그 이상으로 하나님께서 왜 어떤 고난을 우리 삶 가운데 허락하셨는지를 골똘히 생각하는 것은 헛된 것입니다. 역경을 통해 우리를 거룩하게 하시는 과정은 신비에 속합니다. 그래서, 우리는 어떤 고난에 대해 전혀 이해할 수 없을 때도 있습니다.

비록 모든 고난이 하나님의 마음속에서는 목적이 있는 것이지만, 그 목적은 흔히 – 보통이라고 말하는 것이 좋을 것 같습니다 – 우리에게는 감추어져 있습니다. 사도 바울은 하나님의 방법에 대해 다음과 같이 말했습니다.

> …그의 판단은 측량치 못할 것이며, 그의 길을 찾지 못할 것이로다.(로마서 11:33)

어떤 성경에는 "그의 결정은 헤아릴 수가 없고, 그의 길은 신비롭기만 하다"라고 번역하고 있습니다. 하나님의 길은 우리의 길보다 너무나 높기 때문에 대개 우리에게는 신비로 남아 있을 것입니다.

우리의 환경이 도무지 이해가 가지 않을 때, 히브리서 12:7에 있는 확신으로 돌아가야 합니다 – "하나님이 아들과 같이 너희를 대우하시나니." 기억하십시오. 그분은 우리를 삶에서 거룩하게 하시는 책임을 맡고 계십니다. 그분은 우리가 그리스도를 닮아 가게 하기 위해서는 정확히 어떤 고난이 얼마만한 기간 동안 필요할 것인지를 알고 계시며, 그분의 목적을 위해 필요한 것 이상은 우리 삶 가운데 이끌어 오지도 허락하지도 않으실 것입니다.

모든 고난을 훈련으로 여기고 견디도록 하십시오. 나는 고난을 시시한 것으로 만들기를 원치 않습니다. 그러나 우리는 여러 가지 수준의 고난이 있다는 것을 알고 있습니다. 어떤 것은 삶을 온통 뒤흔들어 놓습니다. 사랑하는 사람의 죽음이나 완전 불구가 되는 것 등이 그러한 경우입니다. 그 반대로는, 일시적인 방해를 받는 것과 같은 것이 있습니다. 예를 들면, 마감 시간을 눈앞에 두고 일에 매진하고 있는데 예기치 않았던 사람이 찾아오는 바람에 업무에 방해를 받는 것과 같은 것입니다. 이러한 환경이나 사건들은 모두, 그것이 사소한 것이든 심각한 것이든, 그리스도를 닮은 성품을 계발하기 위한 수단으로 하나님께서 뜻하신 것입니다.

예를 들면, 우리가 인내라는 성령의 열매를 맺을 필요가 있다는 것에 동의하는 것과, 다른 사람이 우리의 인내를 시험하는 상황에서 진정으로 그 열매를 나타내는 것은 전혀 별개입니다. 그러나 계속 하나님께서는 섭리 가운데 순종이나 성령의 열매를 나타낼 필요가 있는 상황 가운데로 우리를 이끄십니다. 실제 삶이라는 도가니 속에서만 그리스도를 닮은 성품은 계발됩니다. 그리고 하나님께서는 우리 각자에게 필요한 그런 특정한 환경을 주시고 관리하십니다.

훈련에 굴복함

또 우리 육체의 아버지가 우리를 징계하여도 공경하였거든, 하물며 모든 영의 아버지께 더욱 복종하여 살려 하지 않겠느냐? (히브리서 12:9)

고난의 훈련으로부터 유익을 얻기 위해서는 그 훈련에 굴복해야 합니다. 히브리서 기자는 가정에서 자녀들은 자신들을 훈련하는 아버지를 공경한다는 사실을 상기시킵니다. 물론, 아버지가 자녀의 유익을 위해서나 사랑에 의해서가 아니라 이기적인 이유에서나 분노나 조급함으로 징계나 훈련을 하는 경우에는 그렇게 하기가 어려울 것입니다. 그러나, 아버지의 훈련과 하나님의 훈련의 유사점을 비교함에 있어서, 히브리서 기자는 보다 정상적인 아버지를 모본으로 하고 있습니다.

나는 성서적으로 아버지의 역할을 다하고자 노력했던 아버지로부터 양육을 받았습니다. 이에 대해 참으로 다행스럽게 생각하고 있습니다. 내가 알기로, 그분은 나를 사랑하셨으며, 그러나 잘못된 행동은 용납하지 않으셨습니다. 그분의 훈련은 단호했으나 친절했습니다. 아버지께서는 나의 선을 위해 나를 훈련하셨습니다. 나는 어렸으나 그분의 훈련을 존중했고, 어른이 되어서는 더욱 그것에 대해 감사를 느끼게 되었습니다.

그러나 히브리서 기자가 말하고자 하는 요점은, 우리가 육신의 아버지의 훈련을 존중한다면, 얼마나 더 하나님 아버지의 훈련을 존중하고 이에 굴복해야 하겠느냐는 것입니다. 우리 아버지들의 훈련은 그 동기와 실행에 있어서 불완전할 수밖에 없습니다. 그러나 하나님의 훈련은 완벽하고, 우리의 필요에 딱 맞습니다.

그렇다면, 어떻게 하나님의 훈련에 굴복해야 합니까? 그것은 어려운 형편에 놓일 때도 하나님께 분노를 느끼지 않는 것이며, 하나님을 공평하지 못하다며 불평하지 않는 것입니다. 나는 "하나님께 분을 내지 않는 것"이라고 쓰는 대신 "하나님께 계속 분을 품지 않는 것"이라고 쓰고 싶은 마음이 듭니다. 잠시 동안의 분노는 허용하기 위함입니다. 그러나 하나님을 향한 잠시 동안의 분노도 우리가 회개해야 할 죄라고 믿습니다. 그 분노가 비록 일시적 감정으로 말미암은 것일지라도, 그것은 어쨌든 하나님을 공평치 않다고 비난하는 것이며, 이는 분명 죄입니다.

그러나 하나님을 향해 수개월 혹은 수년 동안 분노를 품고 있는 것은 더욱 심각합니다. 그러한 태도는 하나님을 향해 불만을 품으며 불평을 하는 것이요, 실제로 반역 행위입니다. 그것은 분명 우리 하나님 아버지께 굴복하는 것이 아닙니다.

모든 고난을 우리의 선을 위해 하나님의 사랑의 손길로부터 오는 것으로 받아들일 때 하나님의 훈련에 굴복할 수 있습니다. 이는 우리의 기본적인 반응은 겸손히 굴복하는 것과 신뢰하는 것이어야 한다는 의미입니다. 사도 베드로가 말했듯이, "그러므로 하나님의 능하신 손 아래서 겸손하십시오. 때가 되면 여러분을 높이실 것입니다"(베드로전서 5:6 참조). 우리에게 아직도 다듬어야 할 성품이 많이 있다는 것을 인정하고, 우리를 다루시는 하나님의 섭리의 손길에 굴복해야 합니다. 하나님의 지혜는 한이 없으며, 그분의 목적을 이루는 데 우리에게 어떤 고난이 얼마만큼 필요한지를 정확히 아신다는 것을 믿고 그분을 의뢰해야 합니다.

존 오웬은 우리 영의 아버지께 굴복하는 것은 다음과 같은 의미가 있다고 했습니다.

> 그분의 소유로서 우리에게 뜻하시는 바를 행하실 수 있는 절대주권적인 그분의 권리를 묵묵히 인정하고 따르는 것이요, 자기 의지(自己 意志)를 부인하는 것이요, 우리를 다루시는 모든 것에서 그분의 의로움과 지혜를 인정하는 것이요, 그분의 징계의 목적을 올바로 이해하며 이와 더불어 그분의 보살핌과 사랑을 느끼는 것이요, 우리 자신을 부지런

히 그분의 마음과 뜻에, 혹은 그 당시에 특별한 방법으로 우리에게 요구하시는 것에 일치시키는 것이요, 끈기 있는 믿음으로 피곤과 낙심으로부터 우리 영혼을 지키는 것이요, 우리 고난의 내용, 방법, 시기, 그리고 지속성 등에 대해 우리 자신을 그분의 뜻에 완전히 복종시키는 것이다.

오웬의 말은 좀 장황합니다. 그러나 내가 이를 인용한 것은, 그것이 역경을 대해 우리가 나타내야 할 태도와 반응을 잘 보여 주고 있기 때문입니다. 그가 말한 바를 완전히 파악할 때까지 몇 차례 다시 읽어 보십시오.

하나님의 훈련에 굴복한다는 것이 그 곤경으로부터 벗어나게 해달라고 기도해서는 안 된다는 의미는 아닙니다. 또는 이에서 벗어나기 위한 합법적인 수단을 찾지 말아야 한다는 의미도 아닙니다. 때때로 하나님께서 마음에 품고 계시는 목적은 우리가 믿음을 발휘하는 것입니다. 그리하여 우리로 어려운 환경에 처하게 하심으로 우리가 그분을 바라보며, 건져 달라고 구하게 하십니다. 우리 믿음을 강화시키는 것은 훈련의 중요한 일면입니다.

중요한 것은 우리의 태도입니다. 우리는 건져 달라고 하나님께 간절히 기도할 수 있으며, 그러면서도 그 결과에 관해서는 그분께 맡기며 굴복해야 합니다. 예수님께서는 이 면에서도 우리의 가장 좋은 본이 되십니다. 십자가에 못박히시기 전날 밤 그분은 다음과 같이 기도하셨습니다: "…내 아버지여, 만일 할 만 하시거든 이 잔을 내게서 지나가게 하옵소서. 그러나 나의 원대로 마옵시고, 아버지의 원대로 하옵소서…"(마태복음 26:39).

역경의 목적

> 저희는 잠시 자기의 뜻대로 우리를 징계하였거니와 오직 하나님은 우리의 유익을 위하여 그의 거룩하심에 참예케 하시느니라. 무릇 징계가 당시에는 즐거워 보이지 않고 슬퍼 보이나, 후에 그로 말미암아 연달한 자에게는 의의 평강한 열매를 맺나니.(히브리서 12:10-11)

히브리서 기자는 자녀들을 훈련시키는 데 있어서 육신의 아버지의 유한한 지혜와 하나님 아버지의 무한하고 결코 틀림이 없는 지혜를 대비시키고 있습니다. 가장 훌륭한 아버지라도 자기 생각에 가장 좋은 대로 훈련할 수 있을 뿐입니다. 그들의 판단에는 잘못이 있을 수 있고, 그들의 행동은 때때로 일관성이 없으며 흔히 순간의 충동에 의해 이루어지곤 합니다. 흔히 그들은 시행착오를 통해 배워야 합니다. 자녀를 경건하고 신중하게 양육하고자 해본 사람이라면 누구나 자녀에게 어떤 징계를 어느 정도를 가해야 하는지를 잘 알 수 없을 때가 있다는 것을 알고 있을 것입니다.

그러나 하나님께서는 언제나 우리의 선을 위해서만 우리를 징계하십니다. 그분은 우리 각자에게 무엇이 최선인지를 알고 계십니다. 또한 우리에게 가장 적합한 것이 무엇인가에 대해 고민할 필요도 없습니다. 하나님께서는 우리로 더 거룩해지게 하시려는 그분의 목적에 가장 알맞은 역경의 종류와 강도와 지속 기간을 즉각적으로 그리고 완벽하게 아십니다. 하나님께서는 그 목적을 이루는 데 필요한 것보다 더 많은 고통은 결코 허락지 않으십니다. 예레미야애가 3:33은 이에 대해 다음과 같이 표현합니다:

주께서 인생으로 고생하며 근심하게 하심이 본심이 아니시
로다.

"오직 하나님은 우리의 유익을 위하여 그의 거룩하심에 참예케 하시느니라"라는 히브리서 12:10로 돌아가 봅시다. 주목해 보십시오. 히브리서 기자는 우리의 유익과 거룩해지는 것을 같은 것으로 여기고 있습니다. 사도 바울도 비슷한 이야기를 하였습니다: "우리가 알거니와 하나님을 사랑하는 자 곧 그 뜻대로 부르심을 입은 자들에게는 모든 것이 합력하여 선을 이루느니라. 하나님이 미리 아신 자들로 또한 그 아들의 형상을 본받게 하기 위하여 미리 정하셨으니…"(로마서 8:28-29). 그 아들의 형상을 본받는 것과 하나님의 거룩하심에 참여하는 것은 동일한 표현입니다. 그것은 그리스도인이 얻을 수 있는 최고의 선입니다.

이것이 우리가 이생에서 경험하는 모든 역경과 심적 고통을 통해 하나님께서 뜻하신 바입니다. 우리 삶에서 우연히 일어나는 일은 없습니다. 우리가 경험하는 모든 고통은 하나님께서 거룩하시듯이 우리도 거룩해지는 이 목표로 다가가게 하기 위한 것입니다.

"무릇 징계가 당시에는 즐거워 보이지 않는다"고 히브리서 기자는 말했습니다. 역경은 여러 가지 모양으로 찾아옵니다: 심각한 질병이나 상해(傷害), 사랑하는 사람의 죽음, 실직, 낙심, 이런 저런 종류의 굴욕 등. 이 모든 것이 고통스럽습니다. 그것들은 진정으로 거룩한 성품이 형성되도록 하기 위해 우리 삶에서 거룩하지 않은 것들을 잘라내기 위한 것입니다. 우리는 그 고통을 인정해야 합니다. 내가 아는 한 사람은 자기 가족들이 겪고 있던 역경들에 대해 자세히 이야기하곤 했는데, 그럴 때면 일부러 미소를 지으며 "하지만 우리는 이기고 있습니다"라고 말하곤 했습니다. 그는 그리스도인은 고통을 인정하

지 말아야 한다고 생각하고 있는 게 분명했습니다. 그러나 히브리서 기자는 솔직했습니다. 그는 역경의 훈련은 고통스럽다고 했습니다.

그러나 나중에 그 훈련은 의의 평강한 열매를 맺습니다. "의의 평강한 열매"는 근본적으로 하나님의 거룩하심에 참여하는 것과 동일합니다. 훈련은 우리로 거룩하게 하시기 위해 하나님께서 사용하시는 주된 수단 가운데 하나입니다. 거룩함에 이르는 길은 역경으로 포장되어 있습니다. 거룩해지기를 원한다면, 하나님께서 우리 삶에 허락하시는 심적 고통과 낙심과 같은 하나님의 훈련을 받게 될 것을 기대해야 합니다.

역경은 또한 이를 통해 훈련된 사람에게 평강을 줍니다. 여기서 훈련이라는 말은 디모데전서 4:7에서 바울이 사용한 단어와 같은데, 이는 당시의 스포츠계에서 사용하던 말이었습니다. 필립 휴즈는 "히브리서 기자가 그 결과가 평강이라고 묘사할 때, 여전히 운동 경주를 비유로 들고 있다. 왜냐하면, 평강이란 이긴 경기자가 경기가 끝났을 때 누리는 안식과 휴식을 나타내기 때문이다"라고 말했습니다.

휴즈는 우리가 주님과 함께 거하기 위해 이 세상을 떠날 때 찾아오는 안식을 말하고 있습니다. 그러나 역경을 자신들을 더 거룩하게 하기 위한 하나님 아버지의 손길로 여기고 이를 견디는 사람들은 이생에서도 평강을 누릴 수 있습니다. F. F. 브루스는 이에 대해 다음과 같이 썼습니다: "하나님의 손으로부터 오는 훈련을 스스로의 유익을 위해 하나님께서 계획한 것으로 받아들이는 사람은 원망하거나 반항하지 않을 것이다. 그는 자기의 영혼을 '고요하고 평온케' 하며(시편 131:2), 이것은 하나님의 뜻에 반응하여 의로운 삶을 사는 데 비옥한 토양을 제공한다."

영광을 위한 것

히브리서 기자가 말하고 있는 평강이 브루스가 이해한 바와 같이 이 생에서 성숙을 통해 얻게 되는 것을 의미하는 것인지, 아니면 휴즈가 이해한 바와 같이 궁극적으로는 영원한 나라에 들어가서야 얻게 되는 것을 의미하는지는 명확치 않습니다. 사실, 이 두 가지 다에 대해 성경에서 가르치고 있습니다. 이생에 대해서는, 바울은 우리의 고난은 인내를, 인내는 연단을 낳는다고 말했습니다(로마서 5:3-4). 그리고 야고보는 믿음의 시련이 인내를 만들어 내고, 인내는 소망을 이룬다고 했습니다(야고보서 1:2-5).

그러나, 우리의 궁극적인 소망은, 비록 가치가 있기는 하나 이생에서 인격이 성숙하는 것이 아니라, 영원한 삶에서 인격이 완성되는 것입니다. 사도 요한은 "그가 나타내심이 되면 우리가 그와 같을 줄을 안다"고 했습니다(요한일서 3:2). 예수님을 닮아 가는 종종 고통스러운 과정은 끝이 날 것입니다. 우리는 완전히 주 예수 그리스도와 같아질 것입니다.

그때를 기대하면서, 바울은 "생각건대, 현재의 고난은 장차 우리에게 나타날 영광과 족히 비교할 수 없도다"(로마서 8:18)라고 했습니다. 바울의 말을 생각할 때, 나는 마음속으로 천칭 저울을 그려 봅니다. 바울은 먼저 천칭의 한쪽에, 우리의 모든 고난과 마음의 고통, 낙심, 그리고 이런저런 것으로 인한 온갖 종류의 역경을 올려 놓습니다. 물론, 천칭은 그쪽으로 기울어 바닥에 닿습니다. 그리고 나서 그는 다른 쪽에 우리에게 나타날 영광을 올려 놓습니다. 천칭은 균형을 이루거나 아니면 어느 정도로는 균형을 이룰 것으로 생각했으나 그렇지 않습니다. 그것은 우리에게 나타날 영광 쪽으로 완전히 기울어 바닥에 닿습니다. 바울은 우리의 고난은 우리가 영원한 나라에서 누리게 될 영광과 비교가 되지 않을 정도로 가볍다고 했습니다.
고린도후서에서 바울은 다음과 같이 기록했습니다:

> 그러므로 우리가 낙심하지 아니하노니, 겉사람은 후패하나 우리의 속은 날로 새롭도다. 우리의 잠시 받는 환난의 경한 것이 지극히 크고 영원한 영광의 중한 것을 우리에게 이루게 함이니, 우리의 돌아보는 것은 보이는 것이 아니요 보이지 않는 것이니, 보이는 것은 잠깐이요 보이지 않는 것은 영원함이니라.(고린도후서 4:16-18)

여기서 우리는 다시 한번, 우리의 영원한 영광이 이생에서 겪는 고난과 비교할 수 없을 정도로 크다는 것을 알 수 있습니다.

현재의 고난이 고통스럽지 않다는 말은 아닙니다. 이미 히브리서 12:11에서 살펴보았듯이, 고난들은 정말로 고통스러우며, 우리는 모두 경험을 통해 어느 정도는 이 사실을 알고 있습니다. 이 장에서 말한 내용 중 어느 것도, 우리가 겪는 역경의 아픔이나 당혹스러움을 가볍게 여기라는 것이 아니었습니다. 그러나 우리는 현재의 고통 너머로 앞으로 우리에게 나타날 영원한 영광을 바라보는 법을 배워야 합니다. 기억하십시오. 고난을 통해 우리를 훈련시키는 하나님께서 또한 우리를 영광스럽게 하실 것입니다.

그러므로 역경의 훈련은 하나님께서 우리를 성화시키시기 위한 도구로서 사용하고 계신 것입니다. 이러한 고난을 겪을 때 우리가 해야 할 일은 그것에 대해 믿음으로 반응하며, 하나님께서 어떤 일을 행하시더라도 묵묵히 감수하며, 심지어 어떤 역경은 도저히 영문을 알 수 없을 때라도 그렇게 하는 것입니다. 그렇게 할 때, 때가 되면, 우리 삶 가운데서 성령의 열매를 보게 될 것입니다.

은혜로 사는 삶

행위 또는 공적이 아니라 은혜로 사는 것을 배우면 역경의 훈련을 받아들이는 데 도움이 됩니다. 예를 들어, 우리는 하나님께서 우리를 훈련시키거나 징계하시는 것은 우리의 잘못된 행위 때문이 아니라, 우리를 향한 사랑 때문이라는 것을 깨닫습니다. 우리는 또한 현재 처한 상황이 어떠하든 그것은 우리에게 마땅한 것보다는 훨씬 더 나은 것이라는 사실을 받아들이게 됩니다. 우리에게 마땅한 것을 하나님으로부터 받기 원하는 사람은 아무도 없을 것입니다. 왜냐하면, 그것은 오직 영원한 형벌뿐이기 때문입니다. 그래서 우리는 "왜 이 일이 내게 일어났는가?"라고 묻지 않게 됩니다. 그러한 질문은 "내가 하나님으로부터 이러한 나쁜 대우를 받을 만한 일을 한 것이 무엇인가?"라는 의미입니다. 마침내 우리는 사도 바울이 자기 몸에 있는 육체의 가시와 관련하여 배웠듯이(고린도후서 12:9), 우리의 환경이 아무리 어렵고 좌절감을 안겨 준다 해도 하나님의 은혜가 우리에게 넉넉하다는 것을 알게 됩니다. 즉, 고난이 의의 평강한 열매를 맺을 때까지, 하나님의 은혜로 그 고난을 견딜 수 있는 내적인 힘을 얻게 되는 것입니다.

이제 우리는 은혜와 훈련 – 하나님께서 우리를 훈련시키시는 것과 우리가 자신을 훈련시키는 것 둘 다 – 은 서로 반대되는 것이 아니라 우리를 성화시키시는 하나님의 계획에서 서로 묶여져 있는 것임을 알게 되었습니다. 하나님의 훈련은 은혜에 토대를 두고 있습니다. 이에 대해 의문의 여지가 없습니다. 우리는 은혜와 훈련의 관계에 대해 잘 이해하지 못하고 있으며, 그 올바른 관계를 이해하기 위해 노력해야 합니다.

1장에 나오는 그림을 상기해 보십시오. 그것은 복음은 믿지 않는 사람들을 위한 것이고, 제자도라는 의무는 믿는 자들을 위한 것이라는 우리의 고정 관념을 보여 줍니다. 그러한 생각 때문에 우리는 하나님께서 행위나 성취에 토대를 두고 우리를 받아들이시는 것으로 알고 이를 위해 애쓰며, 자기 노력에 의해 거룩한 삶을 추구하고자 합니다.

그러나 복음은 믿지 않는 사람들에게 필요한 것만큼이나 믿는 사람들에게도 필요합니다. 우리는 제자도의 "의무"를 복음의 토대 위에 놓아야 하며, 그렇게 되면 그리스도로 말미암아 하나님께 용납된다는 것을 알게 되고, 성령께서 주시는 능력으로 거룩한 삶을 추구하게 됩니다. 그때 소위 제자도의 의무는 비록 대단한 노력이 필요한 것일지라도 기쁘고 즐거운 것이 됩니다. 그러므로 날마다 "당신 자신에게 복음을 전하는 것"을 배우십시오. 그리고 당신의 죄가 용서되고 죄의 지배가 끝났다는 것을 앎으로 말미암은 기쁨과 능력으로, 하나님께서 거룩하시듯이 거룩해지기 위해 힘쓰도록 하십시오.

본 출판사의 서면 허락 없이는 본서의 전부 또는
일부의 무단 복제, 또는 원문에 대한 무단 번역을 금합니다.

날마다 자신에게 복음을 전하라

초판 1쇄 발행 : 1997년 12월 27일
초판 9쇄 발행 : 2025년 3월 5일

펴낸곳 : 네비게이토 출판사 ⓒ
주소 : 03784 서울시 서대문구 연희로 16 (창천동)
전화 : 334-3305(대표), 334-3037(주문), FAX : 334-3119
홈페이지 http://navpress.co.kr
출판등록 : 제10-111호(1973년 3월 12일)

ISBN 978-89-375-0214-9 03230